社会助力多元化协同
教育的探索性研究

王彦蓉　张一凡　邹李馨　著

华中科技大学出版社
http://press.hust.edu.cn
中国·武汉

内 容 简 介

我国从"教育大国"到"教育强国"是一个系统性跃升，为促进教育公平、塑造良性教育生态、提高教育总体质量，增进人民对教育的满意度，真正实现教育现代化，我们需要充分发挥学校教育、家庭教育和社会教育的多元化协同作用，取得整体育人的效果。本书系统论述了教育发展的环境，以及协同教育的理论基础与实践，在此基础上通过典型案例分析，阐述了不同类型社会力量（如社会组织、社区、企事业单位等）在助力多元化协同教育中扮演的不可替代的角色。此外，本书通过社会干预实验评估了社会力量在多元化协同教育中的效果，旨在号召更多社会力量在协同教育中发挥更大的作用。

图书在版编目(CIP)数据

社会助力多元化协同教育的探索性研究 / 王彦蓉，张一凡，邹李馨著. -- 武汉：华中科技大学出版社，2025. 7. -- ISBN 978-7-5772-0999-9

Ⅰ. G4

中国国家版本馆 CIP 数据核字第 2024RB7120 号

社会助力多元化协同教育的探索性研究　　　　王彦蓉　张一凡　邹李馨　著
Shehui Zhuli Duoyuanhua Xietong Jiaoyu de Tansuoxing Yanjiu

策划编辑：王一洁
责任编辑：陈　忠
封面设计：张　靖
责任校对：阮　敏
责任监印：朱　玢
出版发行：华中科技大学出版社（中国·武汉）　　电话：(027) 81321913
　　　　　武汉市东湖新技术开发区华工科技园　　邮编：430223
录　　排：华中科技大学出版社美编室
印　　刷：武汉科源印刷设计有限公司
开　　本：710mm×1000mm　1/16
印　　张：19
字　　数：264 千字
版　　次：2025 年 7 月第 1 版第 1 次印刷
定　　价：98.00 元

谨以此书献给我的父亲、母亲以及奋斗在一线的
每一位教育工作者！

——王彦蓉

前　言

PREFACE

为促进教育公平、塑造良性教育生态、提高教育总体质量，增进人民对教育的满意度，我国开启了新一轮的系列改革。2021年7月，中共中央办公厅、国务院办公厅印发《关于进一步减轻义务教育阶段学生作业负担和校外培训负担的意见》（以下简称"双减"政策），拉开"双减"工作序幕，一是减少学生作业总量和时长，构建教育良好生态，减轻家长育儿压力；二是减轻学生校外培训负担，严格限制校外学科类培训，对其进行全线整治，全面肃清校外培训乱象，强化学校教育主阵地作用，缓解因"剧场效应"而给全社会造成的群发性焦虑，使教育回归育人本质。"双减"政策执行以来，取得了一定的成效，但在当下政策执行的过程中，面临着一些新的挑战，比如学科类培训的反弹、课后服务的质量有待提升、教师负担重等问题，家长焦虑和教育"内卷"依然未得到充分缓解。事实上，教育系统是社会发展的系统工程，受到社会经济文化的影响和制约，同时也对社会的发展产生反作用。由于当今社会的激烈竞争对学校发展产生了深刻的影响，现存问题的解决无法一蹴而就。

21世纪以来，学校教育、家庭教育和社会教育协同育人（以下简称"家校社协同育人"）问题日益受到关注。《全国家庭教育工作"十五"计划》① 提出"家庭教育与学校教育、社会教育紧密配合"，《关于指导

---

① 全国妇联，教育部，中央文明办，等. 全国家庭教育工作"十五"计划［EB/OL］. (2002-05-20). http://www.110.com/fagui/law_68214.html.

推进家庭教育的五年规划（2011—2015 年）》[①] 提出"积极构建学校、家庭、社会紧密协作的教育网络"，《关于指导推进家庭教育的五年规划（2016—2020 年）》[②] 提出"继续巩固发展学校、家庭、社区相衔接的指导服务网络"，这些政策与相应的实践从服务家庭教育的角度对家校社协同育人进行了持续探索。2020 年十九届五中全会通过的《中共中央关于制定国民经济和社会发展第十四个五年规划和二〇三五年远景目标的建议》[③] 进一步强调"健全学校家庭社会协同育人机制"，明确了家校社合作的根本目的在于协同育人，并要求三者从松散、偶然的沟通合作走向制度化的协作。家校社协同育人也迅速成为重要的政策话语、实践话语与研究话语，成为推动教育改革、落实立德树人根本任务的重要突破口。

2022 年 10 月，党的二十大报告提出将建成教育强国列为 2035 年我国发展总体目标的重要内容，并做出加快建设教育强国的重大部署。2023 年 5 月，中共中央政治局就建设教育强国进行第五次集体学习，强调教育兴则国家兴，教育强则国家强，要加快建设教育强国，强调以教育强国建设支撑引领中国式现代化，为中华民族伟大复兴提供有力支撑。我国从"教育大国"到"教育强国"是一个系统性跃升。

---

① 全国妇联，教育部，中央文明办，等. 全国妇联 教育部 中央文明办 民政部 卫生部 国家人口计生委 中国关工委关于印发《关于指导推进家庭教育的五年规划（2011—2015 年）》的通知 [EB/OL]. （2012-06-25）. http：//www. moe. gov. cn/jyb＿xxgk/moe＿1777/moe＿1779/201206/t20120625＿138245. html.

② 全国妇联，教育部，中央文明办，等. 全国妇联 教育部 中央文明办 民政部 文化部 国家卫生计生委 国家新闻出版广电总局 中国科协 中国关工委关于印发《关于指导推进家庭教育的五年规划（2016—2020 年）》的通知 [EB/OL]. （2016-11-02）. http：//www. moe. gov. cn/jyb＿xxgk/moe＿1777/moe＿1779/201702/t20170220＿296761. html.

③ 新华社. 中共中央关于制定国民经济和社会发展第十四个五年规划和二〇三五年远景目标的建议 [EB/OL]. （2020-11-03）. http：//www. gov. cn/zhengce/2020-11/03/content＿5556991. htm.

要真正实现教育现代化，需要充分发挥学校教育、家庭教育和社会教育三个子系统在整个教育系统中的协同作用，取得整体育人的效果。

本书梳理并分析了不同类型社会力量（如基金会、社会组织、社区、企事业单位等）助力家校社协同教育的部分案例，以期未来社会力量可以在协同教育中发挥更加积极的作用。

目 录

CONTENTS

第一章　教育发展的环境　　　　　　　　　　　　　　　　/1

一、教育发展的经济环境　　　　　　　　　　　　　　/1

二、教育发展的生态环境　　　　　　　　　　　　　　/31

三、教育发展的社会环境　　　　　　　　　　　　　　/46

四、教育发展的政策环境　　　　　　　　　　　　　　/56

第二章　协同教育的理论基础与实践　　　　　　　　　　　/71

一、协同教育的理论基础　　　　　　　　　　　　　　/71

二、教育理论与教育实践的关系　　　　　　　　　　　/87

三、协同教育的实践探索　　　　　　　　　　　　　　/91

四、协同教育的最终目标　　　　　　　　　　　　　　/98

第三章　基金会支持的家校社协同教育　　　　　　　　　　/109

一、L 助学公益基金会支持下的乡村小学家校社协同教育　/111

二、Z 教育公益基金会支持下的政社企跨界共建协同教育　/150

三、Y 研究基金会支持下的儿童及青少年校社协同教育　　/157

第四章　社会团体支持的家校社协同教育　　　　/165

一、R 公益服务中心支持下的特殊儿童家校社协同教育　/165

二、P 研究协助组织支持下的农村地区的家校社协同教育　/200

三、M 教育学会支持下的家校社协同教育　　/204

第五章　社区支持的家校社协同教育　　　　/213

一、传承中华文化，开展历史文化教育活动　　/214

二、重视环境意识，开展生态文明教育活动　　/219

三、关注社会角色，开展职业体验活动　　　　/221

四、注重社区安全，开展安全教育活动　　　　/222

五、推崇品德教育，开展利民活动　　　　　　/223

六、培养爱国主义，开展主题教育活动　　　　/225

第六章　企事业单位支持的家校社协同教育　　/226

一、S 企业支持的家社协同教育　　　　　　　/226

二、H 大学支持的家校社协同教育　　　　　　/233

第七章　学校社会工作支持的家校社协同教育　/256

一、学校社会工作的源起与发展　　　　　　　/257

二、学校社会工作的价值理念和主要服务内容　/260

三、学校社会工作者在家校社协同教育中的功能　/262

第八章　总结与展望　　　　　　　　　　　　/290

第一章　教育发展的环境

在世界百年未有之大变局中，教育发挥着国家先导性、基础性和全局性的战略作用，正面临着全方位、多维度的变革。当前，我们处于信息革命的时代，同时面临国际秩序和全球治理体系的变革及调整，这样的经济、生态和社会环境无疑为全面构建教育现代化制度体系，实现教育治理体系和治理能力现代化提供了历史机遇，也提出了使命要求。纵观教育发展历史，每一次教育发展变革都与产业技术革命以及社会变革相伴相随、相辅相成。知史以明鉴，查古以知今。教育特征的根本变化是社会经济发展和转型的必然要求，是由社会经济发展的总体特征决定的。历史上任何一次社会经济形态的变革都导致了教育特征的根本变化[①]。

一、教育发展的经济环境

人类社会发展至今经历了不同的历史阶段，从生产力角度可以划分

---

① 霍力岩. 论教育特征的变化——从工业社会到信息社会 [J]. 教育科学研究，2000（5）：3-8.

为农业社会、工业社会和信息社会。纵观教育的发展历史，其先后经历了农业社会教育、工业社会教育，现在正处于信息社会教育阶段。

1983 年，美国著名的未来学家阿尔温·托夫勒提出了"三次浪潮"的理论[①]。第一次浪潮是农业社会，大约开始于公元前 8000 年，到公元前 17 世纪末蒸汽动力诞生为止。从人们第一次撒下种子、培育农作物开始，人类进入了农业时代，其划时代的意义在于人类从此脱离了渔猎生活，开始定居。定居生活把人们的生活范围固定下来，开始发展城镇和自己的文化，使人类从原始的渔猎社会进入以农业为基础的农业社会。第二次浪潮是工业社会，始于 17 世纪末，至 20 世纪中叶。人们以工业革命为契机，离开农场，涌向大城市的工厂寻找机会，工业文明的崛起使人类进入工业社会。第三次浪潮是信息社会，也被称为后工业社会，这是人类社会的又一次大变革，始于 20 世纪中叶，是人类近几十年在信息技术等方面的巨大发展。

（一）渔猎社会

渔猎社会中，成年男女都会参与渔猎和采集等日常活动，而老人由于体弱和年迈不能胜任这样的工作，便留下来照看孩子，向他们传授渔猎和采集的经验和技能技巧、社会常识、生活经验、神话故事等内容[②]。这个过程虽然没有严格的安排、组织和计划，却自然而然地形成了习惯和经验传递的场所和习俗。这个过程中经验的传授不分年龄段，是经验传递的最佳方式。学习和理解能力强的孩子习得这些经验之后，其他不太了解的孩子可以通过模仿、交流、实践等方式理解和学习。孩子之间的互学让相同经验的传递充满了无数的可能。随着社会分工的出现，教育出现了专门化趋向，虽然教育活动仍在不分年龄的环境

---

① 托夫勒. 第三次浪潮［M］. 黄明坚，译. 北京：中信出版社，1983.
② 周采，杨汉麟. 外国学前教育史［M］. 2 版. 北京：北京师范大学出版社，2012.

中进行，但是相比于前期，这一时期经验的传授和传递多了一些专门性和计划性。比如男孩学习渔猎、女孩学习采集等。男孩和女孩的年龄不同，对经验的掌握程度和学习要求也有所不同，但经验传授的过程仍然在不分年龄的环境下进行，即混龄环境下进行。这种混龄教育的形态在学校诞生之后仍在持续，直至古希腊时期对其进行理论阐释和制度安排后才逐渐出现新的模式。

（二）农业社会

随着社会生产力水平的提高，人类社会从原始社会转型为以自给自足的自然经济为社会经济特征的农业社会，生产劳动主要以家庭为基本单位。

农业社会生产的主要目的是满足家庭生活需要，教育脱离了生产劳动，专门进行教育的场所——学校出现了，专门从事教育的人——教师也出现了。但是劳动人民基本上被排斥在古代学校教育体系之外，只在日常生活和生产中接受一些朴素的教育，有的也通过师徒制的形式接受一些民间技术教育。师生关系反映了农业社会的阶级关系、等级关系。

由于农业社会的经济发展非常缓慢，竞争机制不健全，生活节奏缓慢，因而社会变革和进步非常迟缓[①]。"今天与昨天并没有什么不同，明天又是今天的重复"，导致社会中产生了"一切向从前看"的文化，认为社会历史的黄金时代都在古代圣贤当世的时候，而要使未来比今天更美好，就必须更像过去，因而任何一种变革都应该是回到"正宗"的古代。

与农业社会经济发展的特征相对应，农业社会的知识更新速度非常缓慢，知识能够保持长期稳定，农业社会的教育也是一种"向从前看"

---

① 周桂桐．中医药课堂教学设计理论创新与设计实务［M］．北京：中国中医药出版社，2016．

的教育，学校教育的内容是与生产、生活毫不相干的人文知识——前人的价值观，特别是古代圣贤的语录和品行①。

农业社会教育阶段，以文法学校、修辞学校等古典学校为主，教学方法强调严格的纪律和严酷的体罚。同时农业社会教育的目标一方面是培养统治阶级需要的人才，比如官吏、君子、牧师和骑士等，另一方面是对劳动人民进行宗教、道德或者政治方面的教化，学生的就业去向相对单一，教师成为学生获取知识的主要来源，人们的思想观念陈旧，迷信权威，惧怕变革。

（三）工业社会

工业文明使一家一户的小农生产被轰鸣的大机器生产所替代，农业社会的生产模式随着人类进入工业社会而被打破，生产水平得到极大提高。随着社会模式由农业社会转型为工业社会，农业社会教育模式也被工业社会教育模式取代。这个时代教育要解决的中心问题不是恢复古代社会，而是适应现实社会②。

在竞争激烈、高速发展的工业社会背景下，学校教育作为社会实践活动的一部分，不可避免地要承担起培养适应工业生产的劳动人员的重任。基于工业社会对人的要求，人的发展必须与机械化生产相适应，人的教育必须依据工业生产对人的需求而进行③。学校教育的内容也从与生产、生活毫不相干的人文知识改变为与现代大机器生产息息相关的人文知识和自然科学知识的结合，并特别突出了自然科学知识在教育中的地位和作用。与工业社会经济发展的特征相对应，工业社会的教育是一

---

① 霍力岩. 论教育特征的变化——从工业社会到信息社会 [J]. 教育科学研究，2000（5）：3-8.

② 霍力岩. 论教育特征的变化——从工业社会到信息社会 [J]. 教育科学研究，2000（5）：3-8.

③ 冯宝安. 工业社会境遇下"人本位"教育理念的丧失与重拾 [J]. 内江师范学院学报，2012，27（09）：111-113.

种着眼于服务现实的规模化的教育，是在全社会广泛实施的对每一个公民的强制义务教育——法律要求并保证每一个公民在学校中得到同样的、最低限度的教育机会。

作为工业社会的产物，工业社会的教育有着由工业社会经济发展的特征决定的明显特征，表现为教育的封闭性、单向性、继承性、职前性、统一性和专门性[①]。

工业社会教育的封闭性是指教育被封闭在一个特定的场所——学校，并且由特定的人——教师进行教学活动。在工业社会的背景下，教师被要求在指定学校的指定班级教学，学生也被要求在指定学校的指定班级接受指定教师的教育。因此，一所学校的软实力特别是教师的教学水平直接影响教育的质量[②]。这意味着经济发展状况不同的地区所提供的教育质量也不同，经济发展较好的大城市所提供的教育质量较高，在这里接受教育的学生的发展机会也就越多，反之，学生接受的教育质量较低，所能接触的发展机会较少。

所以从这个意义上说，工业社会背景下的教育资源分配是绝对不公平的，特别是教师资源和物质条件对所有受教育者来说都是不均衡的，也就导致了学生受教育机会和受教育程度的绝对不平等。我国大城市中普遍存在的"择校"现象就反映了在封闭的教育背景下家长对优秀教师和优质学校的企盼。择校是指在教育水平发展不均衡的前提下，尤其是在义务教育阶段，学生家长主动以较高的经济代价换取子女进入重点中小学就读的机会的行为。

择校现象自古有之，本是一种正常的教育选择现象。然而，改革开放以后，重点小学、中学和大学被默认为用以收录经过层层选拔的

---

① 霍力岩. 论教育特征的变化——从工业社会到信息社会 [J]. 教育科学研究，2000（5）：3-8.

② 霍力岩. 论教育特征的变化——从工业社会到信息社会 [J]. 教育科学研究，2000（5）：3-8.

最优秀的人才，重点中小学体系由此得以建立，各项优惠政策向重点学校倾斜，校际差距逐步扩大。同时，国家确立了与学历相联系的人事劳动制度，提高了教育在人的发展和国家经济建设中的地位，导致人们对重点学校的追求逐步升温。随着市场经济的不断发展，人们的生活水平日益提高，追求优质教育的愿望也更加强烈。1996年，国家教委等部门颁发的《关于1996年在全国开展治理中小学乱收费工作实施意见的通知》规定："不准义务教育阶段的公办小学和初中招收'择校生'，坚持就近入学原则。"[①] 伴随着国家"就近入学"政策的出台，家长们纷纷来到与名校对口的小区，学区房价格节节攀升，呈现出择校的另一种方式。例如，北京西单附近的文昌胡同，一间面积仅有10平方米的民宅，售价却高达340万元[②]。家长"择区而住"的目的是靠近名校，以期成为名校"对应户"，获得进入名校的资格。由此看来，"择区入学"与"择校入学"并无本质上的区别，目的都是获取更多优质教育资源。在地区间教育资源分配不均衡的现实面前，家长通过空间分异及户籍争夺的方式来获得教育资源和机会，这加剧了优质教育资源向优势阶层的聚合[③]。

工业社会教育的单向性是指教育被认为是知识的拥有者——教师，向知识的需求者——学生，灌输知识的活动。学生只能通过教师授课获得知识，教师和学生是"单向输出"和"被动接受"的关系。

工业社会教育的继承性指的是教育被认为是传承人类知识和经验的活动。因为工业社会的教育是在脱离社会的、封闭的空间——学校中进行的，导致教育发展滞后于社会发展，教师所传授的知识是现成

---

① 中华人民共和国国务院办公厅. 国务院办公厅转发国家教委等部门关于1996年在全国开展治理中小学乱收费工作实施意见的通知［EB/OL］.（1996-05-17）. http：//www. gd. gov. cn/zwgk/gongbao/1996/20/content/post_3358258. html.

② 刘德炳. 北京"学区房"疯了［J］. 中国经济周刊，2014（29）：40-43.

③ 王代芬，王碧梅. "买房择校"：被定格的教育机会［J］. 教育学术月刊，2016（04）：48-54.

的、既定的标准答案。学生在学校所学的知识是历史上已经确立的原则和方法，学生可以用既定的原则和方法解决现有的问题或者以后会出现的类似的问题。这时学生对知识的记忆大部分是没有理解的记忆，凭借大量重复的练习和背诵，使自己在考试时写下的答案和教师传授的知识一字不差。

在工业社会的背景下，教育更多的是追求传授给学生间接经验，忽视了直接经验的作用，分数成为评价学生学习状况的唯一依据。教学的核心任务是培养学生的语言表达能力和数理逻辑能力，而品德、艺术修养和情感情绪等的发展被置于次要地位。在如同流水线一般的教育模式中，标准的课程体系无法培养出具有良好品德、艺术修养以及丰富情感的学生，学生集中在固定的课堂中，教师根据统一的教科书授课，填鸭式的教学让学生失去与他人沟通交流、发挥想象的空间，而品德、艺术修养、情感情绪需要在与他人交往的过程中学习和锻炼，也就是混龄教育提倡的行为教育。只有让学生真正体验与实践，才能将品德、艺术、情感内化于心，外化于行。

工业社会教育的职前性是指受教育者在学校接受的教育是为以后的工作岗位储备知识和技能。在工业社会，人的一生一般被分为两个阶段：第一个阶段是青少年时期在学校里接受教育的阶段，第二个阶段则是学校教育结束后的工作阶段。教育指的是在人生的第一阶段进行的职前教育。

工业社会教育的统一性是指教育被设计成大规模塑造相同规格学生的活动。工业社会的大机器生产就是大规模地生产和复制工业产品，与之相对应的，学校教育的目的也是将人培养成为适应工业生产的"机器"，强调教育的统一性、规范化和标准化。学生在学校接受的教育内容和教育方法等都是由学校统一管理的，培养出来的学生也都像批量加工的标准化"产品"。尽管学生的发展水平各不相同，教育仍然假定他们的发展水平相同，要求有统一的入学年龄；尽管学生的发展需求各不相同，教育仍然假定他们的发展需求相同，要求有统一的教学大纲、教材和课程等。

虽然这种标准化的教育对于统一化、大规模的工业生产来说具有积极作用，可以在普及教育、储备劳动力和促进工业发展方面起到促进作用，但是我们也必须看到，这种教育忽视了人的意识、情感、态度和意志等非理性素质的发展，人的个性受到挑战，直至沦陷，最终失去主体性[①]。

工业社会教育的专门性是指教育被设计成培养某一方面或者某一领域专门人才的活动。近代以来，知识分门别类的进程不断加快，社会分工更加细致，职业领域分化也越来越细，所以学校也成为培养某一方面或某一领域的职业劳动者和专门人才的地方。由于教育尤其是高等教育的专业和学科划分过细、过窄，以培养专门人才为目的，大部分学生因为过早学习分科知识而片面发展，对其他学科知识知之甚少，甚至一无所知。

（四）信息社会

1. 信息社会教育的背景

20 世纪 40 年代，随着以计算机、多媒体、通信、网络、人工智能等为代表的信息收集、处理、加工、传输等技术的飞速发展，信息技术不断渗透社会生活的各个领域和各个层面，在全球范围内掀起了一场改变世界面貌的信息革命浪潮，不断改变着人们的生产方式、生活方式以及思维方式，而且使人类从发展中的工业社会迈向信息社会。同样，教育也正在从工业社会的教育走向信息社会的教育[②]。

---

① 冯宝安. 工业社会境遇下"人本位"教育理念的丧失与重拾 [J]. 内江师范学院学报，2012，27（09）：111-113.

② 叶芃. 论信息社会中的教育 [J]. 湖北广播电视大学学报，2002（01）：36-38.

新科技革命悄然开始，人类向信息社会迈进，标准化、规模化教育体系已经不能适应社会的需要，人类社会越来越需要一大批能力突出、富有创造精神的个性化人才，个性化教育成为信息社会教育的新方向。随着公共教育投资和私人教育投资的增加，大数据和人工智能技术被广泛应用于教育，网络教育资源的丰富，使得针对学生的个性化教育不但成为时代之需，也成为一种现实的可能，许多发达国家日益注重学生的个性化培养。信息时代，人的作用进一步凸显出来。因为社会的发展需要人来实现，当今的学生需要面对未来学习、生活与工作，他们需要准备好未来社会所需要的特质。信息时代需要的不是千篇一律的复制出来的人，而是有兴趣、有爱好、有特长、有个性的人；信息时代需要的不是只知道服从的人，而是具有自主性、独立性与创造性的人。

2. 信息社会教育的现状

目前我国仍然不能完全实现教育资源和教育机会的公平，我国教育信息化的程度和世界其他国家相比差距仍然较大，通过对学校办公室、教研室、电子备课室等的计算机配置和应用情况进行调查，发现仍然存在一些客观问题：在调查中发现，75.23％的农村地区的教师知道学校内拥有计算机并连接了国际互联网，但是只有42.01％的农村教师可以经常接触计算机；与农村地区相比，79％的城市教师知道学校内拥有计算机并连接了国际互联网，但是只有48.96％的城市教师可以经常接触计算机[①]。举例来说，两个地位和智商差不多的人，能够经常接触信息网络的人，可源源不断地获取信息，而不能上网的人只能获取有限的信息，时间一长，差距就凸显出来了。一个能上网的人和一个不能上网的人的信息获取量差距可达成千上万倍，这更加加剧了社会的贫富不均，

---

① 张国林. 信息技术提升义务教育均衡发展问题研究［D］. 大连：辽宁师范大学，2013.

因为在信息社会，获取信息的能力和机会对当代人的重要性是难以估量的。

随着信息技术的介入，教学不再局限于教材和教师的口耳相传，学生的学习更多是系统地自主学习，比如，学生阅读电子资料获取知识、通过多媒体与其他学校甚至其他国家的学习伙伴或者专家开展讨论、用互联网制作电子作品和处理信息、用计算机做作业和考试等。

从某种角度来说，一方面，信息技术的介入确实能够满足学生和教师多方位和个性化的学习以及教学需求，为学习知识带来诸多便利，弥补了现实世界教学的许多不足。而另一方面，伴随网络的出现，对于教育如何改革才能适应新时代的发展也出现了许多讨论。终身教育和素质教育应运而生。信息社会使终身教育成为可能，素质教育的目的是为社会发展培养更全面的人，学生可以依靠信息技能打破时空限制获取知识。但是，行为习惯、人际交往以及情感情绪等方面的发展是信息技术的变革所不能带来的。因此，我们强调混龄教育对人与人之间的交往的重要作用，混龄教育是未来教育变革的关键因素。

3. 信息社会教育的特征

信息社会又称后工业社会。人类从工业社会进入信息社会后，教育的第一个变化就是从封闭性的教育环境变为开放性的教育环境。现代信息技术特别是互联网技术、远距离教学技术的发展可以把处于不同地区和学校的学生联结起来，彻底打破教育的时空界限，使处于不同地区和学校的学生之间的时间界限和空间界限几乎为零，从而改变工业社会背景下教育完全被封闭在特定学校的特定班级里进行的状况，使教育环境充分敞开。学生不再被局限在某一个学校的某一个班级里接受某几位教师的教育，而是可以突破地区、学校和教师的限制，通过信息网络进入世界各地的有关信息中心查找和利用相关信息，通过远距离教学网络自主地向具有先进教育思想、优秀教学水平和有效教学方法的教师学习。因此，信息社会实现了教育资源接近均衡的分配，使受教育者拥有越来越接近公平的受教育机会。

信息社会的教育还呈现出双向性的特征，即教育不再是教师单方面地向学生传授知识，而是教师与学生的双向互动。原有的以教师为中心的教学模式转变为以学生为中心的模式，教师不再是绝对的权威以及信息提供者，而转变为学生学习的伙伴与教练，学生在充分自由的氛围中进行学习与研究活动。因为在信息社会，教师授课不再是学生获取知识的唯一途径，学生还可以通过信息网络、电视、电影等渠道获得广泛的知识，甚至在某种程度上，学生涉猎的知识面比教师更广，学生在信息网络中获得的知识往往是学校教育不曾涉及的。因此，教师的权威地位受到了挑战，教师和学生之间呈现出"你来我往"的交互学习状态。

在信息社会，人类已有的知识经验被输入电脑，我们不必再通过大量的机械记忆来储存知识，电脑逐渐代替人脑来完成一些基础性的工作。此时对于人类来说，更重要的不是继承，而是创新或者创造。与之相对应的，信息社会下的教育是以培养学生实践能力和创新精神为核心的教育，学习间接经验不再是学校教学的主要目的，学校开始重视让学生亲自进行实践和探索，让学生了解知识、经验产生的过程和方法，而不是仅仅注重结果。

在信息社会，新知识和新技术不再像工业社会那样以算术级数增长，而是以几何级数激增。这意味着学生在学校学习的知识很快就会有相当一部分过时，所以信息社会更强调终身教育，即教育从为职业做准备转变为贯穿人的一生，转变为将学校教育、家庭教育和社会教育整合在一起的教育，使每一个人不得不时时刻刻成为知识的学习者。"终身教育包括教育的各个方面、各种范围，包括从生命运动一开始到最后结束这段时间的不断发展，也包括教育发展过程中的各方面与连续的各个阶段之间的紧密而有机的内在联系。"① 教育的过程就是人的社会化，其内涵是"一个人获得自己的人格和学会参与社会或群体的方法的社会互动过程"。② 但是，社会化不是一次性完成的，而是在人的一生中持续发生的，因为新的社会角色、新的知识与技能需要不断地学习，所以终身学习是继续社会化的另外一种说法。在信息化时代，传统的在学校里的学习无法满足知识变动、社会变动和职业变动的需要，人们需要不断学习、终身学习。在信息时代，人的社会化内容、方法、途径是难以预知的，实际上很多时候进行的是"再社会化"过程，人们不得不舍弃工业时代的价值观与行为模式，接受新的信息文化及其行为模式③。

信息社会是一个丰富的社会，社会丰富性的特点是以个人的个性化为基础的。因此，学校曾经奉行的标准化的教材、同一个老师、同样的要求这样整齐划一的教育模式受到了挑战。人们越来越多地认识到，追求个性化是个体发展的内在需求，每个人都在发自内心地不断追求自己的独特性。这样一来，我们的教育必须从"用一个模式塑造人"的统一性教育转变为充分尊重每一个学生的个性、适应每一个学生特点的个性化教育。这种个性化教育要求教师能够根据学生不同的学习类型、学习风格和学习进度进行真正意义上的因材施教，使每个学生都能得到最大化和最优化的发展。

信息社会中的学科知识不再是单独发展，现代知识的综合化和职业之间的交叉流动要求教育从培养专门人才转变为培养综合性人才（即通才）。因此，教育要从狭窄的学科视野走出来，以更加开放的眼光和综合的架构参与社会发展，让学生拥有更多的学科背景。同时，信息社会对教师的培养也提出了挑战，要求改变师范院校的师资培养

---

① 朗格让.终身教育导论［M］.滕星，等译.北京：华夏出版社，1988.
② 波普诺.社会学［M］.李强，等译.北京：中国人民大学出版社，1999.
③ 张义兵.论信息时代教育的未来导向功能——兼析美国的"21世纪技能"教育［J］.教育研究与实验，2012（03）：40-43.

制度和教师继续教育制度，使之从培养某一学科的"专门教师"逐步过渡到培养有较宽广知识背景和多方面能力的教师，再到培养可以进行跨学科教学的教师或能够进行综合课程教学的教师，以便为通才教育奠定基础。

随着社会的发展与变迁，以及科技革命步伐的加快，社会由工业社会向信息社会转型。工业社会效率至上的原则影响着教育理念，培养出大量满足大机械流水线生产发展的"螺丝钉"人才，缺乏创新性，无法适应信息社会的人才需求。以高新技术产业为支柱的知识社会、信息社会对新知识和创造性人才的大量需求成为新的人才培养目标。供需不匹配也导致了教育错配和学生高分低能等不良现象，教育亟待改革。

信息技术促进教育改革，信息社会下技术的高速发展对教育提出了新的要求。传统教育以学生掌握的知识、技能水平作为衡量教学效果的标准，然而信息时代知识与信息的爆炸性膨胀以及日新月异的更新速度使得人们的终身教育成为时代必然，信息社会的教育目标与评价标准需要重新思考与定义[①]。

传统的学习能力受到挑战，吴也显[②]将学习分为维持性学习（适应性学习）和创新性学习两种类型。维持性学习的功能在于获得已有的知识、经验，以提高解决当前已经发生的问题的能力，强调培养人对现实社会的适应能力；创新性学习的功能在于通过学习提高人的发现、吸收新信息和提出新问题的能力，以应对社会的新变化，要求人善于系统地提出问题、集中解决问题，反映了综合-分析的时代精神。社会高速发展给人们提出了新的要求，学习需要从维持性学习向创新性学习转化。

---

① 郭琴. 信息技术对现代教育的影响［J］. 电化教育研究，2000（06）：8-13.

② 吴也显. 从维持性学习走向自主创新性学习之路——面向新世纪教育、教学体系探微［J］. 教育研究，1998（12）：53-57.

长期以来，传统的教育观念认为，要使学生将来适宜于从事知识创新或科学研究工作，就必须使他们掌握一定数量的基本知识、基本方法或技能（"双基"），掌握"双基"已经成为我国教育教学工作一条"铁的规律"，然而人类知识的增长不是一种积累式的新知叠旧知的过程，而是一种对原有知识不断修正的过程。对于个体而言，掌握和理解原有的知识仅仅是知识创新的基础，更重要的是对这些知识进行批判和反驳。教育改革需要培养学生的知识创新意识、素质和能力，因此，批判意识的培养十分重要。后现代知识的增长越来越倾向于采用"综合的"与"合作的"增长模式，跨越学科的知识界限和组织界限，知识的跨学科性和综合性越来越明显。当代教育不仅要强调批判意识的培养，还要强调综合意识与合作意识的培养。对于这两点，过去的教育重视程度远远不够[①]。

信息社会下，知识与信息的时效性越来越突出，如何跟随知识更新的速度进行终身学习被提到重要位置。21世纪的学校教育改革应该坚持终身教育理念，从学习知识、学习做事、学习协作和学习生活四个方面着手。新时代的教育除了传授前人积累的知识、经验，还要培养学生学习新知识的能力。新时代的教育评价标准也应该包括对学生所掌握知识、技能的衡量以及对学生个人素质、生活能力、协作能力的发展水平的衡量，亟须全方位的改革[②]。

教育随着社会发展应运而生，而社会发展与变迁也要求教育随之进行改革。过去效率至上的教育方式促进了工业社会高效率生产的发展，然而信息社会的发展要求不止于此，信息社会对人才的创新能力、应用能力、学习能力提出了更高的要求，传统的教育理念和模式难以适应这种变化，阻碍了信息社会的飞速发展。

---

① 石中英. 知识增长方式的转变与教育变革［J］. 教育研究与实验，2001（04）：1-7＋72.

② 郭琴. 信息技术对现代教育的影响［J］. 电化教育研究，2000（06）：8-13.

案例分享 1.1

乡村"一揽子学校"的勤务员和"一师一校"的全能园丁

L 村是 Y 县东木口公社东木口大队的一个小山庄,只有十七户人家,八十四口人,其中有学生的人家七户。1966 年 2 月,公社党委派王中义同志来到社乐小学当民办教师,把学校、家庭、社会教育紧密结合起来。

为了在 L 村打开崭新的局面,王中义首先在教书育人方面下苦功夫。当时社乐小学仅有十三名学生,由于学校刚成立,所以只有一个年级,教学方面的备课、讲课都相对简单。王中义白天认真讲课,同时组织学生加强自习。晚上,他挨家挨户,上门辅导学生做作业。王中义对每家的学生都认真仔细地辅导,常常在晚上 11 点以后才能回到住所,再点起煤油灯开始备课。第二天,王中义在课堂上总是耐心讲解,首先解决学生们前一天存在的共性问题,再讲授新课。

20 世纪六七十年代的山村小学老师,如果把自己单纯地认定为一名教书先生,觉得自己是一名只会和学生交往的两耳不闻窗外事的文弱书生,那么就会自我囚禁到山村小学的四堵墙内,失去滋养自己成长的民众基础。而王中义全力以赴地与农民群众打成一片、融为一体,由此获得了所有社乐人的高度信任和尊重。王中义放下了老师的尊严和架子,下午放学以后,他经常为 L 村的各家各户挑水、担烧土、碾米磨面。农忙时,他就到各家自留地里帮忙干农活。王中义作为一名山村小学的老师,全心全意地为 L 村的各家各户帮忙,不要一点报酬,不图一点好处,这种"毫不利己,专门利人"的精神,把 L 村的男女老少都深深地感动了。更让村民们感动的是，王中义的全部心思都在孩子们的学习成长上。

王中义帮各家各户劳动时，总在利用各种机会熟悉村里的各方面情况和每家的具体情况，开导学生家长，一定要保证孩子不辍学、不旷课、不迟到早退、少请假。王中义和村里人一起磨面碾米时，一边推磨推碾，一边和人们聊家常，听取人们对办好学校的意见。他帮助各家各户在自留地里干农活时，常常引导村民畅所欲言，让他们谈谈对学生们上课学习的内容方法有什么建议，倾听家长们对学生教育的想法和要求。王中义这种对教育教学高度负责的精神，以及他时时刻刻牵挂、操心学生们健康成长的诚挚态度，让 L 村的村民们感受到了王中义远远超越了普通乡村教师的工作态度，看到了他具有的博大爱心、宽广胸襟和踏实勤奋的作风。

在一份学习资料中，王中义看到了《一揽子学校》这篇文章。这篇文章讲的是，教师要身兼多职，把学校教育和社会实践融为一体，要在教书育人的过程中，把教育学生同生产劳动有机地结合起来。对于只有一名教师的社乐小学来说，"一揽子学校"实际上就是王中义自己要当一名"一揽子勤务员"，以鞠躬尽瘁的精神，用自己的心血和智慧，为 L 村经办各种各样的大事、好事。

要当"一揽子勤务员"，就要先从发挥自己的优势做起。王中义在老家东沟村时，为了给村里的人们理发，勤学苦练，学会了理发技术。他首先想到，L 村没有擅长理发的人，于是自己到东木口供销社自费买了理发推子。学生们周末放假，王中义就带上理发推子和遮布、笤帚，到田间地头，利用社员们工间休息的时间，给社员们理发。社员们坐在地头的石头上，王中义精心理发，还与社员们乐乐呵呵地聊天。这场景，成了

L村田野里一道亮丽的风景线。没有机会在田间地头理发的社员们，就找个空闲时间，到小学找王中义理发。对于个别行动不便的老人，王中义便带着理发推子，到他们家里给他们理发。学生们头发长了，王中义就在课余给学生们理发洗头。就这样日复一日，王中义成了L村的义务理发员。

L村没有医生，村民们诊治疾病都要到东木口公社的卫生院。给人们诊病施药，是很专业和严肃的事情。王中义想，自己能不能学学肌内注射，给有病需要注射治疗的病人打针呢？于是，王中义到东木口公社的卫生院找到院长，很诚恳地说了自己的想法。院长考虑斟酌后，同意了王中义学习肌内注射的请求，并亲自教授王中义肌内注射的医术。院长是一位从医多年的老医生，有丰富的临床经验，他非常通俗生动地把注射的要领要诀和注意事项传授给了王中义。王中义掌握肌内注射技术以后，L村的村民因头疼脑热等常见病到东木口医院就诊并买回注射液后，王中义就给他们打针，村民们再也不必往返八九里路天天往东木口跑了。省去了跑路的辛苦和时间，在家门口就有王中义给打针，L村的村民非常满意。

L村地处偏僻，一直没有供销、代销社。那时，村里的"货郎担"也很少，即使有个"货郎担"到了村里，也仅仅是卖些针头线脑的小东西，根本不能满足村民的需要。王中义就主动跑到东木口公社的供销社，找到了供销社的时任主任。主任很高兴有这样一位热心负责的好同志，欣然同意在L村开办一个代销社，由王中义负责代销代售业务。主任亲自把代销供应的货物进出、资金结算等具体业务，都一一给王中义交代清楚，并且安排供销社管业务的同志为社乐代销社提供服务，大开绿灯，及时供货。从此以后，王中义在社乐小学里开办的代销社就成了L村村民经常光顾的便民服务点，村民们在这里可以采买到基本生活用品。王中义的代销社，不赚一分一厘的利润，有时候个别村民手头拮据，还要从王中义的代销社里"赊账"。

L村通了电之后，村里的人不会干电工活儿，王中义就到东木口公社向电工虚心求教，掌握了简单的电工技术，当起了L村的"义务电工"。谁家灯坏了，帮忙换换，哪家电线老化了，帮忙拉线更新。

L村的许多成年人都没有上过学，多数都是大字不识几个，王中义就主动开办了扫盲夜校，定期组织村民上课识字，学习加减乘除的简单运算。村里多数人，告别了"睁眼瞎"的窘困局面。有几户人家的小娃娃，不到进校读书的学龄，可也是四五岁的幼童了，家长出工上地，没人照看，王中义就在学校开设了"幼儿园"。家长出工时，把小孩送到学校，王中义把几个小孩集中到自己住的窑洞里，抽空照看。这类"一揽子"的事，王中义越办越多，真正做到了"全心全意为人民服务""完全彻底为人民服务"。王中义把社乐小学办成了名副其实的"一揽子学校"，他自己则当上了完全彻底的"一揽子勤务员"。

说是"不分分内分外"，但是王中义心里明白，老师的根本任务，还是要抓好教学工作。王中义在社乐小学创造性地开展教育教学工作，闯出了一条山区小学教书育人的成功之路，为同类型小学创造了非常宝贵的可供借鉴学习的教育教学经验。

社乐小学的学生很少，课堂教学只能采取复式教学的形式。复式教学，是偏远地区学生人数很少的学校普遍采用的教学形式。这种教学形式，打破了让同一年级的学生在一个教室里上课的班级教学方式，将不同年级的学生都集中在同一个教室里，进行交替、轮换、穿插的课堂教学。两个年级的学生在一起的，称为"二级复式"；三个年级、四个年级在一起的分别称为"三级复式"和"四级复式"。王中义在社乐小学采用的是"五级复式"。当时的小学是五年制，五级复式是最高级别的复式教学。复式班的教学活动，组织起来很难。45分钟的一节课，需要对不同年级的学生交替授课、辅导、组织、指导学生在课堂上完成作业。轮流交替的过程中，很多学生都会把注意力转移到老师讲授的新课上来，而且小学生的兴奋点转移得很快，课堂秩序不容易保持，课堂教学的学习效果常常不如人意，甚至会发生课堂紊乱的局面。王中义结合偏僻农村小学生的认知规律特点，以及传承了几十年的复式教学经验，创造性地采取了许多灵活的教学妙招，在文化课复式教学方面，实现了三大革新举措。

第一项举措，实事求是地将文化课教学与生产劳动和社会实践紧密结合。在语文教学中，王中义高度注意培养学生的阅读和写作能力，让学生们为家长和村民读报纸、读书信，让学生们坚持记日记、编写宣传表扬好人好事的文字稿、帮家长写信和在家里记事、编写黑板报等，学生们的阅读、写作能力得以大幅提高。在数学教学中，针对农村经常需要计算田地面积的实际需要，王中义在课堂上让学生学会各种面积计算公式，学会"平方米""平方尺""亩"等各种面积单位的换算，然后把学生带到田间地头，让学生们实地丈量生产队的田地，以及他带领学生们为学校开垦的各种形状的小片田地。课堂上教会了学生们计算圆锥体的体积以后，王中义把学生们带到生产队的打谷场上，把社员们打下的谷堆堆成标准的圆锥体，然后认真测量谷堆的高度、周长，根据周长再计算出谷堆底部的直径和半径，从而比较精确地计算出谷堆的体积（图1.1）。然后，再找来木板围成方方正正的正方体，填满同样的谷子，用正方体中谷子的总重量和正方体的体积，比较精确地计算出谷子的比重。再用谷子的比重乘以谷堆的体积，就比较精确地计算出了谷堆的重量。王中义的学生们第一次在生产队的打谷场上就把谷子的重量计算得很准确了，所以每年生产队无论打下什么粮食，都会堆起来让学生们去丈量计算。后来，生产队碹的水洞和打的水窖，也让学生们测量容积，社员们就能够准确掌握水洞和水窖的储水量了。这些直接服务于农村农业生产的知识的学习应用，使学生不仅将掌握的理论与实践紧密结合起来，还为农业生产出了力。在小学生很难学会的数学应用题教学中，王中义给各个年级编写了大量结合农业生产实际的应用题。根据生产队的发展，编写计算增产增收产量的应用题；到了春季，就编写有关植树造林的株数和亩数，以及各种农作物播种亩数的应用题；针对发展畜牧业的实际，编写养猪、养羊等养殖方面的应用题。在应用题的教学中，王中义还特别注意不同年级的教学要求的区别，为低年级编计算加减的应用题，为高年级编的是加减乘除四则混合运算的应用题。应用题教学的难关，被王中义精心攻克了，学生们学得兴趣盎然，算得越来越准确。

图 1.1　王中义带着学生们在生产队打谷场上计算谷堆体积和重量

第二项举措，支持"大龄"小学生"跳级"。王中义从社乐小学的实际情况出发，大胆支持学生"跳级"。他到社乐小学之前，社乐小学所有学生都是按照一年级班组织教学的。他接手社乐小学时正值第二学期开始，学生们刚领了各学科的第二册书。但是，同一个一年级班的学生年龄参差不齐，而且大部分学生都是因过去失学而造成的超龄学生。入学上一年级的学生中，王 A 和王 L 已经 12 岁，王 D 和王 Q 则是 11 岁才上的一年级。由于这些年龄较大的学生接受能力强，一年级的教学进度根本无法满足他们的需求，造成了大龄学生"吃不饱"和"不够干"的尴尬情况。为了改变这种状态，王中义大胆地采取区别对待的办法，让年龄大且学习领会和接受能力较强的学生从一年级越级到高年级。同时，王中义采取了"越级不越教材"的措施。考虑到这些越级学生没有系统学过一年级的课本，他就在课堂上有所侧重地给这些学生"吃偏饭"，辅导他们用很短的时间学完了一年级第二册课本，再根据学生的掌握程度，安排他们学习二年级第三册书的内容。按照这种"梯度推进"的办法，在王中义任教社乐小学的第二年，社乐小学就由一个年级拓展到了三个年级。后来经过王中义的精心努力，社乐小学的教学模式迅速升级到了五级复式。超龄入学的大龄学生们，多数都用三年到四年时间完成了小学五个年级的学习任务，升入了东木口学校的初中班。这些学生们成年以后，对王中义给他们实行的创新型越级跳级机制表示由衷的感激。如果按部就班地上课升级，他们就只能接受小学教育，因为初中高中不可能让严重超龄的青年人进入班级课堂。

第三项举措，巧妙灵活地组织复式教学，充分发挥"小老师"的作用。复式教学中，各个年级必须实现"讲练并行，交叉前行"。要实现周密严谨的教学活动，教师的备课就必须统筹兼顾。所以说，备课设计是关键。王中义每天晚上都要付出很多精力，精心备课，灵巧布局，反复进行课堂教学设计，直到他自己满意为止。比如，给五年级分析课文、布置课后作业，需要一个课时才能完成。王中义就反复斟酌，做出巧妙的安排：安排一年级和三年级在教室里做一份试卷，因为做试卷带有考试性质，学生们不会走神、去听五年级的课文分析。把二年级和四年级安排到教师办公室，上半节课让四年级学生给二年级学生抽写生字、抽背课文；下半节课让四年级学生按照要求，把课文中带拼音的生字在自己的石板上写出来，并准确默读音调、认识汉字、默读课文、预习课文；二年级的学生则继续默写一遍课文，反复背写几遍生字。下课前，在教室里，用三五分钟的时间收一年级和三年级学生的试卷；到教师办公室，检查二年级学生默写的课文和生字，在每个学生的石板上进行评判，同时简要查阅四年级学生预习、练写生字的情况；这些教学程序完成后，五个年级同时宣布下课。紧接着的下一节课，安排五年级学生各自写一篇命题作文，同时把本节课堂写的作文抄写在自己的作文本上，用一个课时完成；安排三年级学生在前半节课传阅优秀作文，后半节课给三年级学生点评上次写的作文，然后各自修改上次写的作文；安排二年级学生做一份试卷，用一个课时完成，下课前收二年级学生的试卷；安排一年级学生在前半节课预习课文；对四年级学生，先讲授新课，讲完课后，就安排课堂作业，让他们抄写并认会本节课新授的生字、默读熟悉新课文、掌握新课文里的新词语；同时抽一名四年级的优秀学生当"小老师"，到教师办公室给一年级学生上新课。这名"小老师"在给一年级讲授新课前，要做好备课工作并准备好讲课用的小黑板。这名四年级"小老师"给一年级学生上课的内容，主要是认识本课生字。五个年级都完成了本节课的教学任务，正好也就到了下课的时间。一般人面对这么繁杂琐碎的复式教学，会感到错综复杂、如入迷宫、如坠云里雾里。即使是教学经验丰富的教学高手，如果没有复式教学的经历和经验，面对平行交叉的五级复式教学，也会被繁复的程序折磨得晕晕乎乎。可见山区小学老师们复式教学的备课之难、授课之难。为了搞好复式教学，王中义和所有进行复式教学的老师们一样，不仅从规模较大的教研活动中学习教学急需的先进方法和专业知识，还以十分谦虚的态度，向具有多年教学经验和复式教学实践的优秀老师们请教，掌握了各科教学尤其是复式教学的基本规律和窍门。他又紧密联系社乐小学的教学实际，不仅解决了各种难题，而且创造了自己的复式教学特色方法。

一分耕耘，一分收获。社乐小学学生们的学习自觉性、积极性和主动性充分调动起来、发挥出来，每次东木口联校组织的会考，社乐小学都排名前列。最重要的收获，是王中义培养了山村小学生刻苦学习的精神和学习能力。通过高年级学生给低年级学生上课的方式，培养了不少"小老师"，这些"小老师"具备了组织教学的能力。王中义外出开会离开社乐一两天，学生照常到校上课，从不放假休学，这几天就由"小老师"们组织学生在校学习。凡是有两三个孩子上学的家庭，孩子们在做家庭作业的时候，弟弟妹妹敢于提问，哥哥姐姐都能答疑辅导。

社乐小学的学生们，在课堂上经常开展有关语文、算术知识的讨论，同年级之间的讨论常常引发激烈争论，不同年级之间的讨论也让参与者兴趣勃发。就这样，低年级学生的学习能力提高得很快。在高年级"小老师"给低年级学生们上课时，如果出现了错误，低年级学生常常能够敏锐地发现。一旦被指出差错，高年级的"小老师"就及时改正，这也增强了高年级"小老师"们的责任心，实现了"教学相长"。在社乐小学复式教学的课堂上，经常出现低年级学生在学会自己课本内容的同时，还能听懂老师给高一年级讲的课的情况，这是单年级教学班所无法实现的。所以，社乐小学的学生们升学以后，对高一年级的新教材并不陌生，尤其是对于写作文，都不"怵阵"。高年级学生由过去见人羞涩不敢言语，变得敢于落落大方地在众人面前讲话，而且讲话时信心十足、言辞准确。一茬接一茬的高年级学生，都具备了自我管理与管理学生的能力。

1966年5月7日，毛主席发出了"五七指示"，指出学生以学为主，兼学别样，不但学文，也要学工、学农、学军。社乐小学这样的山村学校，基本不具备"学工"的条件，但王中义还是积极地给学生们讲工业战线的辉煌成绩，讲"卫星上天"等重大科技成果，使学生们开阔了视野，激发出热爱祖国的赤诚忠心。在不具备"学军"条件的社乐小学，王中义创造性地开拓出了三种"学军"路径：第一种，是与体育课结合起来，进行军事化队列训练，培养学生们的集体主义精神和令行禁止的纪律性；第二种，是开展几种军事项目的训练，包括用自制的红缨枪练习刺杀，用自制的手榴弹练习投掷，组织学生们进行军事拉练等，这些项目的训练，对增强学生的体力、体质发挥了很好的作用，同时培养了学生们的军事意识；第三种，是经常性地进行学习解放军精神的思想教育，从小培养学生保家卫国、热爱祖国的思想意识。

王中义在社乐小学组织"兼学别样"的重点项目，是"学农"。L村的村民们祖辈都是农民，小村庄里具有得天独厚的"学农"条件，王中义经常组织学生参加各种农业生产活动，使得学生们从小就掌握各种农家技能。在生产小队的集体地里和各家各户的自留地里，学生们学会了刨地、割草、锄地、收割、挑担等基本的农事技能，掌握了玉米、谷子、豆角、萝卜等庄稼和蔬菜的习性以及成长规律，了解到养猪养鸡、放牧牛羊等畜牧业知识，这些都避免了"四体不勤，五谷不分"的现象发生。为了使"学农"坚持下去，王中义带着学生们在 L 村的山坡上建起了自己学校的"小农场"。这个"小农场"没有占用生产队的耕地，而是由自己动手，搬石填土，一镢头一镢头地在山坡乱石中开垦出了 72 块地。条件有限，随山随坡，因势垦荒，用石头垒堰围地，最小的地块用顶大草帽就可以盖住，最大的地块也只能卧头牛。在这72 块地里，王中义带领学生们种上各种庄稼、蔬菜，年年随季耕种，下种、中耕、锄草、施肥、收割，他和学生们在春种秋收中享受到了农家耕种的艰辛苦乐。学生们在"学农"活动中，培养了对农村和农业的深厚感情，养成了勤奋劳作的朴素习惯，而且在劳动中变得身体壮实、性情厚道，像长辈们一样热爱农村、热爱劳动、老实诚恳，避免了娇气、懒惰等不良品性的侵蚀。

　　社乐小学的学生们跟着王中义老师"兼学别样"的一项特殊成果，是学会了植树造林。从认识杨树、柳树、松树、榆树，并掌握各种树木的生长特性，到学习栽种育林技术，王中义耐心细致地给学生们讲解示范，带着学生们投身到绿化社乐山乡的植树造林运动中。他耐心地一招一式反复教授学生：植树的土坑要挖圆挖深，鱼鳞坑要用石头围严实。在栽树苗时，教学生把树苗的根系理顺，树苗直立放置到坑内，先回填一大部分土，浇上水以后，再把树苗稍微往上提一提，使树苗的根部和泥土结合好，然后把坑里挖出来的土都填回去并捣实。在树的周围还要围起一个圆形池子，以备下雨时蓄水浇树。社乐小学的学生们学会了植树技术，树苗成活率大幅提高。学生们积极参加生产队的植树绿化工作，基本做到了"种一棵、活一棵"。王中义领着学生们还建起了自己学校的"小林场"，他们随山就势，有的刨挖"鱼鳞坑"，有的垒堰平整，用了几年时间，成功种植了十多亩松树、榆树、杨树、柳树。经过多年育林护林，这里郁郁葱葱，成为 L 村的一道亮丽风景。

与此同时，王中义在社乐小学始终没有忽视和偏离"德智体美劳全面发展"的教育方针。他不仅注重政治思想教育和道德品质教育，还采取多种形式进行历史教育。为了让学生们了解当地的历史，王中义还经常请村中贫下中农和老党员讲村史和抗日战争、解放战争的历史。

王中义克服山村小学的各种困难，千方百计创造条件，加强了"音体美"的教学。王中义精心设计，和社乐生产队的能工巧匠一起自制了乒乓球台，发动学生自制了乒乓球拍，使乒乓球运动成为学生们每天坚持的运动项目。在学校的小院里和村里的平整场地上，坚持每周安排两三节体育课，开展了队列训练、短跑和中长跑训练、投掷训练等，同时每天坚持做集体早操和课间操。在繁忙的教学活动中，王中义每周都要安排一两节美术课，让学生们用彩色蜡笔描绘景物和人物。对于音乐课，王中义谦虚求教，向东木口学校的老师们求教，学会了音乐简谱，再教学生们学习唱歌。社乐小学的"音体美"三科教学，经过王中义坚持不懈的努力，有声有色地开展着。

在鞠躬尽瘁的岁月里，王中义使得一批又一批学生快乐幸福地成长，让小学生气勃勃，小山沟生机盎然。

（根据王中义口述整理）

附：

小学五级异科复式教案

御枣口联校丰平安小学　路　林

年级	五年级	四年级	三年级	二年级	一年级
课题	百分数的应用题	角	两位数乘多位数	21. 梅花	20 以内的进位加法和退位减法
课时	第二课时	第一课时	第二课时	第一课时	第一课时
教具	小黑板、纸条（例题）	小黑板、手电筒、角尺、剪刀、三角板、三角形纸条（角的定义）、活动角	小黑板、纸条（例题）	小黑板、生字卡片	乒乓球 11 个、纸盒 1 个、口算卡片、实物图
教学要求	使学生在理解题义、分析数量关系的基础上、学会正确地解答百分数应用题	使学生认识常见的几种角、垂线和平行线、会用量角器量角的度数、会用直尺、三角板画垂线和平行线	使学生掌握乘数是两、三位数的乘法的计算法则、能够熟练地运用乘数是两、三位数的乘法解答有关应用题	1. 使学生懂这首诗的意思。 2. 学会生字。 3. 背诵课文	1. 使学生能够正确、迅速地计算 20 以内的进位加法和退位减法。 2. 使学生能够解答求总数的加法应用题和求剩余的减法应用题

年级	一年级	二年级	三年级	四年级	五年级
重点	进位加减	理解诗意,默写课文	计算法则	角的概念	"增加百分之几"这类应用题的解法
难点	凑加法	用自己的话说诗意	乘得的数应该写在什么位置	角的大小与边长短的关系,角的记号和小于号的区别	理解增加百分之几的意义
教学过程	五、直接教学:(约7分钟) 1.检查复习(出示算卡片): 10+7 6+10 14-4 16-10 2.讲授新课:20以内的进位加法 ①演示教具,让同学们一数一下。纸盒里一共有多少个小格。然后教师往盒子里放9个乒乓球。在盒外摆2个乒乓球。提问:一共是多少个乒乓球?现在要计算:	四、布置自动作业:(1分钟) 1.用"诚""巧""迎""抗"各组成一个词 2.用"像""总是"各写一句话(约6分钟) 六、直接教学:(约5分钟) 1.检查造句 2.讲授新课 21.梅花(板书课题)	三、布置自动作业:(1分钟) 计算: 1.20×3 2.62×14 23×3 37×25 3.53 个 77 是多少?(约10分钟) (指名板演3题)	二、布置自动作业:(1分钟) 1.[(20+9.744+2.4)×0.5-16.3]+0.25 2.什么叫线段? 什么叫直线? 3.预习课本第69页和第70页(约18分钟) 八、直接教学:(约13分钟) 1.检查复习:自动作业2题	一、布置自动作业:(1分钟) 1.$1+\dfrac{1}{100}$ $1+3\%$ $1-\dfrac{7}{100}$ $1-7\%$ 2.10是8的几倍?8是10的几分之几? 3.红星小学有男生250人,女生200人,男生人数是女生人数的几倍?女生人数是男生人数的几分之几?

续表

年级	一年级	二年级	三年级	四年级	五年级
教学过程	9+2 提问： a. 要把盒子里的9个乒乓球凑成10个，需要把盒子外面的2个乒乓球分成几和几？ b. 把1个乒乓球放在盒子里，盒子里的10个和盒子外面的1个相加，一共是几个？ 9+2=11 贴实物图： OOOOO ● OOOO ●	①教生字： 出生字卡片："凌、虫、逼"。 ②教师领读课文。 3. 课堂作业：（约20分钟） ①默读课文； ②拼读生字； ③抄写课文。 十一、检查指名朗读课文、拼读生字。 （约2分钟）	七、直接数学：（约7分钟） 1. 检查复习：自动作业3题。 2. 讲授新课：两位数乘多位数（板书课题） 例 同学们做广播操，每行24人，18行共有多少人？ （学生列式） 24×18=432（人） 　　24 ×　18 　192 　24 　432 答：共有432人。	2. 讲授新课：角（板书课题） ①射线：运用手电筒射出的光线说明，再任黑板上画一条射线说明。 把线段的一端无限延长，就得到一条射线。射线、线段各有几个端点？ 学生思考（用教鞭指小黑板）一、二年级学生休息完毕，指名答。 ②角： a. 引导学生观察实物和教具：角尺、剪刀，直角三角板、五角形。	4. 寺平安生产队去年种玉米36亩。今年种玉米54亩。今年种的亩数是去年种的亩数百分之几？（指名板演4题）（约29分钟） 九、直接数学：（约8分钟） 1. 检查复习：自动作业4题。（去小黑板） 2. 讲授新课 例 一个公社去年计划造林200亩，实际造林160亩，实际造林比原计划造林增加了百分之几？ 原计划造林200亩 实际造林160亩 增加亩 分析：求实际造林比原计划增加百分之几，必须先求出实际增加了多少亩，然后看增加的亩数是原计划的亩数百分之几，就是增加了百分之几。

续表

年级	五年级	四年级	三年级	二年级	一年级
教学过程	解： ①增加的亩数： 200-160=40（亩） ②增加的是原计划的百分之几？ 40÷160=0.25=25% ③综合式： （200-160）÷160=0.25=25% 3. 课堂作业：（约3分钟） 练习十九 7题 十四、检查订正，布置8,9,10题（2分钟）	b. 教师画图让学生观察。 c. 什么叫角？ 看图讲角的概念。 d. 角的表示： 用"∠"表示。 e. 实物演示，说明角的大小。（出示活动角） 3. 看课文 ①习题二十三。 ②习题二十三，1题（约9分钟） 十三、教师做手势，导生收作业势。	大家想一想，"4"为什么写在十位上？ 通过计算，得到两位数乘多位数的法则。（略） 让学生看课文，指名朗读一次。 3. 课堂作业： 练习二十一 5,6,10题（约22分钟） （老师做手势、一、二年级做课间休息5分钟） 十二、检查6题 布置课堂作业：练习二十一11题（2分钟）		贴实物图 再计算： 8+3 提问： a. 要把几凑成10？（8） b. 要把3分成哪两个数（2,1） c. 8和2凑成10加上1是多少？（11） ②小结：计算进位加法先想想加得10，再想三个数连加。最后三个数，最后加得：约27分钟 3. 练习二十 1,2,3题 十、检查4题（1分钟）

二、教育发展的生态环境

进入 20 世纪 60 年代以来，生态危机的加剧使得人们开始认识到树立生态意识的重要性，而教育从来不是孤立存在的，在此背景下，教育生态相关的理论随之产生。随着生态学的崛起和流行，教育学家把生态学理论应用到教育学生上，开始关注教育自身的生态发展，进而提出了"教育生态"的概念。

教育生态由教育本身和教育生态环境共同构成，教育生态环境则是家庭、学校、社会、文化、时代特征、政策发展等一切可能对教育产生影响的因素的总和[①]。换句话说，教育生态是教育观念的外在显现，是教育环境中的各因素相互作用而形成的教育磁场，时刻在对教育本身产生影响。学校作为教育生态环境中的重要一环，不仅是良好教育生态环境的参与者，更应该是建设者。中国教育科学研究院办公室副主任姜朝晖认为，学校是文化传承和创新的重要载体，也是开展教育教学的主要阵地，对良好教育生态的营造至关重要[②]。

具体来讲，教育的发展要求教育生态系统必须处于和谐平衡的状态，既要与社会生态系统保持协调平衡，又要保持内部要素与结构的平衡，只有当教育生态环境处于和谐平衡的状态时，才会呈现出动态的稳定性，教育的正效果才会得到提升，从而促进教育的良性发展。反之，一旦教育生态环境遭到破坏或者发生断裂，教育的理性功能将消解和变异，导致出现负效果。

[①] 王光斌. 论教育生态的畸变与修复 [J]. 文山学院学报，2015（1）：78-82.
[②] 姜朝晖. 学校是良好教育生态的建设者 [J]. 中小学德育，2019（4）：78.

（一）中国教育生态环境的发展

生态系统是生态学的重要概念，是现代生态学的研究对象[①]。教育生态系统是由教育主体系统、教育客体系统和生态环境系统共同构成的，近年来关于教育生态系统的研究不断升温，越来越多的学者开始认识到教育生态环境在教育发展中的重要性。

邓小泉根据中国相继经历的四种社会形态，以及教育生态系统要素之间的联系、影响和作用，将中国教育生态系统总结为四个发展阶段，即自然教育生态系统、古典学校教育生态系统、传统学校教育生态系统和现代学校教育生态系统[②]。

自然教育生态系统出现在人类社会早期，在自然教育生态系统中，教育的目的就是维持人类生活，与劳动密切相关，主要是通过口耳相传、言传身教等形式进行，形成了"最原始的教育者—自然文化（生活经验）—受教育者"的生态系统结构。

古典学校教育生态系统出现在初民社会末期，在古典学校教育生态系统中，教育者与受教育者呈现出职业化特征，并出现了学校这一场所，教育内容也转向知识化，"教育者—古典文化—受教育者"的结构逐渐建立起来。

随着外部环境的变化，古典学校教育生态系统逐步演变为传统学校教育生态系统，走向制度化，教育内容是以儒学为主干的传统文化，形成了"教育者—传统文化—受教育者"的新型教育结构，并产生新的制度——选举制度。

19世纪40年代以后，中国社会发生剧烈变动，推动了中国传统教育生态系统向现代学校教育生态系统演进，教育内容转变为以科学为基

① 曹凑贵. 生态学概论 ［M］. 北京：高等教育出版社，2006.
② 邓小泉. 中国教育生态系统的四个发展阶段 ［J］. 南通大学学报（社会科学版），2013（2）：100-106.

本特征的现代文明，形成了"教育者—现代文化—受教育者"的基本结构。

外部社会环境的激烈变动，使得教育生态系统开始自我内部调节，这种自我调节推动着教育生态系统逐步走向现代化。当前时代发展呈现出新形势，教育改革面临新机遇，总体呈现出教育全民化、教育终身化、教育民主化、教育多元化、教育技术现代化和教育生态化的价值取向[①]。

然而，当下教育生态最明显的问题是教育理念和教育实践的脱节，虽然素质教育已经提倡多年，但应试教育的社会价值导向仍然印刻在人们心中，制度固化、方法刻板、内容固化、答案标准等都限制了教育的创新活力，无法体现上述六种价值取向，影响了教育的科学发展。因此，构建良好的教育生态环境是中国教育现代化宏观取向的必然选择，关键要从学校、家庭、社会等层面入手，从社会、文化以及技术环境等方面进行构建，让教育回归本真，达到教育生态系统的和谐与平衡。

(二) 当代中国教育生态环境的构建

1. 基于社会环境进行构建

2001 年起，中国为了优化农村教育资源配置，开展了"撤点并校"的教育改革，受具体实施的功利性和规模效应的影响，大量乡校过度撤并，导致了师生流失、乡校萎缩的双重问题，使乡村学校教育生态失衡。乡村学校教育生态回归的核心在于乡村师资力量[②]，在此背景下，我国不断出台新的政策，如《教育部　中央编办　国家发展改革委　财

---

① 王淑英. 营造和谐教育生态 为学生的终身发展奠基 [J]. 河北教育（综合版），2019（11）：33.

② 龚宝成，程敏. 全科型教师消解乡村学校教育生态失衡的价值选择 [J]. 教学与管理，2018（25）：12-15.

政部 人力资源社会保障部关于大力推进农村义务教育教师队伍建设的意见》《教育部关于实施卓越教师培养计划的意见》《中共中央 国务院关于全面深化新时代教师队伍建设改革的意见》，推动培养全科型乡村教师，以缓解乡村教育生态环境的失衡状态。针对偏远地区农村基础教育，有学者分析了该类学校教师群体的物质生态环境、制度生态环境、行为生态环境、精神生态环境以及个体内部的精神和家庭生态环境，以期探寻构建"农村小规模学校教师群体的外部生态环境"和"教师个体生态意识培养和激发"的对策[①]。

进入新时代以来，基础教育减负问题被提升到新高度，后减负时代的基础教育高质量发展成为研究的一大热点[②]，针对当前教育上的生态失衡，"双减"政策为治理当前的教育问题提供了全新的方向。在路径倡导上，应以反思教育本质、建构科学合理的课堂生态、确立学生在教育生态系统中的主体地位为主要路径，实现"后减负时代"与"后疫情时代"教育高质量发展的生态构建。除此之外，有学者利用"生态环境承载力"所具有的生态性思维方式进行教育生态环境的构建，基于对现实的考量构建教育发展的生态圈，以便更加有序、协调地推进区域教育高质量发展[③]。

2. 基于技术环境进行构建

21 世纪是移动互联网的时代，科技的迅猛发展让各行各业都呈现出新面貌，对当前的教育事业也产生了重要影响。2010 年 7 月，国务院印发的《国家中长期教育改革和发展规划纲要（2010—2020 年）》中明确

---

① 朱永迪. 教育生态学视角下农村小规模学校新教师发展研究［D］. 长春：东北师范大学，2018.

② 范涌峰. "后减负时代"基础教育高质量发展的生态重构［J］. 教育科学文摘，2021（4）：14-16.

③ 柳海民，许浙川. 教育生态承载力：区域教育高质量发展的必要支撑［J］. 现代教育管理，2020（12）：1-6.

指出"信息技术对教育发展具有革命性影响，必须予以高度重视"①。在此背景下，推动信息技术与教育教学的深度融合成为我国教育现代化的发展趋势②。

大数据、"互联网＋"、云服务、云技术等正深刻改变着教育教学活动的方式，针对新技术的发展，智慧教育生态建设成为新的关注热点。学校是教育的重要主体之一，学校智慧教育生态建设对学校发展和教育事业发展有着重要的意义。高铁刚等借助生态学基本理论，为学校结构生态、制度生态、文化生态、技术生态建设提供了方法和策略③；周化钢等提出了智慧教育生态系统理念，并提出了基于第三方云服务的分布式数据智慧教育生态系统构架，最终实现了构建具有可持续性和平衡性的智慧教育生态系统的目的④；朱俊等则以武汉市教育云平台为典型案例，研究云教育生态下的教育治理创新，为推进我国教育信息化和现代化提供理论支持和实践指导⑤。

3. 基于文化环境进行构建

教育的发展离不开合理的文化生态环境的构建。从古至今，文化都以其强大的渗透性影响着教育体制、教育理念的形成。另一方面，教育通过与环境之间的相互作用，达到对文化环境进行改造的目的⑥。当今

---

① 国务院．国家中长期教育改革和发展规划纲要（2010—2020 年）［EB/OL］．(2010-07-29)．http：//www. gov. cn/jrzg/2010-07/29/content _ 1667143. htm.

② 周鹏，林俊清，林巍，等．我国农村中学课堂教学模式创新探索——福鼎二中基于移动学习终端的翻转课堂教学模式创新［J］．中国教育信息化，2015（15）：15-18.

③ 高铁刚，杜娟，王宁．学校智慧教育生态建设研究［J］．中国电化教育，2021（12）：26-32.

④ 周化钢，黄志昌，彭越．大数据视角下智慧教育生态系统需求分析与架构设计［J］．中国教育信息化，2021（11）：71-75.

⑤ 朱俊，吴砥，周鹏．基于云服务的区域教育生态构建研究——以武汉教育云为例［J］．中国电化教育，2016（4）：21-29.

⑥ 李英翠．教育生态环境中的文化生境［D］．南宁：广西师范大学，2000.

社会，我们谈到的教育公平、素质教育，都是教育与文化互动的结果，社会的进步使得人们必须不断更新教育生态意识和系统，从而推动现代教育健康发展。

新时代背景下，我国传统教育工作中存在的问题更加凸显，即长期重视技术方面的教育而忽视学生的综合素质以及道德素质发展。与此同时，我国对思想政治教育日益重视，思想政治教育生态环境的构建更有利于对学生进行思想教育工作。《高校思想政治教育的生态分析》一书从生态优化教育的角度出发，利用生态环境为学生营造良好的学习氛围，为学生学习思想政治提供一个更优质的环境①。思想政治教育生态环境各要素具有发展变化快的特点，这就要求思想政治教育必须与时俱进，积极主动去适应各要素的变化，构建一个关联性强、黏性强、延展性和循环特征较好的思想政治教育环境②。

在教育现代化进程中，教育公平问题一直颇受关注。区域之间自然生态环境、社会经济生态环境以及规范生态环境之间的落差，造成教育资源配置的不均衡③，这种城乡教育生态性差异是不容忽视的。银小兰等研究发现，家庭和学校教育生态环境对农村儿童心理资本有显著的正向影响，并从改善家庭环境、重视学校教育生态环境等方面对农村儿童心理资本进行干预④。高建林运用生态学理论和方法配置高等教育资源，以促进教育公平与高等教育生态系统的稳定发展⑤；周游则从更为宏观

① 习静．高校思想政治教育生态环境的内涵建设——评《高校思想政治教育的生态分析》[J]．环境工程，2021（9）：24．
② 谷松岭，熊琳．高校思想政治教育生态环境问题及应对[J]．学校党建与思想教育，2019（24）：21-23．
③ 高建林．教育公平视阈下的高等教育资源生态配置研究[J]．江苏高教，2017（5）：34-37．
④ 银小兰，朱翠英，王东方．教育生态环境对农村儿童心理资本的影响——基于1686名农村儿童的问卷调查数据[J]．湖南农业大学学报（社会科学版），2018（06）：57-61＋91．
⑤ 高建林．教育公平视阈下的高等教育资源生态配置研究[J]．江苏高教，2017（5）：34-37．

的教育现代化角度出发考察城乡教育生态性差异，并强调教育发展不应该忽视其生态性，要努力使教育回归[①]。除此之外，也有学者从中国传统文化和教育观念出发探讨文化与教育之间的关系，指出文化会作用于教育，教育对文化也具有积极的反作用，建立合理的教育生态意识，能够更好地达到自然、社会的和谐[②]。

案例分享 1.2

信息技术助力"小镇做题家"成为"985 高材生"

我生活在一个普通小镇上，基础设施与教育设施还算齐全，但是教育水平与教育资源属实一般，学习资料、学习设备只能到县城去购买。在我的印象中，幼儿园只有三到四个老师管理全部的学生，说不上有什么特别的学习内容和娱乐活动。小镇并没有培养特长的地方，小学周末会开设兴趣班，例如舞蹈班或者绘画班，而仍有不少本镇的孩子选择去县里的少年宫学习各种各样的特长。小镇的劳动力流失严重，所以陪同孩子上补习班的家长大多数是爷爷奶奶们。然而这种隔代抚养，家长只能提供最基本的饮食起居方面的照顾，在学业方面实在是爱莫能助，只能平时陪伴在孩子身边监督写作业，以及在口头上让孩子好好学习。孩子在遇到功课上的难题时，都不知该找谁解答。我幸运地度过了一个并不算紧张的小学阶段，不过就算我再晚出生十年，也未必会感到有太大的升学压力，毕竟在

[①]　周游. 教育现代化进程中城乡教育生态性分析［D］. 北京：首都师范大学，2005.

[②]　李英翠. 教育生态环境中的文化生境［D］. 南宁：广西师范大学，2000.

镇上也只能选择镇里的学校，家里人是不会在我小学阶段就为我"孟母三迁"般地择优选校的。

幼儿园到小学是教育的奠基阶段，县城的孩子能"近水楼台先得月"地享受到更为丰富的教育资源，镇上的孩子们享受的资源虽然不及县里，可是已经要比乡里的孩子好太多。初中所出现的教育问题只会比小学更甚，老师们更偏向于按成绩分配座位，甚至让学生按名次表自己挑选座位。中考成绩出来后，在得知快班的最后一名也要比慢班的第一名考得好时，我才真切感受到了快慢班的差距，不论是学习环境还是教育质量，快班的学生都占据了绝对的优势。

自从初二、初三学习理科以来，我的成绩开始退步，排名很难进入班级前五，我的座位从班上最好的三、四排变到了班级靠门的第一排、倒数几排或者靠窗的座位。初三后期每次周考或者月考，学校都会按照成绩划分不同的考区，每个班前十名会单独进入一个考区，剩下的同学会留在本班考试。当我无法进入"考试特区"时，会感到压力倍增，仿佛从天堂掉入地狱一般。中考不同于小升初考试，是真真切切要看分数录取的，所以压力和紧张在所难免。县一中是县里最好的中学，师资力量、办学水平、基础设施都是县里一流水平，可以说县一中的环境甚至比一些大学的条件更好。不过即便如此，县一中的吸引力还是远远比不上附中。

在九年义务教育阶段，我除了关注考试分数，并没有什么伟大目标，说不出"为中华之崛起而读书"的豪言壮语。虽然因为隔代抚养未能得到学业上的指导，但我仍能够幸运地跻身本镇"小镇做题家"中的佼佼者。进入快班的学生比普通学生获得了更优质的学习资源，更多了一重机会，而那些农村背景的学生、成绩不佳的学生因教育资源的差异，被不断地挤出上升通道。

幼儿园、小学、初中所经历过的教育问题，在高中阶段集中爆发。以"衡水模式"闻名全国的衡水中学培养出了一批批名校高材生，衡水中学学子张锡锋的"土猪论"也的确让不少"小镇做题家"感慨万千。2009 年北京大学中国社会科学调查中心发布的一份报告指出，在农业户口的居民中，拥有大学本科学历的人口仅占 0.7%，而在非农业户口的居民中，对应的比例为 12.3%。高等教育资源的城乡分配差距已经不容忽视。在"按分分配"的教育模式下，如何提高学生的"答题能力"就成了在"应试教育"模式下制胜的核心和关键，这必然导致对学生的"唯分论"和对学校的"唯升学率论"，衡水中学的模式必然适应于高考。可衡水中学学子的呼声有人听到了，那些被衡水中学这一超级中学挤压的普通高中学子，他们的呼声又有谁能听见呢？那些空有"衡水模式"的壳子，而无衡水中学配置的中学出路在何方呢？

我的高中学校声称是模仿"衡水模式"，可是只模仿到了其外壳，没有学到其内在。学校没有社团活动，没有任何比赛（包括学科竞赛和运动会），谈不上有真正意义上的体育、音乐和美术课程，学生了解不到任何社会热点。早上六点前必须到教室，晚上十点（高三是十点半）下晚自习，到了高三更是天天考试，周考、月考也接连不断。而教师团队的水平是最让人感到无力的，老师的学历普遍不高，优秀教师被陆陆续续挖到其他中学，让教师团队雪上加霜，在高三最重要的时期，三个文科班竟只有两个历史老师教学。与此同时，老师的教育方式也是最朴素的"死记硬背"加"棍棒教育"。作文每段最后强行点题（直接在每段末尾加标题）、知识点全靠教辅书、抽背不过关就打手心，这些只不过是我高中生活中最为常见的学习片段罢了。只是可怜那被打裂的戒尺，上面的《弟子规》可还安好呢？老师的确也是尽己所能地教授知识，能力有限也能够理解。但并不是所有学生都能够在这种环境里获得好成绩，我在高一、高二阶段，成绩一直不理想，最差的一门数学更是创下了五十几分的最低纪录。

班里的学生分化差异明显，虽然在高中老师的严厉掌控下，学生都被赶鸭子上架般坐在书桌前读书，可是部分学生"身在曹营心在汉"，在极端压抑的环境下有的学生内卷不断，有的学生"佛系躺平"，只能一边吐槽老师的教学，一边被老师"牵着鼻子"学习，根本谈不上什么学习策略和个人主张，每个人都是流水线模式下统一出厂的应试产品。老师只能一边感慨学生一届不如一届，一边继续使用陈旧的教学模式，用更严厉的手段敦促我们前进。高考不断创新改革，陈旧的地图又怎能指明改道后的方向呢？

条件如此艰苦，不少家长为了尽可能给孩子创造最好的学习环境，会选择陪读，即在学校附近或者校内租房。校外租房便宜的一年也是一万以上，而校内租房更是两万起步，所租的房子也仅能遮风避雨，残存着20世纪七八十年代的遗风。这昂贵的租金，以及全天候的陪伴，并不是所有家庭都能够负担的。而我幸运地在高中时得到了无微不至的照顾，高一时我就和家人搬去了校外的出租屋。

新冠疫情期间，所有的高考生全部被封在家中，那些平时不得不屈从于学校严厉管制的学生，趁此机会在家自娱自乐，我身边不乏过去成绩不错，疫情结束返校后成绩一落千丈的。我的学校有一个长期以来一直霸榜文科年级第一的女生，但是高考竟然没有考取一本。我还有一个在县一中的好友，过去她初中一直是年级前几名，甚至通过了县一中的自主招生，去了"火箭班"，然而最后她高考失利落榜本科，复读时又恰逢高考改革，她一直头疼的数学学科增加了难度，最后仅考进普通二本。

我的成绩其实一直以来在高中都不算拔尖，处在中上游水平，我的爷爷也总是强调："你现在只需要两耳不闻窗外事，一心只读圣贤书。现在别提什么梦想、什么想读哪所学校，你先埋头苦干，只问耕耘，不问收获！"

在新冠疫情期间的学习，我可以问心无愧地说，有90%的时间是高效且未有娱乐活动的，只有偶尔放松的时候会逛一下视频平台，看一些励志视频。有时候爷爷奶奶会催我去睡觉，但是我都会以完成自己拟定的学习任务为先，其间并没有任何人逼迫我学习，因为逃离"东区"① 的执念已经死死压制住玩乐的心情。

在新冠疫情前，妈妈就寄来了笔记本电脑，虽然款式陈旧、时常故障，但是还算能够使用。我一开始完全没有意识到还有"自学"的选项，只是偶尔会在知乎或者某视频平台上寻找"逆袭"方法，直到在平台上刷到了某位博主，他介绍自己是一匹从成绩吊车尾到成功考上一本的"黑马"。他当时所在的高中环境和生源比三中更差，但是他按照自己的节奏而非盲目跟随老师的安排，一步步地夯实基础、摸清考试套路，最终逆袭成功。简要概括他的学习思维就是：不必过于依赖老师，把高考简化为揣测出题老师心理的游戏。我本就厌恶学校老师非打即骂的教学风格，于是心安理得地在学校的网络课堂上开了分屏，寻找自己的学习思路。我的知识底蕴可以用匮乏形

---

① 这里借用了电影《我的天才女友》中意大利"东区"的概念：主角埃莱娜和莉娜童年居住的那不勒斯在意大利东区，那里的人们封建、冷漠、暴力，那个地方黑帮肆虐、经济落后。虽然我当时所处的环境远比东区和谐稳定，但是依旧是一所牢笼，也是我的噩梦。

容，如果名校学生是素质教育下稳扎稳打积累知识和能力的"old money"，那我就是投机倒把"骗取分数"的"new money"。结合我在某知识平台刷到的"毛选学习法"①，我建立了自己的答题逻辑框架，虽说还达不到冲击清华和北大的程度，但是也足够我与其他考生拉开差距了。

我的英语成绩一般稳定在 120～130 分，短时间内提高的可能性不大，但是也不会差到哪里去，所以我直接抛弃了英语的复习，主攻数学，其次文综。数学方面我主要是跟着某数学博主的课程学习，他是以"降维打击"的方式，运用大学数学思维解答题目的，而且教授了不少大学才会学习的公式。早在初中参加自主招生考试时我就发现，自主招生的考题基本上来自高中知识和高中课本，那么同样地，高中题目也可以用大学知识解答。我知道大题使用高数知识会扣分，但是相比于完全动不了笔，我还是宁愿凭借高数知识拿个结果分。这个老师最让我佩服的一点就是教授的例题相当实用，而且会在讲解例题后出一些相似类型的题来加深印象，我也是在他的影响下建立了按照错题类型分类的错题本。

文综方面，我可以说毫无学科素养，对政治、历史、地理三科的学习完全依赖于课本，而课本仅仅起到了一个简洁之极的"导言"作用，所以我的文综成绩一直都不算好。于是我破罐子破摔，放弃弄懂知识的想法，把考试仅仅当作对考试技巧的考验，将十年内的高考卷全部做了一遍，模仿参考答案的答

---

① 某博主在看完《毛泽东选集》（后简称"毛选"）后，学习了其军事思想，总结出了将毛选运用于学习的思路。首先建立一个自己的"王牌"科目，即不论学与不学成绩都不会太差的科目，然后完全不管这门科目，专攻自己的薄弱学科，有王牌学科作为底牌，成绩不会掉到哪里去，但是因为攻克薄弱学科的难度较大、耗时也长，也会有总体成绩滑落的风险。

题逻辑，结合某学习平台的免费课程（当时新冠疫情期间某学习平台开了免费课讲解高考题），慢慢将抽象的答案抽丝剥茧。我的地理老师一直自满于他自己归纳的模板，让我们按模板背诵，要是抽查不过关就要被戒尺惩罚。此前我也觉得背诵模板比较有用，但是一位博主的话点醒了我："你拥有葵花宝典也打不过令狐冲。"那些所谓的模板都是别人归纳的，但是普遍性必须要在特殊性中把握（我甚至会将政治课本中的马哲原理运用到学习中）。

最后我在无意之中看到了线上某位高学历老师的语文课，其实语文也是一个需要阅读大量书籍的学科，但是我的语文老师不仅"克扣"我们的阅读课，而且不允许我们阅读大部头名著，所以我在高中几乎没读过什么课外书，简直算是一个"文盲"。语文课不是一门能够在短期内提升的学科，但是该老师讲课实在太过精彩，所以我也把他的课当作段子来看。他是一个在讲课的过程中做到了"教书且育人"的老师，他分享了对学生的期待、自己的求学过程、对社会事件的关心，他真真正正把学生当作人，而不是答题机器，我第一次真心实意地为宏大叙事落下泪水。

我其实没有花钱买过网课，都是免费看网课老师的公开课，他们大多是名校毕业，尤其是师范名校毕业的老师，其中也有一些博主提供付费服务，指导学生安排学习计划，我嫌费用太高，还是选择看免费的课程。我觉得居家学习非但没有扩大教育资源的差距，反而打破了学校教育的围墙，一直以来，我们这种乡镇中学都是百分百封闭的状态，学生的所有学习、生活都在学校和老师的掌控之下，而在居家学习期间，学生的学习自主权暂时回归了。

疫情管控放开后不久，学校就通知学生去学校上课，实行两个月的全封闭管理，不管走读生还是住宿生都需要住校，学生的学习自主权再次被收回。

河北省省内缺少好的大学，学生只能不断内卷分数，结果提高了整个省份的录取分数线。衡水中学这所超级中学不断吸收最优秀的生源和师资，马太效应越发明显，被衡水中学挤压的其他中学也只能屈从于"衡水模式"，就好像电影院第一排的人站起来，整个电影院的人都要站起来才能看到屏幕。而相比大山里的高中，我的高中生活已经幸福得像天堂，有家人在校外租房全天候照顾，居家学习更是给了我一个逆袭的机会。正是因为能够接触平常接触不到的网课，我才不至于对学习毫无头绪。但网课所需的安静环境和配套设备也使得学生之间拉开了差距，农村的孩子可能没有手机，也没有电脑，连不上WiFi，也没有个人热点，再加上没有老师的威慑，网课效率可想而知。都说"三分天注定，七分靠打拼"，可有些学生连那三分的条件都不具备，他们的打拼又谈何效率、方向和结果呢？

意料之外，也是意料之中，我最终考上了国内排名靠前的"985"大学。与大学相比，高中阶段不过是简单的三年长跑，而大学是紧张又刺激的越野竞赛。大学的压力丝毫不比高中小，面临的挑战也是前所未有的。"内卷"一词的爆红也折射出了高校学生非理性、非自愿竞争的无奈。已经习惯了被封锁在高中追求分数的单机有限模式，猝不及防跌入在大学比拼综合素质且内卷无尽头的"迷雾无限"模式，"小镇做题家"必须彻底颠覆十几年来的学习模式，笨拙地探索适应大学学习、生活的新模式。"985"高校的学生，看似是高考的获胜者，收获了无数的鲜花与掌声，而他们的精英身份在进入大学后便开始受到挑战，原本引以为傲的做题能力在综合素质的比较中已不再具有决定性竞争优势。

大学与高中最大的不同就是学习没有所谓的模板，一些课程以论文的方式结课，更是让我无从下笔。在我大学以前的学习生涯中，从来没有正正经经地上过一节计算机课，连 office 软件都没用过，而大学老师的讲课内容完全面向有一定基础的学生，对于一个连电脑基础操作都不会的学生来说，无疑是在听天书。我以为能够根据高中自学的方法寻找教学视频，可是大学专业课很少依赖课本，每一个相关视频都与大学老师教授的内容不同。至于高数，在逃离高中后，我早就把所有的数学知识"还给"老师了，哪里还剩下什么数学基础？眼见其他学生的计算机和高数都能拿到90＋的高分，心里不禁产生一种自卑感，认为自己只不过是靠投机取巧盗取了别人录取机会的"小偷"罢了。

我一边焦虑于倒数的 GPA 成绩，一边苦于不知道如何获取各种比赛的信息，看见别人在答辩时介绍他们各种社会实践和奖项时所展现的自信风采，我甚至连静下心阅读专业书籍都很难做到。幸运的是，在大学遇到了我的指导老师，她一直鼓励学生真正爱上自己的专业。在老师安排的读书会上，我最浅陋的发言也能够得到她的赞许，也是在读书会上老师和同学们的感染下，我才真正开始热爱本专业，愿意去查阅专业书籍和论文。自此以后，我能够沉下心来认真学习理论课程，闲暇时间去健身房健身，可以说，到了大三，我才真正开启了大学生活。

（作者：小幺—化名）

三、教育发展的社会环境

教育制度是指一个国家或地区各级各类教育组织与教育机构（学校与非学校）构成的总体及其用政令、律例等规范形式所确立的教育活动的程序、准则和政策的总和[①]。自中华人民共和国成立以来，在不同的历史阶段，教育制度在价值理念、管理方式、体制创新三个方面呈现出不同的特点（图1.2）。

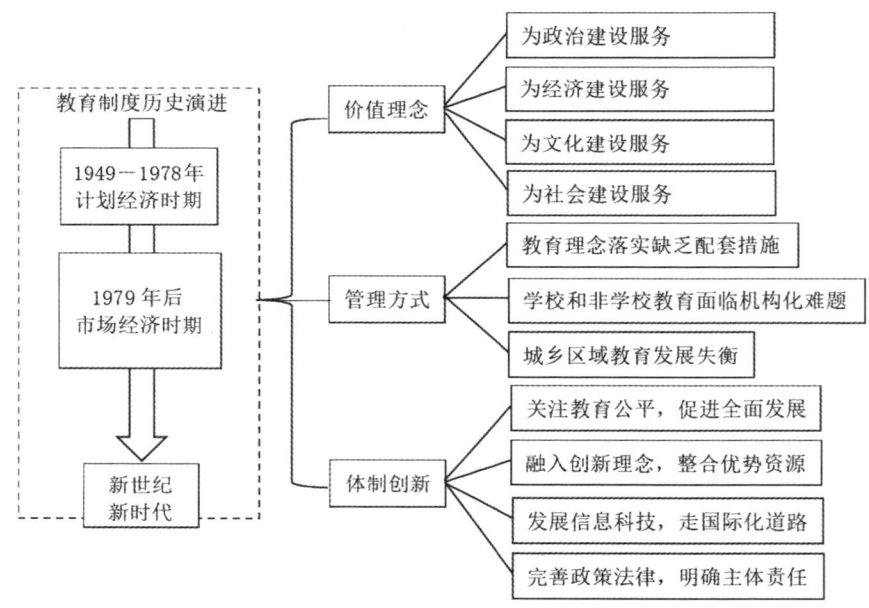

图 1.2　中华人民共和国教育制度的发展脉络

价值理念是教育制度的灵魂。中华人民共和国成立70多年来，由于社会、经济、技术、文化等因素的影响，在不同的历史阶段，教育制度的价值理念存在明显差异。在计划经济时期（1949—1978年），

---

①　邓凌雁.2015年度中国教育制度史研究综述［J］.内蒙古师范大学学报（教育科学版），2016（10）：1-6.

教育制度主要服务于政治建设，制定并坚持以"为无产阶级政治服务"为中心的教育方针及政策，强调通过教育尤其是政治教育来培养"又红又专"的革命人才。到了市场经济时期（1979 年至今），教育制度逐渐侧重服务于经济建设，立足于"以经济建设为中心"的目标来思考、定位、谋划教育事业的发展。尤其是 21 世纪以来，伴随国家对文化建设与社会建设的高度重视，教育制度的价值理念更加多元化。

1. 为政治建设服务

在中国教育发展的历史长河中，教育长期依从于政治。中华人民共和国成立以来，"政治定位"就一直存在于党和国家的教育政策和方针中。在计划经济时期（1949—1978 年），强调"教育必须为国家建设服务（1949 年）""教育必须为无产阶级政治服务（1961 年）"。同时，自 1952 年以来，招生计划制度经历了"单轨—双轨—并轨"的发展。在这一时期，我国的招生计划制度主要实行"单轨制"，各省、自治区、直辖市严格执行中央规定的全国招生计划，具有强烈的政治性。

2. 为经济建设服务

在计划经济时期（1949—1978 年），单一的经济结构导致教育内容缺乏先进性和层次性、教育手段缺乏系统性和综合性、教育方法缺乏科学性和主体性[①]。这一时期，我国经济、科技领域的高精尖人才十分匮乏。

到了市场经济时期（1979 年至今），为培养更多的建设人才，我国的招生计划制度转为"双轨制"，即实行国家计划、委托培养和自费生

---

① 莫钦. 社会转型时期的价值冲突与价值观教育［J］. 江西金融职工大学学报，2006（6）：119-120.

三种招生形式。这是针对计划经济制度下所形成的国家统包制度的一项改革，一定程度上适应了经济建设的需要，对社会多方面人才的培养起到了积极作用。

20 世纪 90 年代，我国首次提出实施"科教兴国，人才强国"战略，全面落实"科学技术是第一生产力"的思想，把科技和教育摆在经济、社会发展的重要位置，加速推进科技转化为现实生产力的过程。此后 20 多年里，我国继续坚持把科技和教育摆在经济社会发展的重要位置，中国进入经济高速发展的新时期。

2015 年，为推进"十三五"规划建设，习近平在党的十八届五中全会上首次提出了"创新、协调、绿色、开放、共享"的新发展理念，为推进中国特色社会主义教育理念和教育现代化的发展指明了方向和路径。经济发展新常态下，对照新发展理念要求，教育发展也亟待找准痛点，破解难题，补齐短板，重塑价值追求。[①]

3. 为文化建设服务

教育本身就隶属文化范畴，文化性是教育的本质属性。纵观中国教育制度的发展过程，不难发现其价值理念深刻根植于中华优秀传统文化和中国特色社会主义文化。

中华人民共和国成立以来，我国教育制度始终以弘扬中华优秀传统文化、发展社会主义先进文化为导向，广泛开展了包括中华优秀传统文化、以爱国主义为核心的民族精神、以改革创新为核心的时代精神、社会主义核心价值体系、社会主义荣辱观等各方面的思想道德教育和心理健康教育。

20 世纪 80 年代中期，我国教育界提出了"素质教育"的概念，实施科学文化教育和思想道德教育并重的教育方针，为培育德智体美劳全

---

① 赵为粮. 五大发展理念下教育发展与改革［EB/OL］.（2016-01-11）. http：//theory. people. com. cn/n1/2016/0111/c49157-28036060. html.

面发展的社会主义新型人才指明了方向，推进了教育现代化的进程。

中国特色社会主义进入新时代以来，我国加快建设社会主义文化强国，党和政府高度重视培养全民的"文化自觉"和"文化自信"，文化教育也将在这一时期焕发新的生机。

4. 为社会建设服务

改革开放以来，伴随市场经济的繁荣，我国产生了新的社会问题，其原因在于社会建设长期滞后于经济发展。21 世纪以来，为建设社会主义和谐社会，教育制度更加侧重于人的社会性发展，具有关注民生的价值取向。

一方面，为实现全民素质的提升，我国大力倡导终身教育。1993年，《中国教育改革和发展纲要》首次将终身教育纳入国家政策[①]。2010年，《国家中长期教育改革和发展规划纲要（2010—2020 年）》就提出，到 2020 年基本形成学习型社会。在学术界，为探讨终身教育与其他各级各类教育的关系，提出了"电化教育是终身教育的有效途径""高等学校应承担起终身教育的历史责任""社区教育是终身教育的有效途径""现代远程教育是推进终身教育的必要选择""继续教育是构建终身教育体系的必由之路"等观点[②]。近些年，社区教育、公共教育、职业教育、现代远程教育等成人继续教育蓬勃发展，终身教育理念得到了有力落实。

另一方面，为促进教育公平，激发全社会的创造活力，我国推行城乡一体化发展战略。在教育领域，《国家中长期教育改革和发展规划纲要（2010—2020 年）》就提出要建立健全公共教育服务体系，逐步实现

---

① 闫志利，韩佩冉．构建服务全民终身学习的教育体系：价值取向与实践逻辑[J]．职业技术教育，2020（13）：68-73.

② 康永久．教育公平的政治维度［C］//北京师范大学首届教育社会学论坛．北京师范大学首届教育社会学论坛论文集．北京：北京师范大学教育学院，2007.

基本公共教育服务均等化①。

目前关于教育价值取向概念的代表性观点是"教育价值取向是教育主体在教育活动中根据自身需求进行教育选择时所表现出来的一种价值倾向性"②。还有学者认为，教育价值取向是教育主体根据特定时期人们需要的变化，对价值系统中居于统治或核心地位的教育价值进行重新选择的过程③。从时间维度上来看，教育价值取向的研究经历了从批判到建构、从部分到整体的过程，既有理论取向的教育价值研究，也有实践取向的教育价值研究，其中以实践取向的教育价值研究为主，并不断致力于全球视野与本土发展的融合④。

中华人民共和国成立至今，我国教育价值取向大致经历了以下四个阶段。第一阶段是以爱国主义为导向的教育价值取向。第二阶段是改革开放以来，以科学文化知识的学习与传播为导向的教育价值取向。第三阶段是 20 世纪 90 年代以来政府开始倡导素质教育，表明国家已经开始有意识地思考教育各主体之间的复杂关系，逐渐跳出了社会与个人对立的状态。进入 21 世纪以来，以素质教育、全面发展为核心的教育价值取向逐步占据主导地位⑤，开始趋向于教育的特殊性、教育价值的特殊性需求，思考教育价值取向的选择问题。第四阶段是进入新时代以来，教育价值取向向人本化、人文化倾斜。在"以人为本"成为社会发展主旋律的时代，公众开始关注教育过程对身心的影响，更期待教育是一个充满尊重、关爱和陶冶情操的过程。

---

① 桑锦龙. 公共教育服务体系的内涵及实践指向 [J]. 当代教育科学，2014（15）：3-6＋20.

② 刘旭东. 论教育价值取向 [J]. 青海师范大学学报（哲学社会科学版），1992（1）：94-99.

③ 吴黛舒. 影响教育价值取向的因素分析 [J]. 齐鲁学刊，2002（1）：96-99.

④ 李长吉，贾志国. 教育价值研究三十年 [J]. 浙江师范大学学报（社会科学版），2012（2）：76-81.

⑤ 赵耀祖. 我国社会教育价值取向的历史沿革及当代建构 [D]. 沈阳：沈阳师范大学，2020.

伴随着我国市场经济的推进，社会逐步进入"服务时代"，教育作为一种具有消费性质的活动，其产品是教育服务。从一般意义上看，学校是为学生提供教育服务的非营利机构，教师应该为学校提供优质教育服务，学生进行教育消费的预期结果是获得知识和技能。在传统的教育消费过程中，教育提供者往往处于主体地位，教育消费者则要被动接受教育提供者所提供的信息。市场经济体制的建立和发展对教育的改革提出了新的要求。

在市场化挑战下，教育服务可以给学校带来更多的竞争空间，从而产生更大的效益，拥有良好教育服务的学校也将吸引更多的教育消费者，许多学校都在努力实践教育服务的理念，打造教育服务品牌，提高教育服务质量和水平。其中，高校作为人才培养和国际竞争的重要场域，其对教育服务理念的探讨较多[1]。随着国际化趋势的日益明显，高等教育服务贸易作为高等教育领域关注的一个崭新领域进入研究者的视野[2]。倡导教育服务意识，充分尊重学生的积极性和思维的主动性，关注学生的选择性、自主性、能动性和创造性，对于盘活学校隐形教育资源、提升我国国际竞争力具有重要的现实意义[3]。

在我国社会资源不断积累的背景下，公共教育支出不断增长，学校教育的种类和数量迅速增加，教育消费者的教育选择机会也越来越多，其教育选择行为不再完全受时间和空间的限制，使得教育提供者与教育消费者之间的关系转变为以教育消费者为导向的状态。教育服务作为一种全新的理念被提出，教育服务理念是对教育理念的丰富[4]，其在教育

---

[1] 徐碧鸿. 服务学习对我国高等教育的影响：理论框架、学科发展与受益群体 [J]. 煤炭高等教育，2020（5）：12-18.

[2] 邬大光，林莉. 教育服务：现代教育交流中的一种异化 [J]. 教育研究，2005（6）：48-53＋67.

[3] 卢丽华. "教育服务"理念的生成背景、批判向度及现实意义 [J]. 沈阳大学学报（社会科学版），2014（2）：189-192.

[4] 刘俊学，王小兵. "高等教育服务理念"论 [J]. 中国高教研究，2004（3）：26-28.

实践过程中，从教育产出的服务性出发，回归教育本质，对于促进当代教育发展有着重要的现实意义。

除此之外，政府职能的转变也起到了重要作用。我国教育服务的生产和供应大致经历了一个从完全由政府控制到市场适度介入的变迁过程。打破垄断局面，面向社会敞开大门，能够提高教育资源的使用效率，扩大资源的流入渠道，也是获得最优教育服务的前提[①]。当然，教育作为一项特殊的服务具有其自身的规律和特性[②]，即与其他服务相比，教育服务更具有责任感；教育服务方式呈现人性化特点；教育服务属于公益性质而非营利性质；教育服务具有精神性，满足了人对提升自我精神的高尚需求。

基本公共教育服务体系可以理解为由各种保障公民基本教育权的公共教育服务组成的完整体系，其内涵是指公共部门为全体公民提供基本的、在不同阶段具有不同标准的、最终大致均等的公共教育产品和公共教育服务，为全体社会成员的基本教育提供条件[③]。习近平总书记也多次强调，"坚持教育公益性原则，着力构建优质均衡的基本公共教育服务体系"[④]。其内容构成按照"保基本、强基层、建机制"的基本思路进行细分[⑤]，这是基本公共教育服务供给主体和供给模式选择的基础。

---

① 刘业进，田汉族．中国教育服务供给变迁：一个新制度经济学的解释［J］．清华大学教育研究，2003（1）：83-91.

② 郑杰．教育服务是一项特殊的服务［J］．全球教育展望，2003（1）：70-73.

③ 李保强，马婷婷．公共教育服务的概念及其体系架构分析［J］．教育理论与实践，2014（3）：35-38.

④ 中国教育新闻网．着力构建优质均衡的基本公共教育服务体系［EB/OL］．（2021-03-07）．https：//baijiahao.baidu.com/s? id ＝ 1693538343567987512&wfr ＝ spider&for＝pc.

⑤ 胡祖才．努力推进基本公共教育服务均等化［J］．教育研究，2010，31（09）：8-11.

基本公共教育服务供给是基本公共教育服务体系的核心。服务的需求主体即服务对象，主要是服务的接受者或受益者，是基本公共教育服务体系产生和发展的内源动力。广义上来讲，需求主体不仅包括各类学生，还包括学校、非营利组织、政府、社区等，而狭义的需求主体仅指各类学生。最大限度地满足社会工作的基本教育需求是保障基本公共教育服务供给有效性的重要前提。随着"互联网＋"时代教育服务供给模式的改革发展，服务供给主体由单一化转向多元化，供给内容由标准化转向个性化，供给单元由整体化转向碎片化，供给方式由集中面授转向时空灵活，供给关系由供给驱动转向消费驱动①，服务供给的主体由政府包揽向多样化和动态化转变，具体包括政府、市场组织以及社会组织。其供给模式分为以下三种：一是完全由政府直接提供；二是以市场为主导，由各种与教育有关的市场力量运作；三是以政府为主导，由社会非营利组织实施。不论采用何种服务供给模式，都离不开政府多维的保障、监管和评估机制，因为政府监管是对市场失灵的回应，是通过一定和适当的政府行为提高资源配置效率以增加全社会福利的保障②。

基本公共教育服务均等化作为政府部门的一个重要政策，在世界范围内广泛实施，均等化也被视为实现社会公平的重要手段③。2000年，我国实现了基本普及九年义务教育的宏伟目标，基础教育的发展水平直接决定了国民的整体素质，其均衡发展是教育发展的重中之重④，推进义务教育均衡发展成为下一目标。《中国教育现代化2035》

① 白蕴琦，冯晓英，陈丽．"互联网＋"时代教育服务供给模式改革的趋势和策略[J]．终身教育研究，2021（2）：13-19.
② 谢凌凌．基本公共教育服务体系：一个理论框架的构建[J]．教育学术月刊，2012（8）：20-24.
③ 王莹．基础教育服务均等化：基于财政公平视角的分析[J]．财政研究，2006（12）：24-26.
④ 雷晓康，曲婧．基础教育公共服务均等化问题研究——以陕北几县为例[J]．西北大学学报（哲学社会科学版），2011（1）：20-25.

提出基本公共教育服务均等化是教育现代化的基本要求。我国农村儿童与城市儿童相比，在获得早期照料和教育上存在很大的差别，农村地区尤其是贫困地区、偏远地区儿童入园率低的问题比较严重[①]。而乡村振兴战略推行后，对城乡关系的再调试为农村教育带来了新的机遇和挑战[②]。

服务供给中的政府责任也是当前教育服务供给领域的一大研究热点，政府责任具体可以细分为制度供给责任、财政供给责任和监督管理责任。教育服务供给是政府公共职能之一，传统的教育服务供给模式中，政府既是社会公共服务的生产者，也是提供者，导致公共服务质量和满意度受到质疑。随着政府职能的不断转变，政府逐步实现了教育的提供者和生产者的分离，其最终目的是满足多元化的教育需求，为社会公众提供优质的教育服务。

进入 21 世纪以来，社会组织在教育服务供给中逐步占据了一席之地。教育服务的多元主体供给离不开政府的干预与监管，在教育市场化改革背景下，政府是教育服务供给的监督者[③]。除此之外，针对不同阶段教育的技术特征以及农村地区的环境设计适当的供给制度成为提高教育服务供给效率的关键。

公共教育服务是伴随着现代学校和公共教育制度的发展及现代政府主要职能逐步转向公共服务而出现的，政府也不断转变职能，构建服务型政府，为公共教育服务体系的构建提供空间[④]。在构建现代化的公共教育服务供给体系的基础上，应不断提高我国公共教育服务体系的整体

---

① 畅红琴，艾平，范汀芳．我国农村地区儿童早期照料与教育的供给及选择［J］．学前教育研究，2017（3）：3-13.

② 贾晋，李雪峰，王慧．乡村振兴背景下农村学前教育服务供需匹配研究［J］．中国西部，2021（4）：63-73.

③ 周翠萍．政府在教育服务供给中的定位［J］．上海教育科研，2010（6）：29-32.

④ 张茂聪．我国教育公共服务体系的创新及构建［J］．中国教育学刊，2009（05）：10-12.

服务范围、水平和标准，努力使优质公平的公立学校体系成为公共教育服务体系的主体，解决公共教育产品短缺和公共教育服务不到位等问题。在学前教育阶段，探究普惠性公共服务体系构建的发展路径，在认识历史发展机遇的基础上，立足于城乡统筹的学前教育实践，积极探索我国城乡统筹、普适均衡的学前教育公共服务体制的理论建构①。在高等教育阶段，国际高等教育公共服务的发展趋势包括多元化的高等教育治理模式、合作型的高等教育发展取向、参与式的高等教育监管方式，完善的高等教育公共服务体系将有效满足和谐社会对高素质人力资源的需求，增强社会的安定与发展的公益性，缩小社会发展的差距②。在特殊教育方面，从优化顶层设计、有效整合资源、谋求多样化发展等方面着手，为特殊儿童提供预防、教育、康复、职业训练等领域的综合服务③，构建学前特殊教育公共服务体系④。

在构建现代化的公共教育服务信息体系的基础上，全面提高公共教育服务信息公开工作的制度化、规范化水平，充分利用现代信息技术，完善提供公共教育服务的基础设施平台建设，一部分学者借助互联网等信息技术的发展，结合教育传播模式，提出教育服务模式的分析框架。在新时代背景下，应以教育供给问题为创新点，协同信息化服务体系，拓展教育公共服务的空间⑤。

---

① 吕苹. 基于统筹城乡发展的学前教育公共服务体制建构 [J]. 教育研究，2014 (7)：63-68.

② 宋懿琛. 高等教育公共服务体系初探 [J]. 大学（研究与评价），2009 (4)：57-61.

③ 杨广学. 特殊教育服务的领域需要拓展——"人本特教"视角 [J]. 中国特殊教育，2008 (10)：12-15.

④ 叶增编，曾雅茹，吴春玉. 优化顶层设计，构建学前特殊教育公共服务体系 [J]. 现代特殊教育，2016 (15)：11-13.

⑤ 陈宇奇，郭喜. 新时代教育公共服务的研究热点及演进趋势——基于量化文献的知识图谱分析 [J]. 内蒙古社会科学，2018 (6)：178-183.

四、教育发展的政策环境

1949年中华人民共和国成立后，教育事业发展如火如荼，中小学教育规模迅速扩大，带来了巨大的升学压力，形成了过重的升学负担。从1955年教育部下发《关于减轻中、小学校学生过重负担的指示》到1964年毛泽东在春节座谈会上《关于教育革命的谈话》，党和政府对中小学教育的关注重心从提高教学质量转化为减轻学业负担。至此，减轻学生学业负担成为我国基础教育界的一项重要任务。

改革开放以后，我国教育事业得到快速恢复和发展。在这一新的时期，除中小学教育快速发展带来的升学压力外，教育领域的一些逐利行为也成为学业负担问题产生的驱动力之一[①]。1992年提出建立社会主义市场经济体制。全国各大中专院校开始正式接收少量自费生，自费生毕业后不包分配，学生自谋职业，学校推荐就业。1999年扩招前，中国的大中专教育实行精英选拔机制，名额有限且多由学业突出的学生获得。1997年，中国高等教育毛入学率仅为5%，教育供给远远落后于我国社会和经济发展需求。较少的入学机会引发了激烈的竞争，高考被形容为"千军万马过独木桥"。1999年大学扩招，大众教育代替精英教育。扩招给无数考生和家长带来了希望，也给高校带来了迅速发展的机会。普通高等院校招生增幅巨大，升学率不断提高，为更多的学生提供了学习、深造机会，至此，更多学生看到了入学的希望，通过刻苦学习提高成绩。这一时期的特点主要表现在非大城市的学生通过自己的刻苦努力进入理想学府。为了适应竞争激烈的高考制度，各地学校也随之而动。衡水中学作为典型代表，通过军事化备考、题海战术、高强度训练应试考

---

① 项贤明. 七十年来我国两轮"减负"教育改革的历史透视［J］. 华东师范大学学报（教育科学版），2019，37（05）：67-79.

试等方式强行提高学生学业成绩和升学率，让他们在激烈的竞争中脱颖而出，也让学校持续获得更优秀的生源，形成一个完整循环。衡水中学的教学模式逐渐在衡水、河北乃至中国其他地区推广开来，"衡水模式"崛起。"衡水模式"下培养了大量"小镇做题家"，这类学生努力学习，擅长应试，但是缺乏创造力、创新意识和应用能力。

资源竞争是对努力强度竞争的直接反映，社会开启内卷模式。内卷模式指非理性的内部竞争或"被自愿"竞争，同行间竞相付出更多努力以争夺有限资源，从而导致个体"收益努力比"下降的现象。在学校方面，大量民办学校采取高价挖取优秀师资的方式提高办学能力，集中优质生源；公办学校以品牌输出方式参与建设民办学校，利用优质品牌，采用民办学校的收费机制。这给公办、民办学校都带来了不公平竞争，扰乱了教育秩序，从而导致一些民办学校越办越好、部分公办学校越办越差的结果，资源集中在少数学校手中。

在家庭方面，家长为了子女有更优异的学业表现，不落后于社会要求，为子女报多种课外辅导班。课外教育机构通过超前学习、提高难度的方式提高学生成绩，高价挖走公办学校优秀教师，提高教学水平。大型课外教育机构如火如荼发展起来，对中小型机构形成"降维打击"。例如，学而思 2003 年成立，采用标准化分层次小班教学，在教培行业异军突起；新东方 2007 年进入全科领域，迅速从北京扩张到全国各大城市，是规模最大的综合性教育和培训集团。社会对精英大学的追逐进入白热化，表现在实际生活中则是竞争大大提前，从高考提前到中考，乃至小升初考试。在接受课外辅导成为家长普遍共识的基础上，部分家长受从众心理的影响，对课外辅导的追求进入了非理性的狂热阶段，给孩子带来了极大的学业压力和负担。实际上，我国真正与基础教育相关的市场化、规模化的课外辅导机构是在 2005 年后随着政府的一系列减负政策形成和发展的。强烈的社会需求为课外辅导机构的发展带来了巨大的市场契机①。

随着学业负担问题的加重，教育理论界将"减负"问题转化为"应试教育"与"素质教育"的对立，早在 2002 年 11 月 8 日，党的十六大报告就提出"全面推进素质教育"，希望通过推动教育理念变革来解决学业负担问题②。2007 年 10 月 15 日党的十七大报告明确提出"更新教育观念，深化教学内容方式、考试招生制度、质量评价制度等改革，减轻中小学生课业负担，提高学生综合素质"，将减负作为一项教育改革任务提出。2017 年 10 月 18 日，党的十九大报告指出"要全面贯彻党的教育方针，落实立德树人根本任务，发展素质教育，推进教育公平，培养德智体美全面发展的社会主义建设者和接班人"，将"减负"问题涵盖于素质教育之中。2021 年 7 月 24 日，中共中央办公厅、国务院办公厅印发《关于进一步减轻义务教育阶段学生作业负担和校外培训负担的意见》，指出要有效减轻义务教育阶段学生过重作业负担和校外培训负担，这是党中央对减负工作作出的重要决策部署。

王毓珣等（2018）按照工作重心将我国"减负"政策的变迁分为四个阶段，分别为片面追求升学率纠正时期（1978—1992 年）、素质教育推进时期（1993—2000 年）、基础教育新课程改革时期（2001—2009 年）、全方位减负时期（2010 年至今），将中小学减负政策变迁走向分为从单纯治标转向标本兼治、从基于经验转向基于科学、从简单粗放转向精准施策、从行政惯性转向制度规约。（1）片面追求升学率纠正时期历时 15 年，出台减负政策 7 项，年均约 0.5 项，其中专项减负政策 3 项。这一时期减负政策的关注重点是学生学习负担过重的表象，旨在缓解学生的升学压力，然而由于不清楚减负的焦点及原因，把教育部门、学校

---

① 楼世洲.	"影子教育"治理的困境与教育政策的选择［J］.	教育发展研究，2013，33（18）：76-79.

② 项贤明.	七十年来我国两轮"减负"教育改革的历史透视［J］.	华东师范大学学报（教育科学版），2019，37（05）：67-79.

干部与教师视为减负执行主体，中小学生的负担过重问题并未得到根本解决。（2）素质教育推进时期历时 8 年，主要围绕素质教育推进出台减负政策 8 项，年均 1 项，其中专项减负政策 4 项。这些减负政策不仅考虑到行为实操层面，而且关注到思想观念层面，学校内部和外部都被囊括到关注内容中，我国的减负政策开始由单一思维转向复杂思维、从治标转向治本、从行政惯性转向制度规约，也是减负逐渐走向改革深水区的标志。（3）基础教育新课程改革时期历时 9 年，围绕基础教育课程改革出台减负政策 6 项，年均 0.67 项，其中专项减负政策 0 项。这一时期的减负在关注新课改的同时，开始兼顾学生课内与课外负担过重问题，关注重心从学校转向学校、家长与社会多主体参与。然而，新课改的目的本为减负，但是在实操过程中出现了教材难度偏离标准、教学和考试与教材难度不匹配、"学校减负、家长增负"等新问题。（4）全方位减负时期以 2010 年 7 月 8 日中共中央、国务院印发的《国家中长期教育改革和发展规划纲要（2010—2020 年）》为始，这一时期的减负政策由指标走向综治，由课内、校内走向课外、校外，由学校走向政府、家庭与社会，由教育部单独行动走向多部委联动，国家对减负的重视度大幅提高[①]。

刘复兴等（2022）将我国"减负"政策的推行分为三个阶段，分别为中华人民共和国成立初期、改革开放时期和中国特色社会主义新时代。在中华人民共和国成立初期，我国社会主义教育发展处于摸索阶段，探索适合我国国情和时代特点的教育政策，当时"减负"政策的主要目的在于减少课程数量、合理安排课外活动；改革开放时期，面对社会快速发展带来的人才需求，尤其是高考恢复伊始，升学压力成为学生主要负担，加上社会主义市场经济体制带来的资本介入教育领域，给学生增添了大量新负担；在中国特色社会主义新时代，学生负担过重呈现

---

① 王毓珣，刘健. 改革开放四十年中小学减负政策变迁及走向分析 [J]. 教育理论与实践，2018，38（31）：17-23.

新的表现：负担由学生和学校蔓延至家长与社会，资本介入校外教育培训机构逐利[①]。

2021 年 7 月 24 日，中共中央办公厅、国务院办公厅印发的《关于进一步减轻义务教育阶段学生作业负担和校外培训负担的意见》[②]（以下简称"双减"政策）指出，切实提升学校育人水平，持续规范校外培训（包括线上培训和线下培训），有效减轻义务教育阶段学生过重作业负担和校外培训负担。"双减"政策是中央针对基础教育中多年存在的功利化、短视化、片面化等问题，从全面深化改革、推进教育领域综合改革的全局出发，从办好人民满意教育的价值立场出发，从为党育人、为国育才的战略高度和国计民生的长远利益出发，为保障基础教育的健康持续发展和每个学生的全面和谐发展所做出的重大决策。杨兆山等（2021）将"双减"政策的核心目的概括为帮助引领基础教育重新回归正确轨道，全面提升教育质量，促进学生全面持续发展，最终推进中小学的健康发展和中国社会的公平正义、和谐进步[③]。

"双减"政策创新性地将校内作业负担与校外培训负担联合治理，采取校内、校外双管齐下的"减负"思路，力图让教育回归学校、让学生回归全面发展、让教师回归教育初心与使命、让家长与社会回归协同育人。

（一）让教育回归学校

"双减"政策规定了校内教育的"三管""三提"，即以学校为主体，

---

① 刘复兴，董昕怡. 实施"双减"政策的关键问题与需要处理好的矛盾关系 [J]. 新疆师范大学学报（哲学社会科学版），2022，43（01）：91-97.

② 中共中央办公厅，国务院办公厅. 中共中央办公厅 国务院办公厅印发《关于进一步减轻义务教育阶段学生作业负担和校外培训负担的意见》[EB/OL].（2021-07-24）. http://www.gov.cn/zhengce/2021-07/24/content_5627132.htm.

③ 杨兆山，陈煌."双减"引发的对基础教育的几点思考 [J]. 四川师范大学学报（社会科学版），2021，48（06）：35-41.

管好教育教学秩序、管好考试评价、管住教师违规补课，提高教育质量、提高作业管理水平、提高课后服务水平。"双减"政策的宗旨就是充分发挥学校教书育人的主体功能，强化学校教育的主阵地作用[①]。在作业布置方面，针对学生作业负担过重的现象，校内作业减负呈现"减量""提质""个性"三种特征，分别从压缩作业总量和时长、提高作业质量、匹配学生学习能力针对性设计作业三方面进行改善[②]。在学校教育方面，校内大力提升教育教学质量，课后利用资源优势提供高质量课后服务，拓展免费线上学习服务，满足学生多样化需求。

"双减"政策规定了课外教培机构的"三限""三严"，"三限""三严"是指限制课外教培机构数量、限制培训时间、限制收费标准，严控内容行为、严控随意资本化、严控广告宣传。"双减"政策要求从严审批机构，各地不再审批新的义务教育阶段学科类校外培训机构，审查已有校外培训机构，从机构资质、运作模式、教材选用、培训内容、培训质量、培训人员等方面进行全过程监督；规范培训服务行为，制定校外培训机构培训材料管理办法，严禁超标超前培训、非学科类培训机构从事学科类培训等，对不合法、不合规的校外培训机构进行查处。

校内校外举措双管齐下、联合治理，校内提高教学质量，促使学校充分发挥教书育人的主体功能和教育阵地的主导作用；校外规范培训机构的发展，降低学生对校外培训机构的依赖，回归学校教育。

随着"双减"政策的实施，学校逐渐打破传统固有的教学模式，建立与政策相适应的办学理念、教育模式和教学方法，充分利用课堂时间，增效增质，提高教学效率和学生学习效果。学校教育需要不断深化课程改革，创新教学方式；根据国家课程计划和课程管理要求，开齐、

---

① 马开剑，王光明，方芳，等."双减"政策下的教育理念与教育生态变革（笔谈）[J]. 天津师范大学学报（社会科学版），2021（06）：1-14.

② 杨小微，文琰."双减"政策实施研究的现状、难点及未来之着力点 [J]. 新疆师范大学学报（哲学社会科学版），2022，43（04）：25-38＋2.

开足、开好国家规定课程，建设丰富多元的校本课程，为学生提供丰富的校内学习课程与学习资源①。

（二）让学生回归全面发展

基础教育阶段学生负担过重，片面强化升学应试知识和技能的训练，其核心和本质是以片面的"知识人"取代"全面发展的人"的教育目的异化问题②。唯成绩论的传统应试教育已经不适应当下社会人才需求，对学生的要求早已不仅仅是考试与升学，而是如何更好、更全面地发展。培养德智体美劳全面发展的社会主义建设者和接班人是教育的目标，办好人民满意的教育是努力的方向。"双减"政策的实施落地需要处理好教育教学中"减法"与"加法"的关系，确保学生"减负不减能"，在"减"的过程中也要做好"加"的工作，减轻学生课内外负担的同时，为学生提供充分的资源、时间、空间进行课外活动，培养个人兴趣，做到德育、智育、体育、美育、劳育"五育并举"，协调发展③。

在学校课程安排上，设置体现全面培养要求的课程，例如体育、美育、劳育相关课程，改善传统教育的短板，鼓励学生参加各种学习与实践活动，激活自身潜能。在学校课后服务上，根据学生年龄特点、学段要求和学校实际，因地制宜开展特色课后服务项目和活动，最大限度满足学生多样化需求。这也是全人教育和终身教育理念的发展要求。学生的个性、心理特征复杂多样，为了满足学生面对未来不确定性的多样化发展需求，在奠基阶段必须对学生进行全面教育。终身教育理念下，构

---

① 周洪宇，齐彦磊."双减"政策落地：焦点、难点与建议［J］. 新疆师范大学学报（哲学社会科学版），2022，43（01）：69-78.

② 杨兆山，陈煌."双减"引发的对基础教育的几点思考［J］. 四川师范大学学报（社会科学版），2021，48（06）：35-41.

③ 刘复兴，董昕怡. 实施"双减"政策的关键问题与需要处理好的矛盾关系［J］. 新疆师范大学学报（哲学社会科学版），2022，43（01）：91-97.

建学习型社会是教育发展的重要方向，"双减"政策下通过有效减负，将学习量、学习时间、学习难度、学习内容控制在适度范围，使学习内容符合学生成长需要，学习形式遵循教育规律[①]，让学生通过创造性的学习过程收获幸福，持续保持对学习的热情与兴趣，培养能够自主自觉学习的学生。

（三）让教师回归教育初心与使命

"双减"政策的出台对学校课程质量、课后服务水平等提出了较高要求，给教师带来了较大挑战。教师作为立教之本、兴教之源和"双减"政策的关键执行主体和推动者，不仅需要深刻认识政策的重要战略意义，提升自身的教育教学能力和育人水平，还要围绕"双减"政策的要求，学习前沿教育教学理论，充分钻研教学方法；积极开展主题化、项目式学习活动，突出学生的学习主体地位；推进分层教学，加强因材施教[②]；多元评价学生，针对性制订发展方案。

此外，教师需要发挥家庭与学校之间的沟通枢纽作用，注重与家长保持良好沟通，传达学生在校表现和发展情况，减轻和缓解家长焦虑情绪；注重引导家长形成科学的教育理念，协助家长开展科学的家庭教育。

（四）让家长与社会回归协同育人

教育主体的发展是各种因素共同作用的结果，教育的健康发展依赖于"家校社"（家庭、学校和社会）关系的和谐发展和协同。学校教育、家庭教育和社会教育三个子系统在整个教育系统中发挥着不同的作用，只有三者协同发展、形成合力，才能取得整体育人的效果。"双减"政

---

① 　马陆亭，郑雪文 . "双减"：旨在重塑学生健康成长的教育生态［J］. 新疆师范大学学报（哲学社会科学版），2022，43（01）：79-90.

② 　艾巧珍，李廷洲 . "双减"背景下教师队伍的新挑战 . 新机遇与新趋势［J］. 天津师范大学学报（社会科学版），2021（6）：12-14.

策中强调强化配套治理，完善家校社协同机制，明晰家校育人责任，密切家校沟通，创新协同方式，推进协同育人共同体建设；教育部门联系其他部门，办好家长学校或网上家庭教育指导平台，推动社区家庭教育指导中心、服务站点建设，引导家长树立科学育儿观念，理性确定孩子成长预期，努力形成减负共识。

案例分享 1.3

"双减"背景下小学数学习题讲评的视角

为有效减轻义务教育阶段学生过重的作业负担，促进课堂提质增效，促进学生全面发展，国家提出了"双减"政策，明确了具体要求。长期以来，在数学学习方面存在着"题海战"与"机械刷题"的误区。这样的误区不仅会导致学生学习负担加重，也会导致无效学习。必要的练习是学生巩固知识、形成能力的重要环节。习题讲评作为一种教学形式，对于在不同课型中落实练习的有效性起着至关重要的作用。笔者结合教学经历，从优化小学数学习题讲评的视角，体现以学生为中心的教学理念，让学生激发学习兴趣，体会数学本质，掌握学习方法，从实质上减轻无效学习的负担。

一、以生为本：关注解答过程，把握教学起点

在习题讲评过程中，许多教师习惯于直接讲授或让学生讲解正确的解题思路，好似学生掌握了正确解题思路，以后遇到此类问题就能正确解答了。但结果往往事与愿违。究其原因是我们忽视了学生的错因，只是习惯于"用正确的思路解释错误的答案"，没有针对错因进行具体的教学干预，消除认知障碍。

在六年级的一次综合训练中，我发现一道填空题有不少学生解答错误，且有部分同学的错误答案相同，最为典型的两个错误答案如图 1.3、图 1.4 所示。

【错例 1】

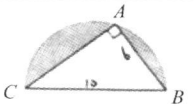

12. 如右图，半圆中有一个直角三角形，其中直角边 AB 是 6 cm, AC 是 8 cm，斜边 BC 是 10 cm。请你算出阴影部分的面积是（9.25）cm²。

图 1.3　错例 1 图

【错例 2】

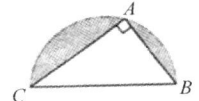

12. 如右图，半圆中有一个直角三角形，其中直角边 AB 是 6 cm, AC 是 8 cm，斜边 BC 是 10 cm。请你算出阴影部分的面积是（14.25）cm²。

图 1.4　错例 2 图

由于本题是填空题，无法通过解答过程来分析错因。我们可以通过正确的解答过程，尝试"还原"错误的解答过程，或者通过学生的草稿纸帮助学生分析错因。本题的正确解答过程：$S_{阴} = \pi \times 5^2 \div 2 - 8 \times 6 \div 2 = 15.25$（平方厘米）。这是一道求组合图形面积的题目，学生在求半圆的面积时一般不会出现思路错误，我们猜测可能是在求直角三角形的面积时出现了思路错误。根据这样的猜想，我们来"还原"错误的解答过程。错例 1 的解答过程：$S_{阴} = \pi \times 5^2 \div 2 - 10 \times 6 \div 2 = 9.25$（平方厘米）。错例 2 的解答过程：$S_{阴} = \pi \times 5^2 \div 2 - 10 \times 5 \div 2 = 14.25$（平方厘米）。由此可知，学生在求直角三角形面积时，没有将题目中的有关数据与具体图形对应，导致解答错误。因此，在讲评过程中，教师应该指导学生在解答图形周长和面积的题目时，把题目中的数据与图形对应，另外帮助学生理解直角三角形求面积的基本数量关系。

由此可见，在讲评习题时，我们必须体现"以生为本"的原则，关注学生的解答过程，弄清楚学生"为什么这样错""为什么这样想"。只有这样，我们方能做到把握真实的教学起点，进行有效的教学干预，提高习题讲评的实效性。

二、学以致用：关注数学本质，形成通性通法

在数学教学中，我们发现某些类型的题目已讲解多次，学生还在出错。这不仅让教师感到"力不从心"，也容易让学生失去学习的信心。学生出现这样的问题仅仅是学习态度不好吗？我们观察那些反复出错的学生的数学学习方式，会发现他们的数学学习仍然停留在简单记忆与机械模仿阶段。他们没有理解解决问题的一般思路，掌握解决问题的基本方法。在讲评习题时，我们需要结合具体错例，引导学生形成解决问题的通性通法，感悟"用数学"的乐趣。

下面以人教版小学数学教科书五年级上册第 41 页第 11 题进行说明，题目如图 1.5 所示。

> ⑪ 中老年运动会上，刘大伯、李大伯参加了全程 1.5 km 的长跑比赛。跑完全程，刘大伯用了 9.7 分钟，李大伯比刘大伯多用 2 分钟。李大伯跑 1 km 平均需要多少分钟？

图 1.5 运动全例题图

学生在解答时，出现了 $(9.7+2)\div1.5$ 和 $1.5\div(9.7+2)$ 两个算式。究竟哪个算式正确呢？学生也说不清楚。为了帮助学生理解题意、进行分析，我们不妨引导学生将题目中的条件与问题用线段图来表示。在画线段图之前，需要引导学生思考：我们应该画几条线段？将什么看成标准量或标准线段？通过分析题意，我们可以发现，需要将李大伯跑 1 km 的平均用时看作标准量或者 1 份量，这样可以画出下面的线段图（图 1.6）。

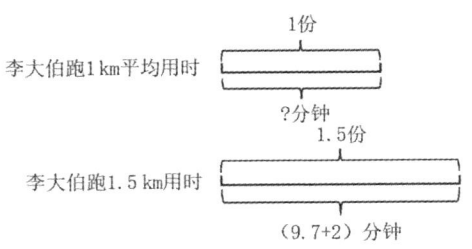

图 1.6　线段图

结合线段图，学生很容易发现已知李大伯跑 1.5 km 用时（9.7＋2）＝11.7 分钟，也就是相当于知道李大伯跑 1 km 平均用时的 1.5 倍是 11.7 分钟，要求李大伯跑 1 km 平均用时，只需要用 11.7 除以 1.5，列式为（9.7＋2）÷1.5。

这道题的讲评过程没有给学生提供固定的解答公式或套路，而是通过直观的几何方式帮助学生理解题意，理解"总数÷份数＝每份数"的数量关系，从而使学生形成正确的解答思路，掌握解决问题的通性通法。

三、发展思维：关注"静中有动"，提升思维品质

练习是学生巩固知识、形成技能的重要环节，也是学生思维发展的重要途径。因此，在讲评习题时，教师不能拘泥于就题讲题，还应该通过一题多变与一题多解的策略，让学生感受到"静中有变"，提升思维品质。

下面以人教版小学数学教科书五年级上册第 96 页第 6 题为例进行说明，题目如图 1.7 所示。

⑥　靠墙边围成一个梯形花坛，围花坛的篱笆长46 m，求这个花坛的面积。

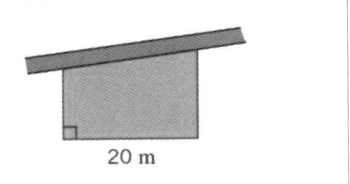

20 m

图 1.7　花坛例题图

这道题目只提供了篱笆的长和梯形的高，没有告诉我们梯形上底和下底的长度，如何计算梯形花坛的面积呢？通过观察图示发现，篱笆的长实际上是上底、下底和高的总和，又知道高的长度，这样就能求出上底和下底的和，利用梯形的面积计算公式就能求出面积。

为了帮助学生进一步理解这道题目中的数学结构，设计了以下两道变式练习，如图1.8、图1.9所示。

【变式练习1】

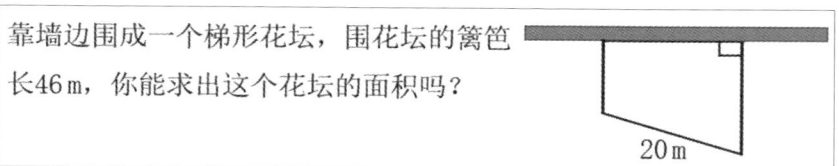

靠墙边围成一个梯形花坛，围花坛的篱笆长46m，你能求出这个花坛的面积吗？

20 m

图1.8　变式练习1图

【变式练习2】

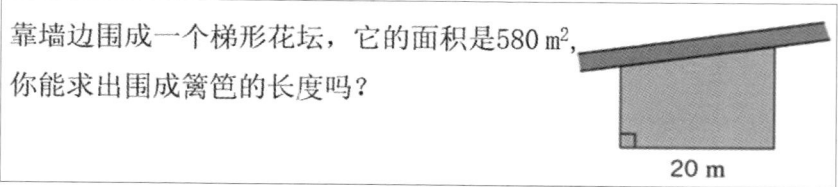

靠墙边围成一个梯形花坛，它的面积是580 m²，你能求出围成篱笆的长度吗？

20 m

图1.9　变式练习2图

变式练习1中，虽然根据篱笆的长度可以求出上底和下底的和，但不知道梯形的高，无法求出梯形的面积。变式练习2中，根据梯形的面积以及高，我们运用梯形面积计算公式，可以求出其上底与下底的和，进而可以求出篱笆的长度。一题多变的策略，有助于学生进一步理解计算直角梯形面积的方法与梯形的面积计算公式，培养学生思维的深刻性与灵活性。

在习题讲评中，我们还可以通过一题多解的策略，帮助学生拓展解决问题的思路。以下面这道题目为例。

【题目】

天天看一本故事书，第一天看的页数与第二天看的页数之比为 3∶4，第三天看了全书的 $\frac{2}{9}$，正好看完了这本书。已知天天第一天看了 60 页。这本故事书共有多少页？

【方法 1】

根据天天第一天看的页数，先求出第一、二天看的页数和，再求出总页数。列式：$60\div3\times(3+4)\div\left(1-\frac{2}{9}\right)=180$（页）。

【方法 2】

先求出第一天的页数占全书页数的几分之几，也就是单位"1"（总页数）的对应分率，再用第一天的页数（60 页）除以对应分率。列式：$\left(1-\frac{2}{9}\right)\times\frac{3}{3+4}=\frac{1}{3}$，$60\div\frac{1}{3}=180$（页）。

【方法 3】

根据题意，我们可以发现：第一天的页数∶第二天的页数∶第三天的页数＝3∶4∶2。由于第一天的页数 60 页对应 3 份，可以很容易地求出全书的页数。列式：$60\div3\times(3+4+2)=180$（页）。

在讲评习题时，我们不仅要启发学生从不同角度去思考，发现不同的解答方法，更要引导学生去思考不同解答方法之间的联系。就上面这道题目而言，三种解答方法的本质都是思考第一天看的页数与对应的分率或对应的份数之间的关系。在这样"同中求异""异中求同"的过程中，学生的思维品质自然得到了提升。

总之，优化习题讲评的视角，就是进一步优化习题讲评教与学的过程，体现以学生为中心的教学理念，让学生激发学习兴趣，体会数学本质，掌握学习方法，从实质上减轻无效学习的负担。

（作者：冯胜）

【参考文献】

［1］中华人民共和国教育部．义务教育数学课程标准（2022 年版）［M］．北京：北京师范大学出版社，2022.

［2］人民教育出版社．义务教育小学数学五年级上册教师教学用书［M］．北京：人民教育出版社，2016.

第二章　协同教育的理论基础与实践

　　学校从来都是和生活与社会相融合的。脱离社会、生活及社区的学校只会画地为牢，通过挤压学生的正常成长空间提高升学率，呈现出社会封闭和文化沙漠化的倾向，无疑是一条"饮鸩止渴"之路。在信息时代，学生的学习方式也在发生着革命性的改变，学生对未知和新知的需求越来越大，对个性化、社会化、生活化的学习需求越来越强烈，以知识为本的教育面临一次史无前例的颠覆性挑战。学校是一个自主组织的社会生态系统，需要用整体化、系统性以及可持续发展的理论引领其改革与发展。

一、协同教育的理论基础

　　协同育人相关理论在国外产生较早，例如马克思和恩格斯的社会协同思想、凯洛夫的协同教育理论、家校社合作的层次理论，以及分离式影响理论、嵌入式影响理论和重叠式影响理论等。

　　家校社合作包含家长、教师、学生和社区成员及组织等相关主体之间多重的关系联结，这些联结的建立和维持旨在维护一个有助于学生成长与发展的支持性环境①。按照家校社合作的程度，有学者提出了家校社合作的层次理论，该理论着重于研究家庭、学校与社会组织之间的关系样态，家校社合作的层次判定，以及家校社合作的深度等一系列问题②。

学校是家校社合作中的主导性力量，家校社合作的三层次理论以及家校社合作的四层次理论都将学校视为儿童教育的首要场所，教育者在家校社合作过程中具有主导性作用③。家校社合作的三层次理论由美国陶森大学教育研究者钱德勒·巴伯（Chandler Barbour）、马里兰大学教育研究者尼塔·H. 巴伯（Nita H. Barbour）和帕特丽夏·史高利（Patricia A. Scully）等人于 2008 年提出。该理论以家庭和社区组织成员参与学校教育的程度作为判定依据，区分了最低层次、联合层次和决策层次等三种参与程度（见表 2.1）④⑤。

家校社合作的四层次理论由美国马里兰大学教育研究者琳达·瓦利（Linda Valli）、阿曼达·斯特凡斯基（Amanda Stefanski）和鲁本·雅各布森（Reuben Jacobson）等人于 2014 年提出（见表 2.2）⑥。

---

① 张永. 美国中小学校与社区互动的两种研究取向 [J]. 外国教育研究，2017（12）：103.

② 张永. 美国家校社合作的两种层次理论及启示 [J]. 全球教育展望，2021（03）：106-117.

③ 张永. 美国家校社合作的两种层次理论及启示 [J]. 全球教育展望，2021（03）：106-117.

④ 钱德勒·巴伯，尼塔·H. 巴伯，帕特丽夏·史高利. 家庭、学校与社区——建立儿童教育的合作关系 [M]. 丁安睿，王磊，译. 南京：江苏凤凰教育出版社，2014：420-424.

⑤ BARBOUR C，BARBOUR N H，SCULLY P A. Families，schools，and communities：Building partnerships for educating children [M]. London：Pearson，2018.

⑥ VALLI L，STEFANSKI A，JACOBSON R. Typologizing school-community partnerships：a framework for analysis and action [J]. Urban Education，2014（7）：1-29.

表 2.1 家校社合作的三层次理论

层次	特征	实质	问题	案例	互动模式
最低层次	学校向家庭及社区告知、提出合作要求。家长和社区组织代表支持学校教育	家长成为儿童实际的监护者和学习纪人。学校扮演辅助角色	可能存在家长权力的滥用与过度挤压。前者可能导致家校社合作被异化为对学生的全天候监控；后者可能导致家校社合作被简化为家长配合学校	教师要求学生在家长的监督下完成家庭作业。学校宣传学校呼吁家长和社区成员受的活动。家长和社区成员受邀参与学校举办的节庆活动等	学校→家庭/社区
联合层次	家长参与学校运作，学校与社区相互交流	家长和社区组织代表与学校达直接及合作（甚至涉及核心校教育课的构成教学）	随着家长和社区组织代表参与学校治理的程度加深，对其合理要求也越来越严苛：一方面是参与度大大降低，另一方面是对参与能力的要求越来越高	家长以及社区成员参与课堂教学，成为"教室妈妈或爸爸"（classroom mothers or fathers），帮助照管上学路上和教室里的儿童；志愿者向学校寻求帮助；在课堂上向学生提供他们各自领域的专业知识等	家庭/社区→学校

续表

层次	特征	实质	问题	案例	互动模式
决策层次	家长参与学校组织决策,代表家庭和社区掌握决策权,而家长和社区参与辅助、支持相关决定	家庭和社区成员既是儿童福利益支持者,也共同承担相关人员自己子女等教育的责任;相对于最低层次和联合层次上的参与,决策层次上的参与才是真正意义上的参与	参与决策的家长以及社区成员在数量上并不需要太多,但是这些参与者必须能够代表社区中各类成员的不同需求。在这一层次上的参与需要付出更加艰辛的努力	发端于密歇根州弗林特市的社区学校项目,倡导中小学校成立社区学校咨询委员会,鼓励家长和社区代表参与学校事务决策,同时鼓励学校教育各参与社区事务决策	家庭/社区→学校

表 2.2 家校社合作的四层次理论

类型	特征	实质	难点	案例	互动模式
家庭与机构间合作模型	在不同机构之间协调服务,即学校和机构通过协调支持学生及其家庭的各种服务以扩展学校的传统工作(教与学),同时致力于推动家长参与孩子的教育	学校和社区指引家庭,并非提供服务	成功的家庭与机构所需的最重要的因素是合作伙伴的投入、关系建设、资源(尤其是时间、资金、现场协调员、持续评估的能力)和评估	艾奥瓦州29个社区建立了校本化青年服务项目(School-Based Youth Services Program),为有需要的学生和家庭提供支持	学校/社区→家庭

续表

类型	特征	实质	难点	案例	互动模式
全面服务学校模型	学校与社区机构建立富有成效的伙伴关系，以服务于儿童及其整个家庭	学校与社区机构一起产生一种新的、无缝的机构类型，其中学校系统具有重组的责任	需打破学校与合作机构之间的隔离	马里兰州、伊利诺伊州和密歇根州等共计有3个学区的5所学校实施了学校发展项目（School Development Program），整合了多方面的服务资源	学校/社区→家庭
全面服务社区/学校模型	在学校组织变革之上强调学校文化变革的重要性，该模型寻求学校民主化，通过开放学校，不仅能实现更多的参与，还能实现邻里社区方面的决策参与	强调社区与学校两个合作方之间的平等，在寻求学校文化变革中朝向社区参与的民主决策	这种模型侧重于通过社区参与实现学校民主化文化主题，弥合家长与教育者之间的文化和权力鸿沟，以及在转变学校领导方式、家长和社区成员中培育领导力	有18所小学参与了塔尔萨社区学校计划，提高了家长和邻里社区参与学校教育的深度	社区/家庭→学校

续表

类型	特征	实质	难点	案例	互动模式
社区发展模型	强调社区资本提升，动员包括社区组织、家长与和社区成员、学生之间的领导力发展	该模型从整体和互惠角度看待变革；基于杜威的"学校即社会中心"的观念。学校成为社区成员处理政治、经济和文化事务的接触点	通过追求强有力社区的基本特征，社区发展者既寻求改善低收入邻里的生活前景，又着力于防止中产阶级家庭从这些邻里中外流	纽约市的哈莱姆儿童区（Harlem Children's Zone）的社区发展计划	社区 → 学校/家庭

按照家庭、学校与社区三者在儿童成长过程中的作用和关系，相关理论可分为四大流派，即分离式流派、依序式流派、嵌入式流派以及交叠式流派。

分离式（separated）流派基于涂尔干的社会分工理论，高举"家校分离"旗帜，认为对儿童的教育应当分工进行，当家庭和学校各自承担不同的职责时，家校关系越团结，教育的效果越好。因此，该流派强调家庭和学校通过合理分工使儿童在学校达到最大学习效能，实现最佳教育效果。此外，在儿童教育失败的归因上，该流派认为儿童教育的失败是由家庭或学校中的其中一方造成的，相关论述主要包括"家长缺失论"（family deficiency theory）和"教育机构歧视论"（institutional discrimination theory）。"家长缺失论"指出，受传统教育缺乏的影响，在文化水平较低的家庭中，父母并不重视子女的教育问题，也没有足够的动机追求长期的、杰出的教育成就，因此此类家庭往往较少参与子女教育和家校合作，家长本身是造成家校合作不力问题的因素[1]。因此，"家长缺失论"实际上责怪了家庭教育的不力。与之相反，"教育机构歧视论"则批评了学校歧视现象[2]。总之，分离式流派将家庭和学校两者视为对儿童施加教育的主体，指出通过两者的合理分工可实现儿童教育的最优效果，如图 2.1 所示。

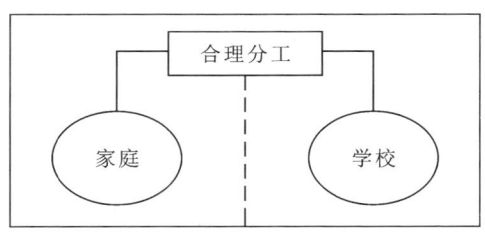

图 2.1　分离式流派图

①　黄櫂婷，金心瑶，许红敏. 基于"家庭缺失论"的小学"家长签字"现象调查 [J]. 西部素质教育，2015，1（06）：119.

②　何瑞珠. 家庭学校与小区协作：从理念研究到实践 [M]. 香港：中文大学出版社，2002.

依序式（sequenced）流派基于儿童的成长过程，将儿童进入社会的三阶段（学前、入学和进入社会）和教育主体对应（分别对应家庭教育、学校教育和社会教育），尤其强调家庭教育在儿童成长过程中的重要性[①]。依序式流派将教育主体参与教育的时间视为线性的，其假定儿童前一阶段的成长是下一阶段成就的基础[②]。因此，家庭教育是学校教育的基础，同时也是后期社会教育的基础。依序式流派可用图 2.2 表示。

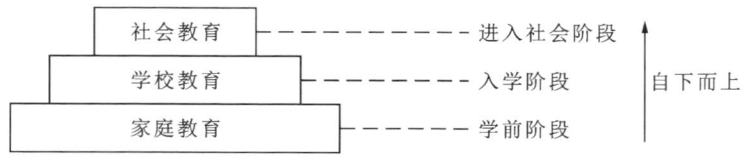

图 2.2　依序式流派图

嵌入式（embedded）流派从系统-生态理论（system-ecological theory）出发，并由此衍生。系统-生态理论也称生态系统理论（ecological systems theory）或社会生态系统理论（society ecosystems theory）。布朗芬布伦纳（Bronfenbrenner）是该理论的集大成者。他认为，人的发展（development）是人（people）与环境（environment）的复合函数，用公式表达为 $D = f(PE)$，其产生的社会影响可分为微观系统（microsystem）、中观系统（mesosystem）、外观系统（exosystem）和宏观系统（macrosystem）。其中，微观系统是指个体直接面对和接触的系统，比如家庭、学校、同伴群体、网络；中观系统指的是至少两个微系统之间的交互作用，比如学校和家庭之间的相互作用和联系；外观系统是指至少发生在两个环境（至少有一个环境不包括发展中的个体在内，但该环境中发生的事件会对微观系统之间的作用过程产生影响）之间的交互作用，如父母的工作单位会间接影响个体发展；宏观系统则指的是对个

① 张俊，吴重涵，王梅雾．等．面向实践的家校合作指导理论——交叠影响域理论综述［J］．教育学术月刊，2019（05）：3-12.

② 张俊，吴重涵，王梅雾，等．面向实践的家校合作指导理论——交叠影响域理论综述［J］．教育学术月刊，2019（05）：3-12.

体产生影响的社会背景，包括特定文化中的意识形态、经济结构、文化模式、价值观念、习俗及法律等。上述四个系统相互嵌套，宏观系统直接影响外观系统，外观系统直接影响中观系统，中观系统作用于微观系统，微观系统则直接影响个体。后期，布朗芬布伦纳的四大系统中增加了长期系统（chronosystem）。所谓长期系统，也称时间系统，是指在个体发展过程中所有的社会生态系统（包括微观系统、中观系统、外观系统和宏观系统）随着时间的变化而发生的变化①。至此，系统-生态理论成为包含微观系统、中观系统、外观系统、宏观系统和长期系统五大系统在内的理论，如图 2.3 所示。

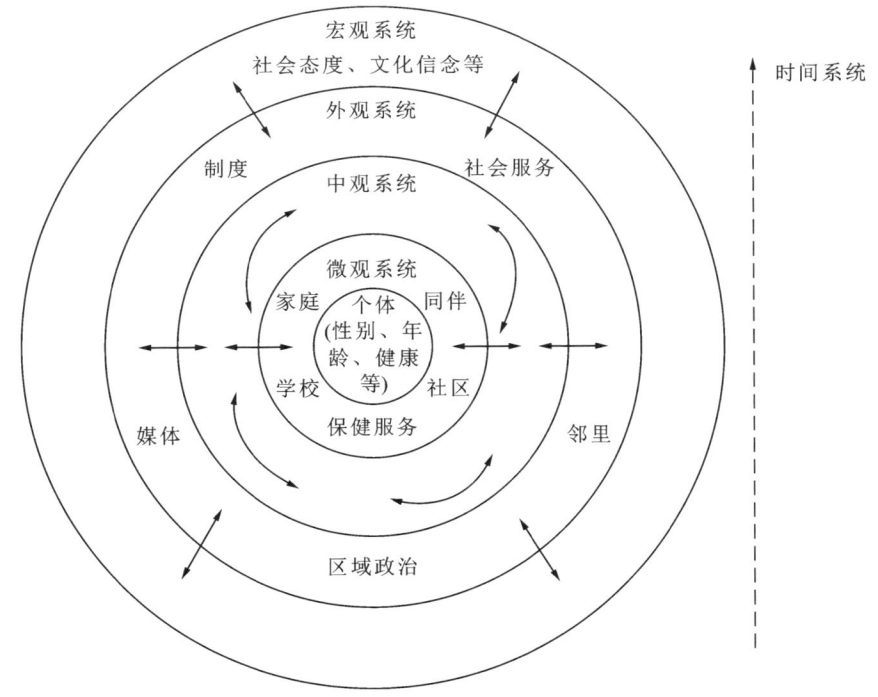

图 2.3　布朗芬布伦纳的系统-生态理论模型②

---

① 韩会君，陈建华．生态系统理论视域下青少年体育参与的影响因素分析 [J]．广州体育学院学报，2010，30（06）：16-20.

② 张俊，吴重涵，王梅雾，等．面向实践的家校合作指导理论——交叠影响域理论综述 [J]．教育学术月刊，2019（05）：3-12.

与布朗芬布伦纳提出的模型不同，扎斯特罗（Zastow）把个体的社会生态系统划分为微观系统、中观系统和宏观系统三个层次。其中，微观系统是指个体；中观系统指的是与个体直接接触的小规模群体，包括家庭、朋辈、职业群体或其他社会群体；宏观系统则是指比小规模群体更大一些的社会系统，包括文化、社区、制度、组织和政府等[①]。在这一社会生态系统中，微观系统与其他两层系统相互作用，并且其内部的生物、心理和社会系统同样处于相互作用中，三层系统也存在着多元互动的关系[②]。扎斯特罗的生态系统理论模型如图 2.4 所示。

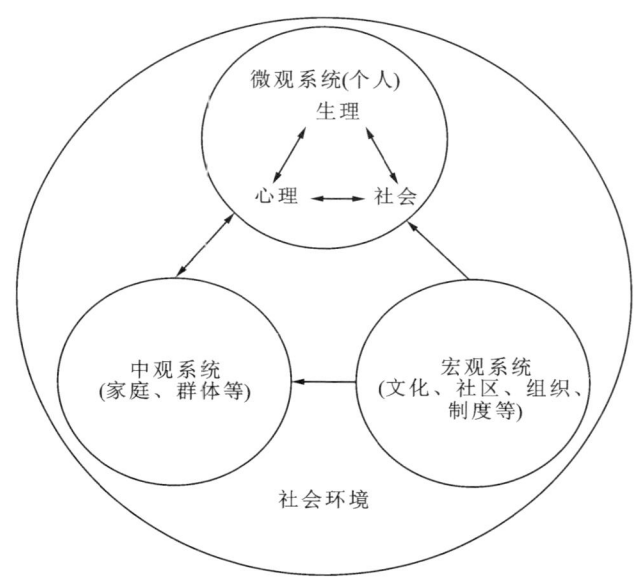

图 2.4　扎斯特罗的生态系统理论模型

尽管两者提出的生态系统理论模型存在差异，但均涵盖了一个共同的观点，即个体的发展受到多种外部因素的影响，这些因素构成了一个复杂的嵌套系统，它们对个体的发展产生了重要的影响。因此，正如生

---

① 张世娇，王晓莉. 教师韧性研究的新视角：社会生态系统理论［J］. 教师教育研究，2017，29（06）：123-128.
② 张世娇，王晓莉. 教师韧性研究的新视角：社会生态系统理论［J］. 教师教育研究，2017，29（06）：123-128.

态系统理论的另一重要代表人物霍布斯（Hobbs）所述，应该将儿童问题置于儿童所处的各个社会生态系统中，尤其要充分考虑儿童家庭、学校和社区因素及其交互关系，因为家庭与儿童的成长密切相关，而学校和社区是家庭获取服务的重要系统[①]。

交叠式（overlapped）流派以交叠影响域理论（overlapping spheres of influence）为主。交叠影响域理论又称为重叠影响域理论或交叠影响阈理论，由美国学者爱普斯坦（Epstein）提出，侧重于动态观察家庭、学校和社区的主动努力如何克服客观条件的不利影响，其核心观点大体分为四点。（1）家庭、学校和社区对学生成长会产生交互叠加的影响[②]，即家庭、学校和社区在学生发展过程中可能单独发挥作用，也可能两者或三者共同交叠施加影响，三者对儿童成长的影响相互交织、难以区隔[③]。因此，家庭、学校和社区应基于相同的目标共同分担育人责任[④]。（2）应以"关怀"（caring）为核心，建立一种以学生为中心的存在于家庭、学校、社区之间的合作伙伴关系（school，family，and community partnerships），通过发展学校、家庭和社区的关系来完善学校管理[⑤]。爱普斯坦指出，最有效的家校社合作伙伴关系，是一种对学生的社会、情感、认知和教育产生最大积极影响的伙伴关系，也是认识到三个主要

①　刘衍玲，臧原，张大均. 家校合作研究述评［J］. 心理科学，2007（02）：400-402.

②　张俊，吴重涵，王梅雾，等. 面向实践的家校合作指导理论——交叠影响域理论综述［J］. 教育学术月刊，2019（05）：3-12.

③　EPSTEIN J L，SHELDON S B. 学校、家庭和社区合作伙伴：行动手册［M］. 吴重涵，薛惠娟，译. 南昌：江西教育出版社，2013：4-5.

④　吴重涵. 从国际视野重新审视家校合作——《学校、家庭和社区合作伙伴：行动手册》中文版序［J］. 教育学术月刊，2013（1）：108-111.

⑤　EPSTEIN J L，SANDERS M G，SHELDON S B，et al. School，family and community partnerships：your handbook for action［M］. 3rd. Berkshire：Corwin Press，2009.

的"影响领域"并不是独立运作，而是相互加强或相互影响的伙伴关系[①]。在这一合作伙伴关系中，学校起主导作用，决定了合作的内容和方向；学生则处于交叠影响的中心位置，会在合作中发挥关键作用，并且反过来促进合作[②]。因此，应以促进学生的全面发展为导向，让学生感受到来自家庭、学校与社区的共同支持，进而因被"关怀"而产生安全感、提升教育抱负、理解教育目标、提高自身素养、激发自我潜能、建立积极的态度和学习行为，帮助其实现成功[③]。尽管这种合作伙伴关系并不能简单地让学生实现成功目标，但家庭、学校和社区交叠的影响可以吸引、引导、激励和激发学生追求成功[④][⑤]。这种家庭、学校和社区之间的合作伙伴关系不仅会使学生受益，也会使学校、老师、家长等受益。它能够帮助学校提高教育质量，使老师的工作更加顺利，提升家长育人水平，促进家长、老师、社区成员之间互相尊重，改善家校关系。（3）家庭、学校以及社区在儿童教育中的合作固然十分重要，但家长在参与学校教育的过程中依然带有阶层特征，家校之间的合作和交叠影响对儿童成长的重要性远超"哪些资本更为重要""不平等如何产生"的争论；推动构建伙伴关系的重要性，特别是鼓励弱势家庭参与的重要性，远超社会学家们对家庭或学校的静态观察和解释[⑥]。（4）应建立家

---

① EPSTEIN J L. School/family/community partnerships：Caring for the children we share [J]. Phi Delta Kappan，1995，76（9）：701-712.

② 张俊，吴重涵，王梅雾，等. 面向实践的家校合作指导理论——交叠影响域理论综述 [J]. 教育学术月刊，2019（05）：3-12.

③ 杨启光. 学校教育变革中的家庭参与问题研究 [M]. 南京：河海大学出版社，2015：36-37.

④ 比如，学生作为家长获得学校信息的主要来源，多扮演学校和家庭之间信息传递者的角色，学校通过帮助学生理解相关信息来促进学生与家长之间的有效沟通，从而达到有效的家校合作的目的。

⑤ 张俊，吴重涵，王梅雾，等. 面向实践的家校合作指导理论——交叠影响域理论综述 [J]. 教育学术月刊，2019（05）：3-12.

⑥ 张俊，吴重涵，王梅雾，等. 面向实践的家校合作指导理论——交叠影响域理论综述 [J]. 教育学术月刊，2019（05）：3-12.

庭般的学校和学校般的家庭。家庭般的学校，即学校、老师在了解家庭和学校合作的重要性、了解儿童及家庭的差异性、采取行动促进全体家庭成员参与的基础上，为儿童和家长营造出一种进入学校好似回家一样的氛围，让其感觉自己是独特的，且非局外之人；学校般的家庭，即家庭视每个孩子为学生，强调营造家庭学习环境、培养子女技能以及关注子女成长体验的重要性，子女与父母、兄弟姐妹及其他家庭成员一起开展寓教于乐的教育活动①。

值得强调的是，该理论有一套完整的理论框架，由外部模型和内部模型共同构成。具体来说，外部模型主要指各个领域是如何合作和单独作用的，由家庭、学校和社区的交叠或非交叠的区域组成，交叠区域与非交叠区域表示了三方对于儿童成长共同与独立的影响作用②。该模型将三种环境力量结合在一起，三方对儿童成长的作用受到不同实践、价值观、历史等因素的综合影响，从而使三种环境产生联系③。其中交叠区域表明家庭、学校和社区对儿童成长共同承担责任，共同影响儿童的学习和发展。非交叠区域说明学校、家庭和社区也有各自独立的行为和实践，对儿童学习和发展具有独特的作用。在交叠影响域外部模型中，对"叠"和"离"的把握视活动性质而定，且"叠离"关系会随着时间、年龄和年级三个变量的变化而演变，家校社间关于教育活动的经验、价值观和行为的共通之处及不一致性会改变家庭、学校和社区三个主体的行动。此外，由于家庭、学校与社区彼此交叠的影响不同，活动

---

① 张俊，吴重涵，王梅雾，等. 面向实践的家校合作指导理论——交叠影响域理论综述 [J]. 教育学术月刊，2019（05）：3-12.

② 刘衍玲，臧原，张大均. 家校合作研究述评 [J]. 心理科学，2007（02）：400-402.

③ 张志欣，张建波. 美国家校社合作的交叠影响域理论及启示 [J]. 常州工学院学报（社科版），2021，39（02）：130-134.

的条件和效果等也会有所差异①。

内部模型着眼于解释家庭、学校和社区之间如何建立起复杂且必要的人际关系和影响模式②。在内部模型中，家庭、学校和社区之间的联系和互动主要从机构层面和个体层面加以实现，并且在互动时皆以学生为中心，具有一致的"利他"目标，共同负有对孩子的教育责任或影响力，且这种影响力是交叠并持续累积的。特别是学校作为教育发挥影响力的制度化机构，在协调家校与学生的关系中起主导作用，其更应关心彼此之间的联系与合作，以形成教育合力③。

通过外部模型与内部模型的共同作用，家庭、学校和社区会对儿童的学习和发展产生综合性影响。在此基础上，爱普斯坦提出了交叠影响域理论的实践框架，归纳出了家校社合作的六种类型。这一框架旨在支持合作主体间关系的协调发展，使整个地区或学校都能培育出一种"伙伴关系文化"。该框架包括养育子女、沟通交流、志愿服务、在家学习、决策制定、与社区协作六种模式④（详见表2.3）。

2019年，爱普斯坦及其团队出版了《学校、家庭与社区合作伙伴：行动手册》（第4版）。这一版在扩增来自美国各州中小学实施六种家庭、学校与社区参与模式的最佳实践案例的同时，也将幼儿园的合作实例纳入其中，并且更新了清单、模板和评估方式，设计了与目标相关的伙伴关系项目并评估其进展，从而使该理论在实践中不断走向成熟。

---

① EPSTEIN J L，SHELDON S B. School，family，and community partnerships：your handbook for action [M]. California：SAGE Publications，2009.

② 其中，f/F＝家庭，c/C＝儿童，s/S＝学校，p/P＝家长，t/T＝教师。在完全模型中，内部模型还包括社区（Co）、个体商业和社区机构（A）等。

③ EPSTEIN J L，SHELDON S B. 学校、家庭和社区合作伙伴：行动手册 [M].吴重涵，薛惠娟，译. 南昌：江西教育出版社，2013.

④ EPSTEIN J L. School，family，community partnerships：caring for the children we share [J]. Phi Delta Kappan，2010，92（3）：81-96.

表 2.3　六种参与模式框架分析

模式	特征	措施	互动模式
养育子女 (parenting)	帮助家庭了解儿童和青少年的发展情况,丰富家长在教育方面的知识,提升家长的教育技能,并创设一种学校般的家庭环境	学校提供家长教育项目,包括为家长开设相关课程,开展相关培训活动,或利用家庭支持计划项目向家庭提供有关健康,营养的服务等	学校→家庭
沟通交流 (communicating)	通过有效的"学校—家庭"和"家庭—学校"双向交流,让家长了解学校的教学计划和学生的学习进展	通过家长会,通知函,公告,留言条,讨论会,成绩单,内部刊物,电话,电子邮件,互联网教育平台,学校开放日等进行	学校↔家庭
志愿服务 (volunteering)	招募并组织志愿者帮助和支持学校工作	志愿者招募,培训及日程安排工作,动员家长,家庭成员和其他社会人士到学校(或其他地点)当志愿者	社区→家庭→学校
在家学习 (learning at home)	为家庭提供在家帮助学生的信息和思路	监督家庭作业完成情况,开展"互动式家庭作业"所要求的讨论活动,设立课程学习目标,开展其他与课程学习有关的活动	学校→家庭

模式	特征	措施	互动模式
决策制定 (decision making)	让家长参与学校决策，培养家长领导者和家长代表	家庭参与包括学校建设团队（school improve-ment team，简称 SIT），校务委员会（SC），家长教师协会（parent-teacher association，简称 PTA），其他家长组织（如家委会）等在内的学校决策	家庭→学校
与社区协作 (collaborating with community)	开发和整合社区资源与服务，以改善学校教学，家庭教育实践	利用包括社区的商业机构，文化团体，市民组织，高等院校，政府机构以及其他社会团体等社区资源与家庭和学校互动	社区→家庭/学校

二、教育理论与教育实践的关系

教育理论与教育实践的关系问题是教育理论与教育实践研究的核心。关于二者的关系，不同学者从类型与视角进行了划分。按照类型划分，教育理论与教育实践的关系可以划分为"指导说、双向说、中介说、统一说、实践优先说、合理脱离说及其他学说"七类①。从视角来看，教育理论与教育实践的关系可以划分为四类：内质视角下的"趋同"关系、功能视角下的"指导"关系、现实视角下的"脱离"关系、问题提出视角下的"虚假"关系②。学者刘源综合已有关于教育理论与教育实践关系的研究，提出三分法，将教育理论与教育实践的关系划分为观念类（从解释者的思维逻辑出发分析过程并得出结论）、指导类（教育理论指导教育实践）、后现代类（从种族、性别等多维度解读教育理论与教育实践之间的多重关系）三种③。本书在综合已有研究的基础上，从唯物辩证法对立统一规律中"结合与分离"的范畴出发，将教育理论与教育实践的关系划分为结合与脱离两种，并分别阐述每种关系下所包含的具体观点与内容。

教育理论与教育实践的有机结合是二者关系发展的趋势。从本质上来看，教育理论与教育实践是相互依赖、相互统一的，而不是分裂的④。

---

① 许日华. 教育理论与实践关系的研究现状述评 [J]. 上海教育科研，2010（09）：20-23.

② 张聪，于伟. 近十年来教育理论与教育实践关系研究的梳理与反思 [J]. 当代教育科学，2011（09）：3-6.

③ 刘源. 工程思维视野下教育理论与实践关系探析 [J]. 教学与管理，2013（06）：9-10.

④ 金璇. 从现象学的角度来理解教育理论与教育实践的关系 [J]. 内蒙古师范大学学报（教育科学版），2007（11）：40-42.

关于教育理论与教育实践结合的路径，不同学者从不同的角度进行了探索。曾茂林、柳海民提出二者结合的内外机制，强调个体群体心理机制与外在利益激励机制的结合①。王安全指出二者结合的自然性②。董子蓉进一步提出教育理论与教育实践结合的自觉模式，认为教育理论与教育实践的相互结合是由不可控制的自然结合走向具有目的性的自觉结合③。邱芳婷从教育主体的合作视角出发，强调通过教育理论工作者与教育实践工作者之间的"相互激发、相互唤醒、相互建构"，来达到促进教育理论与教育实践二者关系良好发展的目标④。

教育理论与教育实践结合的中介是教育理论与教育实践结合研究的重点。想要用教育理论指导实践，必须结合实践事件的真实情况，对教育理论进行合理改造，这个经过联系实际得到改动的理论就是教育理论与实践相结合的媒介⑤，或称为中介。中层教育理论⑥、教育模式⑦、行

---

① 曾茂林，柳海民. 教育理论与实践结合的条件及机制 [J]. 中国教育学刊，2009（04）：44-46.

② 王安全. 教育理论与实践结合的自然性与自觉方式 [J]. 黑龙江高教研究，2015（05）：1-4.

③ 董子蓉. 教育理论与实践结合的模式探讨 [J]. 龙岩学院学报，2017，35（01）：116-118＋130.

④ 邱芳婷. 从合作视角看教育理论与实践的关系 [J]. 教育理论与实践，2014，34（17）：3-5.

⑤ 董子蓉. 教育理论与实践结合的模式探讨 [J]. 龙岩学院学报，2017，35（01）：116-118＋130.

⑥ 曾茂林，柳海民. 教育理论与实践结合的条件及机制 [J]. 中国教育学刊，2009（04）：44-46.

⑦ 诸燕，赵晶. 教育模式：教育理论与教育实践结合的中介 [J]. 江苏教育学院学报（社会科学版），2008（02）：1-3＋124.

动研究①②、教育政策研究③④和教育机制⑤是理论与实践结合（融合）的重点中介工具。

　　教育理论对教育实践的功能是教育理论与教育实践结合的重要表现，教育理论对教育实践的功能集中体现在"教育理论指导教育实践"。早在 1996 年，冯建军就对此问题进行了探讨，并指出教育理论与教育实践的关系是分层的，并非所有的教育理论都能直接指导实践。作为基础理论的教育理论不以实用性或功效性为特征，最能指导实践的理论是教育规范理论⑥。尹弘飚、艾兴在借鉴德国教育学家布雷岑卡（W. Brezinka）的教育科学、教育哲学和实践教育学三类教育理论的基础上指出，"教育理论指导教育实践"应该属于实践教育学的范畴⑦。

　　陈桂生从概念、命题、检验尺度、立论与检验方法四个方面详细阐释了"教育科学理论"与"教育实践理论"之间的区别，并再次说明教育理论对教育实践的指导功能实际上是指教育实践理论对教育实践的作用，教育科学理论是不直接指导教育实践的⑧。总之，"教育理论指导教育实践"这一论述更加准确的表达应该是"教育实践理论指导教育实践"。在此基础上，学者关于"教育理论指导教育实践"的观点又可分

---

　　① 宋秋前. 行动研究：教育理论与实践相结合的实践性中介 [J]. 教育研究，2000（07）：42-46.

　　② 鞠玉翠. 行动研究何以联结教育理论与实践 [J]. 山东教育科研，2002（07）：15-17.

　　③ 肖恩忠. 教育政策研究：联结教育理论与实践的必要中介 [J]. 黑龙江高教研究，2007（08）：16-18.

　　④ 曾茂林，柳海民. 教育理论与实践结合的条件及机制 [J]. 中国教育学刊，2009（04）：44-46.

　　⑤ 李雪，张国平. 教育机智：教育理论与教育实践结合的中介 [J]. 辽宁教育研究，2006（03）：15-16.

　　⑥ 冯建军. "教育理论与实践关系"辨 [J]. 江西教育科研，1996（02）：18-21.

　　⑦ 尹弘飚，艾兴. "教育理论指导实践"辨析——兼与彭泽平老师商榷 [J]. 当代教育科学，2003（03）：25-27.

　　⑧ 陈桂生. "教育理论与实践关系问题"的再认识 [J]. 湖南师范大学教育科学学报，2005（01）：8-10＋17.

为不同层次（如叶澜的二分法）与笼统分析（如柳海民认为教育理论对教育实践具有解释和预测的功能）两个层面。在实践哲学的影响下，从价值启迪、引导质疑等方面来思考教育理论的功能也逐渐成为一种趋势①。

教育理论与教育实践的有机结合是教育学界一直关注的重点问题，但是在现实中，教育理论与教育实践的脱离已经成为一个非常严峻的现象。"教育理论与教育实践脱离的问题是一个多年煮不烂的老问题"②。

关于教育理论与教育实践脱离的影响因素，闫旭蕾从认知思维和现实场域两个角度论证了教育理论与教育实践脱离的原因③。张香兰则从过程视角揭示脱离的原因包括教育中"具体性误置的谬误"、教育理论的抽象层级性、实践性教育理论与基础性教育理论研究的混淆以及教育研究者的主观性介入等四个方面④。学者吴永胜认为二者脱离的原因应该追溯整个社会系统⑤。

关于教育理论与教育实践是否应该脱离这一问题，学者的观点可以分为反对、支持和中立三种。反对教育理论与教育实践脱离的一派认为应该弥合理论与实践之间的裂痕以挽救理论与实践严重脱节的现象⑥。持支持观点的学者则表示应该支持理论与实践的合法脱离，保持一种批

---

① 易森林. 教育理论对教育实践功能的文献综述［J］. 内蒙古师范大学学报（教育科学版），2015，28（11）：1-4.

② 叶澜. 思维在断裂处穿行——教育理论与教育实践关系的再寻找［J］. 中国教育学刊，2001（04）：1-6.

③ 闫旭蕾. 关于教育理论与教育实践阻隔的反思［J］. 教育理论与实践，2004（11）：1-5.

④ 张香兰. 过程哲学的视角：教育理论缘何脱离教育实践［J］. 教育导刊，2006（10）：4-7.

⑤ 吴永胜. 对教育理论与教育实践脱节现象的系统论思考［J］. 辽宁教育行政学院学报，2007（05）：43-45.

⑥ 吴永胜. 对教育理论与教育实践脱节现象的系统论思考［J］. 辽宁教育行政学院学报，2007（05）：43-45.

判性的距离①。承认教育理论与教育实践脱离的必然性，并不意味着放任二者关系的脱节，而是应该从宏观（参考多方主体建议而形成的科学的教育政策）、中观（学校管理人员将教育理论与学校管理结合）、微观（教师重视理论与教学结合）等多个层面综合考量，以控制教育理论与教育实践的随意脱离②。

承认教育理论与教育实践由发展逻辑与现实条件造成的合理性阻隔，同时意识到由教育理论和教育实践双方发展不同步甚至弱化而导致的不合理阻隔③，在此基础上辩证对待教育理论与教育实践脱离的问题，并提出针对性的改进策略，是对待教育理论与教育实践脱离问题的较为合理的态度与方式。

三、协同教育的实践探索

我国自 20 世纪 80 年代就开始了家校社协同教育的探索，在 40 多年的实践中，政府、家庭、学校、社会对家校社协同育人的重视程度不断提高，相关文件的要求也更加规范严谨。2021 年 10 月 23 日，十三届全国人大常委会第三十一次会议表决通过了《中华人民共和国家庭教育促进法》。此法案总则第六条明确提出：各级人民政府指导家庭教育工作，建立健全家庭学校社会协同育人机制。这为进一步推动学校、家庭、社区三位一体教育活动提供了法理依据，从法律层面保障了家校社三位一体育人格局的构建。在《中华人民共和国家庭教育促进法》其他细则中，更是详细明确了学校、家庭、社区在教育中的各项责任和义务，为

---

① 曹永国."教育理论与实践紧张性"辩解［J］.湖南师范大学教育科学学报，2004（02）：27-30，40.

② 彭虹斌.教育理论与实践：分离之根源与解决策略［J］.教育理论与实践，2007（15）：14-18.

③ 何小忠.教育理论与实践的阻隔归因及其矫纠策略［J］.常德师范学院学报（社会科学版），2001（04）：78-81.

全社会投入教育整合提供了行动方向。

与此同时，在信息技术革命的大背景下，科技发展迅速，网络社会迅速崛起。网络飞速发展给家校社协同发展既带来了风险，又带来了巨大的机遇。如果可以利用技术的优势，打破传统教育场域中教育与非教育的壁垒，突破教育参与主体之间的人际关系边界，冲破教育时空客观因素的藩篱，构建边界相对开放而属性相对独立的教育场域，将全面发展理念渗透于学生的价值观念、知识体系、思维模式等方面，实现全方位育人[①]，家校社协同模式的内在价值能够更好地实现。

家校社协同教育在发展过程中的本质演化可以概括为"分离式育人""家校合作共育""家校社协同育人"三个阶段，不同阶段背后折射出教育政策对培养什么人、如何培养人的时代诉求[②]。

在教育发展早期，家庭、学校和社会是单独发展的，在发展进程中彼此分割、缺乏联系。在传统观念下，对于未成年人的教育，家庭的作用在于培养习惯，学校的作用在于传递知识，社会仅仅起到了微弱的补充作用。家庭、学校、社会教育分割发展，各个教育主体普遍缺乏主动寻求教育衔接的意识，任一教育形态的失误都可能形成未成年人发展的障碍，任两种形态的教育不协调都可导致教育方向的逆转、教育效益的下滑[③]。学校单独发展教育，很容易导致唯成绩论，以考试成绩、学生学业表现作为判断学生优劣的唯一标准；家庭单独发展教育，缺乏科学的理念指导，一味"鸡娃"，不信任学校教育或者过度信任学校教育，不仅会导致家校矛盾，还容易影响孩子全面发展；社会单独发展教育，缺乏合理的监督机制，也会造成不良的影响。直接的结果就是培养了大

---

① 李海龙，李广海．中小学家校社协同育人的价值、困境与实现路径［J］．教学与管理（理论版），2022（8）：1-6.

② 范蔚，何盼．我国家校社协同育人研究综述——基于近十年的期刊文献分析［J］．教育科学论坛，2023（29）：16-19.

③ 杨雄，刘程．关于学校、家庭、社会"三位一体"教育合作的思考［J］．社会科学，2013（1）：92-101.

量高分低能的学生，培养出来的学生应试能力强，在学业方面表现优秀，但缺乏创新力、想象力和应用能力，在工作和生活实际中表现较差，自立能力、人际交往能力等方面存在较大问题。

学校作为专门教育机构依旧是社会的主流认知，不可避免地导致家庭和社会因非专业和教育知识的欠缺等因素被排挤出教育的范畴，进而呈现出学校主导教育、家庭和社会因专业性不足而失去制度化教育中话语权和表达权的局面，导致"唯学校是从"的不良后果。加上社会分工赋予学校教育的专业属性，家校社由于缺乏深入性的博弈和对话，影响不同主体在教育目标方面达成一致①。家庭的教育目标主要在于对孩子的培养，培养出社会意义上的"优秀"人才，学校的教育目标在现实条件下更多以升学率、分数、排名等的形式被量化，社会的教育目标往往被利益导向驱使。在缺乏有效、合理沟通的情况下，家校社三主体按照各自的方式实现目标，致使家校社教育目标呈现出各行其是乃至于走向纷杂和错乱的不良结果，因此家校社合作与协同是现实需求。

高磊等（2021）将家校社协同模式概括为单主体任务驱动模式向多主体任务驱动模式的发展②。单主体任务驱动模式，即不同主体两两合作，主要包括三种类型：学校-家庭协同模式、学校-社会协同模式、家庭-学校（社会）协同模式。这种模式是为了适应协同主体单方面需求而形成的，以前者为首端层级，后者为终端层级，协同工作多数由前者发起、组织、落实，后者在整个过程中被动参与。

（1）学校教育与家庭教育合作。学校教育与家庭教育的合作是家庭与学校以促进未成年人的全面发展为目标，由家长参与学校教育、学校指导家庭教育，相互配合、互相支持的双向活动③。在家校合作中，合

---

①　程豪，李家成. 家校社协同推进劳动教育：交叠影响域的立场 [J]. 中国电化教育，2021（10）：10.

②　高磊，李保勤，张永利. 家校社协同育人观念转变及模式建构 [J]. 延安职业技术学院学报，2021，35（6）：54-57，84.

③　黄河清. 家校合作导论 [M]. 上海：华东师范大学出版社，2008.

作层次需要由"浅层合作"迈向"深度融合",家庭教育需要从"学校教育的附庸"转变为平等合作者,从合作的阻力变为动力。学校通过吸纳家长参与学校教育,拓宽教学视野,挖掘家庭教育资源,共建教育生态环境,让家校合作的内容与形式从同质化走向个性化,促使家校合作不断走向深度融合[①]。

(2)学校教育与社会教育合作。杨雄等(2013)[②] 将该合作模式分为三个层次,分别是学校教育与社区教育、校外教育(互相的资源共享)、大众传媒的合作。学校教育借助社区、校外专业资源和大众传媒、技术的力量,提高教育效果,达到更高层次育人的目的。

(3)家庭教育与社会教育合作。例如,家长积极参与社会教育机构开展的家庭教育实践活动,通过社会教育的学习与交流增进亲子沟通和家庭和谐等。

这种单主体任务驱动模式在协同工作中曾发挥重要作用,保证了教学、生活秩序的良好运转。但是随着知识经济时代的到来,该模式的弊端日益凸显,其普遍以家庭和学校为主体的形式,忽视了社区作为另一主体的参与情况与效果,限制了校外资源的利用,束缚了家校社协同育人作用的充分发挥。目前的家校合作更多的是各教育主体的"单兵作战",造成家庭、学校、社区三方资源的分散和冗余,其首要原因在于学校、家庭和社区之间还未形成真正的协同关系,所以家校合作很难营造相应的氛围[③]。张俊等(2018)[④] 基于爱普斯坦的交叠影响域理论,对我国江西省家校合作调查数据进行分析,研究指出,实践中学校和家庭

① 张婷婷. 家校合作的范式转型与路径选择 [J]. 教学与管理,2019 (04):16-18.

② 杨雄,刘程. 关于学校、家庭、社会"三位一体"教育合作的思考 [J]. 社会科学,2013 (1):92-101.

③ AUERBACH S. Beyond cofe with the principal:toward leadership for authentic school-family partnerships [J]. Journal of School Leadership,2010,20 (6):728-757.

④ 张俊,吴重涵,王梅雾. 家长和教师参与家校合作的跨界行为研究——基于交叠影响域理论的经验模型 [J]. 教育发展研究,2018 (02):78-84.

的共识与合作（跨界域），更多受到学校教师认知及其行动的影响，学校在家校合作中具有选择的主动权和决定性地位，这又影响了教师和家长之间的跨界行为。张俊等进一步指出，要实现儿童、学校和家庭多方共赢的家校合作，学校应平衡各方关系，提供面向家庭、儿童的个性化支持和服务。

随后，多主体任务驱动模式应运而生。该模式是为适应当今社会日益多样化的需求而出现的一种新型协同模式。在继承单主体任务驱动模式的基础上，将学校、家庭、社会视为一个协同系统，彼此间相互开放、合作，并进行合理分工，形成"既为主体，也为客体"的多元化协同模式及运行机制，即多主体任务驱动。

叶海波等（2022）[①] 将这种协同育人模式概括为"三元循环"协同育人体系，具体是指围绕作为主体的学生，聚焦立德树人的根本任务，以家庭教育为基础、学校教育为核心、社会教育为保障，通过明确三方在协同育人共同体中的职责，构建全空间、全流程的育人体系，以实现促进学生全面发展的育人目标。

李江楠等（2022）[②] 运用共生理论阐释家校社协同教育，家庭、学校、社会之所以可以构成共生系统，是因为彼此在目标上具有一致性。学校、家庭、社会教育作为教育的三种不同形态，在教育过程中，应既相对独立又彼此联系，既分工不同又互促互进。《中华人民共和国家庭教育促进法》指出，家庭教育、学校教育、社会教育需要紧密结合、协调一致。唯有形成合力，将教育资源整合起来，才能避免学校、家庭、社会之间出现力量相左、互相掣肘的现象。家庭、学校和社会在学生成长角度拥有相同的目标、承担共同的教育责任，并且会对学生的发展产

---

① 叶海波，魏超燕."双减"背景下家校社"三元循环"的协同育人策略［J］. 教育科学论坛，2022（13）：37-40.

② 李江楠，邱小健."双减"背景下家校社协同共生路径探析［J］. 教学与管理（中学版），2022（9）：11-15.

生相互交织且持续积累的影响。通过家校社之间优质高效的交流互动，个体可在多元视角下达成认知与实践的统一，激发自我内驱力，实现个体发展[1]。

学生是家庭、学校、社会协同的中心，三者在协同互动中均以学生为重要"他者"，怀有共同的"利他"目标。对于家校社协同教育来说，家庭、学校、社会都具有协同育人的职责，三大共生单元可以形成相互协同的合作共生关系，具备共生的必要条件。共生的充分条件要求家庭、学校、社会在相互协同育人的过程中能够进行信息、能量的创生与转换。在协同模式中，三方主体共同承担着协同育人职责：社会承担着资源供给和事务协调功能；家庭承担着与自己孩子关系紧密的服务和保障功能；学校继续担负起教书育人的神圣职责。各供给主体间要加强沟通与协调，形成合力，共同助推学生成长与成才[2]。

根据三个主体角色地位的不同，"三位一体"协同育人模式可分为如下三类：学校为本的"三结合"教育、家庭为本的"三结合"教育、社会为本的"三结合"教育。

（1）学校为本的"三结合"教育模式的特点在于，以学校为主体，重视发挥学校的组织、牵头、协调作用；而且，教育合作的形式和层次主要依据学校本身的特性和需要而定。学校教育是育人体系的核心，学校作为专门的育人机构，有专门的教育场地和教师队伍，教学时间集中，课程设计规范，规章制度严密，是学生集体学习文化知识、树立良好品德的主要场所。在家校共育中，在发挥学校主导作用的基础上，建立家庭和学校围绕学生发展结成的共同体，从而在教育学生时获得更多家庭支持，同时也为家庭教育子女提供指导和帮助。具体而言，学校可

---

① EPSTEIN J L. School, family, community partnerships: caringfor the children we share [J]. Phi Delta Kappan, 2010, 92 (3): 81-96.

② 杨雄，刘程. 关于学校、家庭、社会"三位一体"教育合作的思考 [J]. 社会科学, 2013 (1): 92-101.

以通过校园开放日、家长会等多样化方式让家长走进学校，积极主动与家庭进行联络和沟通，共享教学信息，让家长直观了解孩子的学习表现。在面向社会过程中，需要立足开放共享理念，积极引入社会先进教育资源和媒介。"双减"政策在规范、限制校外培训机构的同时，对学校教育也提出了"提升学校课后服务水平，满足学生多样化需求"的明确要求。学校需要借助各种校外机构的资源才能实现"提高课后服务质量""拓展课后服务渠道""做强做优免费线上学习服务"等政策目标。同时，在"双减"政策鼓励非学科类校外培训机构参与课后服务的情况下，学校面临整合校内外各类型资源（如包括社会培训机构在内的青少年活动中心、图书馆、博物馆、科技馆等）开展课后服务的现实任务，建立沟通交流机制①。

（2）家庭为本的"三结合"教育模式的特点在于充分发挥家庭教育的基础作用，在确保家庭教育成效的同时，积极配合和参与学校教育与社会教育。家庭教育是育人体系的基础，在面向学校时，参与学校教育的反馈，进行双方的优势互补；在面向社会时，需要鉴别使用不同资源，加强判断。家庭是一个复杂的生态系统，需要与外界进行信息与能量的交换，通过正式、非正式的手段来推动组织、社区、社会资源的重新分配，让所有家庭都可以以积极的态度与较高的能力参与学校教育。因此，需要以学校、社会资源为纽带，为家庭教育提供丰富、有效的教育途径和方式②。

（3）社会为本的"三结合"教育模式的特点在于依托社会资源开展协同教育，如社区为本的教育模式、社会化的家庭教育指导以及校外活动教育为本的教育模式。社会教育是平台和依托，可以为教育提供环境

---

① 王东. 家校社协同减负视角下学校的角色和任务［J］. 中小学校长，2021（10）：23-26.

② 杨启光. 发展型家庭补偿教育政策的构建——以学校变革中家庭参与的不平等为视角［J］. 教育科学，2009，25（05）：15-20.

和资源①。社会教育资源丰富、种类繁多，可以作为学校学习的有效补充。通过营造有利于个体健康成长的社会氛围，构建社会实践平台，社会教育可以引领未成年人参加社会实践活动，配合学校和家庭教育，并为之提供良好的服务。与此同时，在学习型社会建设过程中，社会作为提供服务的主体，注重采用现代信息技术，提供多样化的再教育方式和资源，满足全民终身学习的需要，助力提高国民素质和开发人力资源。社会教育同时也是培养全面型人才的重要方式，通过多类型兴趣培训，激发学生的创造力和创新能力，促进学生德智体美劳全面发展。

值得注意的是，目前社会教育在中国的发展仍存在诸多问题。例如，部分机构在利益导向下打着教育旗号开展过多的课外培训等，各式各样的课外教培机构层出不穷，借助资本运作和家长教育焦虑迅速扩张，为了提高孩子学业表现，过早、过前、过度灌输书本内容，甚至通过用高薪挖走公立学校老师的方式提高机构教学水平，严重危害正常的学校教育。此外，教育机构借助媒体铺天盖地宣传，让家长持续陷入恐慌焦虑的情绪中，产生从众心理，以报班数量为教育投资的衡量方式，忽视了自身的教育作用，也徒增了学生的学业负担。最后，社会教育由于缺乏有效的监管机制，资源良莠不齐，倘若缺乏辨识能力，很容易造成不良的影响。政府需要加强对社会教育的监管，保护认知尚未发展完全的未成年人。因此，如何充分发挥多主体社会力量在家校社协同教育中的作用，扬长避短，值得科研人员、教育实践者以及政策制定者进行深入探讨。

四、协同教育的最终目标

协同教育的最终目标是建立终身学习体系及学习型社会。正如联合

---

① 杨雄，刘程．关于学校、家庭、社会"三位一体"教育合作的思考 [J]. 社会科学，2013（1）：92-101.

国秘书长古特雷斯在 2023 年发布的有关"教育变革"的政策简报中指出,现在是时候摒弃传统的静态教育观,转而建立适应性强、行之有效的终身学习体系,建立真正的学习型社会。

早在第二次世界大战之后,"终身教育"这一概念就得以确立。"终身教育"(lifelong education)最初来自法语中的"永恒教育"(éducation permanent)。1965 年,在联合国教科文组织第三届成人教育促进国际会议(The Third International Conference on Adult Education)上,法国成人教育学家保罗·朗格朗以"éducation permanent"为题,提出"永恒教育"这一概念,系统地阐述了其教育的主张,并于 1970 年出版《终身教育引论》(*An introduction to lifelong education*)①。他指出,终身教育泛指某种思想、原则或是某种一系列的关注及研究方法,是一系列具体的思想、实验和成就,即"人的一生的教育与个人及社会生活全体的教育的统合"②。通过学校教育习得的知识无法对人终生的需要提供有效保证,因此,"教育并非终止于儿童期和青年期,它应当伴随人的一生而持续地进行",社会为个体提供教育和学习的机会应该持续到个体从生到死的生命全过程③。这种理念被认为是克服危机型的、被动型的终身教育理念④。除终身教育的内涵外,他还指出了终身教育的具体内容,强调终身教育的内容涵盖智力、道德、艺术、社交和公民活动等各个方面⑤。朗格朗上述的新型学习观与人生规划在后来的终身教育推进与发展中引

---

① 何光全. 联合国教科文组织与现代终身教育的发展 [J]. 职教论坛,2023,39(01):77-85.

② 吴尊民. 现代国际终身教育论 [M]. 北京:中国人民大学出版社,2007.

③ 筑波大学教育学研究会. 现代教育学基础 [M]. 钟启泉,等译. 上海:上海教育出版社,1986.

④ 吴遵民. 走出对终身教育的理解误区 [J]. 教育发展研究,2008(Z1):114-115.

⑤ 保罗·朗格朗. 终身教育引论 [M]. 周南照,陈树清,译. 北京:中国对外翻译出版公司,1985.

起了国际社会的强烈反响①。

1968 年，永恒教育之父罗伯特·哈钦斯（Robert Maynard Hutchins）出版的《学习社会》（*The learning society*）一书中，指出终身教育的终点或终极目标是建设学习社会。他强调，在为成年人提供定时制的经常性成人教育的同时，还应当构建以学习成长和人格构建为目的的制度，最终建立一个面向价值的转换和成功的社会②。

1972 年，埃得加·富尔在向教科文组织递交的《学会生存：教育世界的今天和明天》（*Learning to be*：*the world of education today and tomorrow*，又称《富尔报告》）的报告中体现了终身教育这一概念，并提出了学习型社会及终身学习的基本概念。报告指出，唯有全面的终身教育才能够培养完善的人，人类再也不能刻苦地一劳永逸地获取知识，而需要终身不断地学习去建立一个不断演进的知识体系——"学会生存"，并且只有采纳了终身教育的思想，教育才能成为一种有效的、公正的、人道的事业。并且该报告指出了个体教育主客体的变化："虽然一个人正在不断地接受教育，但他越来越不成为对象，而越来越成为主体。"③

受哈钦斯和富尔的影响，众多国家的组织或机构积极响应构建终身教育的终极目标（即建立学习化社会）的号召。同年，加拿大蒙特利尔中等后教育委员会提出了推进实现学习社会的报告；1973 年，美国卡内基高等教育委员会发表了题为《学习型社会：通向生活、劳动、奉献的道路》（*Toward a learning society*：*alternative channels to life*，*work and service*）的报告书；日本也于 20 世纪 70 年代末期开始使用"学习

---

① 吴尊民．现代终身教育体系论——中国终身教育发展的路径与机制［M］．上海：上海人民出版社，2021．

② 吴遵民．现代国际终身教育论（修订版）［M］．上海：上海教育出版社，2022．

③ 联合国教科文组织国际教育发展委员会．学会生存——教育世界的今天和明天［M］．华东师范大学比较教育研究所，译．北京：教育科学出版社，1996．

型社会"这一专业术语①。此后，终身教育、终身学习、学习型社会的用语使用逐渐频繁，被不断补充和完善，并作为众多国家的一种政策概念而被广泛使用。

20 世纪 90 年代以后，终身教育由强调成人的终身教育转到关注所有人的终身教育。终身教育除先前被提出的在个人层面的解释外，还被提出了在社会层面的解释，并产生了两个层面相结合的解释。譬如《终身教育大全》指出，个人层面的终身教育是"人生的一贯教育"，社会层面的终身教育是"全体国民、全体人类的教育"②，这是终身教育与全民教育相结合的表现。与此同时，此阶段的终身教育也进入了终身学习与学习型社会的发展阶段。1994 年，欧洲学习促进会举办的首届"世界终身学习大会"指出"终身学习是 21 世纪的生存概念"，将"终身教育"关注的焦点从"教育"转向"学习"。③

1996 年，国际 21 世纪教育委员会发表的《教育：财富蕴藏其中》（*Learning：The Treasure Within*，又称《德洛尔报告》）中，终身教育的内涵得到进一步拓展，"学会认知""学会做事""学会共处"和"学会生存"四种学习内容被提出，并指出终身教育是"把与生命有共同外延并已扩展到社会各方面的连续教育"。④ 同年，经合组织发表《全民终身学习》（*Lifelong Learning for All*）报告，该报告明确指出促进个人发展、社会聚合与经济增长是终身学习的目标，并提出了为实现全民终身学习的理想进而建立学习社会的一系列可行措施⑤。2000 年，联合国教科文组织发表的《世界教育报告·2000——教育的权利：走向全

①　吴遵民．现代国际终身教育论（修订版）［M］．上海：上海教育出版社，2022：31.

②　持田荣一，森隆夫，诸冈和房．终身教育大全［M］．龚同，林瀛，邢齐一，等译．北京：中国妇女出版社，1987：11-12.

③　何光全．联合国教科文组织与现代终身教育的发展［J］．职教论坛，2023，39（01）：82.

④　何齐宗．终身教育的理论与实践［M］．北京：科学出版社，2020：69.

⑤　何齐宗．终身教育的理论与实践［M］．北京：科学出版社，2020：143.

民终身教育》报告中，指出了终身教育思想已受到众多国家前所未有的重视，终身教育和终身学习已成为众多国家的教育政策指导原则的现状[①]。2022 年，联合国教科文组织终身学习研究所出版了《让终身学习成为现实手册》（*Making lifelong learning a reality：a handbook*）。该手册贯彻了可持续发展观，指出了终身学习的必要性和重要性、终身学习政策实施的关键因素等，强调建设全球学习型城市。在关于终身学习的理解方面，该手册指出：终身学习贯穿个体的整个生命周期和无差别的生命阶段，它不仅应在正规学校教育和培训环境中进行，而且应在多样化的学习空间中进行，使得个体可以通过各种手段和途径学习[②]。

中国同样重视终身教育体系的构建。2001 年 7 月，教育部颁布的《全国教育事业第十个五年规划纲要》强调要"努力为公民提供终身教育的机会"，指出我国应"努力在构建终身教育体系、教育手段现代化和教育信息化、鼓励和支持社会力量办学、发展高等职业技术教育等方面实现重大突破"，并将"全社会终身教育制度基本建立"作为教育事业的目标之一，还提出了"调研、起草《终身教育法》"的倡议[③]。2001 年之后，我国的终身教育发展持续拓展。在政策层面，终身教育、终身学习、全民学习、学习型社会等概念在党的重要会议和决议文件中出现的频率越来越高。党的十六大报告指出要"构建终身教育体系"，"形成全民学习、终身学习的学习型社会，促进人的全面发展"，党的十七大把终身教育体系基本形成作为建设小康社会的一大目标，进一步强调要"建设全民学习、终身学习的学习型社会"。2002 年的《2002—2005 年全国人才队伍建设规划纲要》、2003 年的《中共中央关于完善社

① 何齐宗. 终身教育的理论与实践［M］. 北京：科学出版社，2020：137.

② UNESCO Institute for Lifelong Learning. Making lifelong learning a reality：a handbook［M］. Hamburg：UNESCO Institute for Lifelong learning，2022.

③ 中华人民共和国教育部. 教育部关于印发《全国教育事业第十个五年计划》的通知［EB/OL］.（2001-07-26）. http：//www. moe. gov. cn/jyb _ xxgk/gk _ gbgg/moe _ 0/moe _ 7/moe _ 17/tnull _ 210. html.

会主义市场经济体制若干问题的决定》、2004 年的《关于加强党的执政能力建设的决定》、2006 年的《关于构建社会主义和谐社会若干重大问题的决定》、"十一五"计划和 2010 年的《国家中长期教育改革和发展规划纲要（2010—2020 年）》等政策中，也均涉及终身教育、终身学习或学习型社会等内容。

值得关注的是，终身教育集学前教育、学历教育、培训教育等不同层级和类型的教育资源于一身，因此，整合终身教育的各类资源、促进不同层级和类型的终身教育相互协调、促进终身教育的系统化和整体化十分必要。目前，教育部门、人事部门分别掌管正规教育和培训教育，各产业部门又有自己的培训系统，开放大学也有独立的系统设计，由于管理终身教育的部门具有一定的分散性，因而在资源整合方面，我国终身教育仍然受限。整合终身教育的各类资源，需要政府、企业、社区、社会、学校和家庭之间形成合力、统筹协调，做到教育资源的共享和开放整合。

案例分享 2.1

日本政府建立健全终身教育相关法律，并于 21 世纪初在财政上加大了对终身教育的支持。日本 1947 年颁布的《教育基本法》赋予了国民平等受教育的权利，指出："全体国民有与其能力相应的受教育的平等机会，在受教育上不能因人种、信仰、性别、社会身份、经济地位、门第等的不同而有所差别。"在保障国民拥有平等的受教育机会的基础上，日本对具体的教育设施、教育类型和教育内容等进行了具体规定。在教育设施的规定上，1949 年，日本颁布的《社会教育法》确定了公民馆作为"各地对公民实施社会教育的主要设施"的重要地位，是创设公民馆制度并进行相应活动的法律根基。在教育类型上，日本政府于 1947 年、1949 年、1969 年先后颁布了《学校教育法》《社会教育法》和《新职业训练法》。其中，1969 年的《新职业训练法》对工人的从业时间、训练内容和机制做出了具体阐述，指出工人需终身从业，进行能力开发，实现终身训练制。同年，日本颁布了第一部专门针对终身学习的教育基本法律——《生涯学习振兴推进整备法》（亦称《终身学习振兴法》），该法明确了立法意图，严格划定了政策制定和实施主体（比如各级政府和都道府县教育委员会等）的职责，并就相关财政措施等具体事项作出了详尽说明，共 12 条。该法的出台和实施，为终身教育活动的开展和推广提供了法律支撑。此外，《图书馆法》《博物馆法》《青年学级振兴法》《体育运动振兴法》等原有的相关法律，为开展终身教育提供了有力的法律依据。[①] 在终身教育的财政支持方面，21 世纪初，日本政府加大了终身教育的财政支持力度。具体措施如下：一是文部科学省内部通过预算等方式，增加了对社会教育费的支出，其中地方社会教育费增长幅度超过了教育费总额的增长速度；二是日本政府特别设立"地方终身学习振兴费补助金"以支持地方政府开展终身学习活动，完善终身学习体系；三是日本政府对终身学习采取税制上的优惠，并设立了用于终身学习的国库补助金。[②]

在终身教育内容方面，日本在政府主导的学校教育基础上，要求企业开展企业内教育，公立保健所开展健康教育，农

[①] 马丽华，娜仁高娃. 日本终身教育立法的思想脉络和价值取向——基于《终身学习振兴法》的分析 [J]. 教育发展研究，2021，41（17）：51-60.

[②] 孙慧佳，顾岩峰. 日本终身教育的特征 [J]. 中国成人教育，2011，278（13）：119-120.

林水产部门指导开展农业教育等。除了技能教育、文化教育，还注重爱国爱公司教育、体育教育、娱乐教育、义务教育等，如针对日本家庭妇女开展的插花课程等。绝大多数教育内容可以由公民自决。

在终身教育的形式上，美国的终身教育在方便民众参与的前提下，教育方式尽可能灵活多样。首先，人们可以根据自身的情况灵活选择成人教育的层次，在达到一定的标准后，可获得相应的学位。入学只需通过学校的必要考核，无统一考试，无名额竞争。其次，民众可选择适合自己的学习形式，如日校、夜校、周末学校、电视学校、网络学校等，避免民众由于时间和地点不便而无法参与学习。民众还可自由选择学习内容，包括科学文化基础知识、职业技能培训、新科技成果推广、健康教育、个人和家庭文化娱乐教育等丰富的内容。此外，美国终身教育学习时间非常灵活，长短不一，民众可根据自己的情况暂停学习，过一段时间后再继续完成课程。最后，美国设立了多种考试机构，民众可自选时间去参加考试，考试通过后可获得相应学分。如学校同意，学分可在不同学校里通用。学习者还可经过大学资格认定考试取得学分后，把学分储存在"学分银行"，再通过"校外学位制"获取学位。

类似地，韩国在终身教育立法上积极推行《第四次终身教育推进基本计划（2018—2022 年）》，提倡和推广带薪休假学习制度，并健全"终身学习履历管理系统"。一方面，韩国政府修改了《终身教育法》，使带薪休假学习受到了法律政策保护。基于广大中小企业员工往往因年度培训费用受限而未能实现长期带薪休假培训的现实，韩国《终身教育法》规定，此种情况的中小企业现最高可获得最低工资 1.5 倍的培训和劳动力成本以用于开展长期员工带薪休假培训。同时，为了让中小企业更好地落实带薪休假学习制度，政府还提供资源，用培训替代员工的劳动力成本，鼓励员工于培训之后重返原单位。另一方面，为完善"终身学习履历管理系统"，韩国于2020年修订了《学分认定法》，打造了一个较为完整的学分认证系统，该系统通过与国家能力系统（KQF）相匹配，在终身学习账户系统（HRD-Net联动）中关联、识别和评估学习者的学习经历，而学习经历可作为学分积累，进而促进学习者获得就业资格。①在终身教育内容上，韩国受教育者可以根据自身特点及学习需求，选择专门的终身教育学校或者普通学校，也可以选择远程教育学校接受终身教育。在选择课程时，可以选择一般的读写、语言等课程提高文化水平，可以选择汽车维修、美容等课程提升技能水平，可以选择音乐、戏剧等艺术类课程陶冶情操，可以选择高尔夫、康复运动等课程增强体质，还可以选择护理、紧急救助等课程提高突发事故处理能力。在终身教育的形式方面，韩国实行线上与线下相结合的方式进行终身教育，公民可以选择到学校与其他学习者一起接受教育，互相交流，也可以选择在家通过现代化技术支持的远程教育方式接受教育，与其他学习者通过网络平台进行沟通交流。此外，韩国还实行"学分银行"制度，该制度涵盖了大学、企业培训机构、政府机关、培训学院等不同形式的教育机构。在终身教育的管理方面，韩国建立了三级终身教育管理机构，并且每级管理机构均有相应的专家团队为其提供支持。一级机构发挥着"总设计师"的角色，负责对终身教育的课程开发、整体部署、实施情况等进行规划和考察，其责任主体为中央教育部下设的"终身学习促进委员会"；二级机构承担着"连接者"的角色，负

---

① 李秀珍. 韩国终身教育改革新举措［J］. 成人教育，2023，43（03）：81-86.

责上传下达，贯彻和执行一级机构的指令，为终身教育提供信息和咨询，其责任主体为地方政府设置的"终身学习理事会"；三级机构扮演着"最终执行者"的角色，负责具体实施终身教育，为每个接受终身教育的学生提供课程等，其责任主体为市级以下地方政府的"终身学习理事会"。[①]

在中国，浙江省开创了把"高等学校精品在线开放课程"与"终身教育学分银行"有机融合、建立高校之间在线开放课程学分转换通道的先河。浙江学分银行通过推动服务体系建设、信息系统架构、学分转换制度建设及政府政策引导等方法，不断深入推进各级各类教育之间的横向贯通、纵向衔接的融合沟通。一方面，浙江省在学习成果认定与转换通道有新突破。学分银行积极开展、拓展学历教育和非学历教育（社会培训项目）学习成果的认定与转换，并与浙江省高等学校在线开放课程共享平台对接，推动浙江省高等学校在线开放课程共享平台经过高校认定过的学习成果全部存入学分银行。另一方面，浙江省开设了个人可信化终身学习数字化档案建设的新机制。浙江学分银行配合浙江省数字化改革，借助区块链技术，建设了"浙里办"App 学分银行项目，搭建了以 1（1 张个人终身学习档案）＋2（2 类学习成果应用场景）＋5（5 大核心业务服务功能：获取个人学习档案、学习成果认定、学习成果转换、学习积分积累、学习积分兑换模式）的业务架构。用户登录"浙里办"App，进入"学在浙江"专区或者直接搜索"学分银行"，就可以使用浙江省终身教育学分银行提供的各类服务。经过个人授权激活后，市民可查询个人终身学习档案中的学习成果、工作经历，包括浙江省内高等教育学历学位证

---

① 周俊华. 终身教育发展保障机制研究：基于国际比较的视角［J］. 教育学术月刊，2016，285（04）：67-73.

书、中小学学习经历、职称证书、职业证书、社会培训等，并可开具由区块链技术加权赋能的学习成果证明。用户通过"学分银行"可存入各类型、各阶段、各层次学习提升成果，并可通过应用进行学习成果认定、积累与转换，以保证用户的学习成果数据可查询、可追溯，形成不可篡改的学习记录。用户也可凭借学习积分兑换各类书籍礼品、银行商超电信宽带抵用券、研学文旅门票等兑换品。同时，浙江学分银行创新家庭积分概念，年轻人的学习积分可以用来给老人兑换老年开放大学的素养类课程，老年学习者通过学习，又可以给孩子兑换研学类产品，家庭成员的学习积分还可以累加到一起使用。学习不但是为了提升自己，还能为亲朋好友的学习生活作出贡献。整体上看，浙江省终身教育"学分银行"填补了我国教育管理中的空白，学分互认将有力地推动课程共享应用，促进高校确定学分互认细则并将在线开放课程纳入人才培养方案和选课系统，以及在现行学分制内搭建起在线开放课程与课程应用高校、课程学习者之间的桥梁。与此同时，上海等地还兴起了建设学习型城市的热潮，各种终身教育研究机构也纷纷成立。并且，上海市还开创了"开放大学"先河，2010 年成立了全国首家"开放大学"——上海开放大学。同时，上海启动了学分认定、累积转换的"学分银行"创新试点，并正在研究、制定促进终身教育的地方性法规，构筑市民终身学习的枢纽，搭建各类教育资源间的立交桥。

第三章　基金会支持的家校社协同教育

社会组织包括基金会、民办非企业单位及社会团体。改革开放之后，我国开始探索社会主义市场经济体制，地方政府职能从社会管理向经济建设转变，并不断探索通过让渡一部分权力引导社会组织分担部分公共服务生产与服务供给责任，这部分社会组织大多由政府成立和扶持。在这个阶段，社会组织对政府是一种单向依附的关系，需要服从政府的安排开展各项服务①。然而随着经济社会的快速发展，政府需要承担的公共事务不断增加，政府购买服务的范围和规模不断扩大，政府不断培育各种可以承接公共服务的社会组织，各种类型的社会组织则通过"合同契约"与政府建立合作关系。

随后在2013年的深化改革之后，中国经济由高速发展转向高质量发展，政府职能也从经济建设向公共服务转变。在这个过程中，社会组织快速发展，呈现出专业化、组织化和协同化的特点，作为社会中的"第三部门"，弥补作为"第一部门"的政府和作为"第二部门"的企业的功能缺失和空白，依靠使命和价值驱动，更加关注社会发展中的边缘

① 黄晓勇. 社会组织蓝皮书：中国社会组织报告（2020）［M］. 北京：社会科学文献出版社，2020.

和弱势群体，实现"长尾效应"，体现"第三部门"的补充功能。2016年《中华人民共和国慈善法》的出台，标志着政府向社会组织购买服务进入全面制度化阶段，政府不断加强与社会组织的合作，并在制度方面为双方的合作互利创造有益的政策环境。2021年，中央财经委员会第十次会议指出，要构建初次分配、再分配、三次分配协调配套的基础性制度安排。其中，初次分配是根据各种生产要素在生产过程中的贡献进行分配，再分配是以政府为主导，而三次分配的中坚力量则是社会组织。

在经济社会进步的过程中，我国社会组织积极参与社会建设和公共事务，成为推动社会经济发展的重要力量。我国社会组织在教育发展、科技创新、乡村振兴、社会治理、环境保护等领域发挥着积极作用，同时与全球各地的组织建立了合作伙伴关系，参与国际政策的制定和倡导，为推动全球公益事业的发展提供了重要的经验和资源支持。截至2022年底，我国共有89.13万个社会组织，从不同类型社会组织的发展情况看，社会团体有37.01万个，占全国社会组织总量的41.52%；民办非企业单位有51.19万个，占全国社会组织总量的57.43%；基金会共9319个，与2021年的8877个相比增加了442个，增长率为4.98%，占全国社会组织总量的1.05%[①]。然而，由于社会资源的有限性，社会组织在自身发展中面临着诸多挑战，如反馈周期长、对象广泛，难以确定公共价值所涉及的对象和内容等，有可能会因为人才流失、能力有限、模式陈旧而失去资源、难以为继，这在很多公共服务领域有着不可忽视的外部效应，尤其是在教育领域更为凸显。

因此，社会组织与政府建立合作关系，建立政府、企业、公益机构、学校的跨界共治模式和协同网络至关重要。其中，社会组织在家校社协同教育中扮演着重要角色，对教育事业的发展和学生的成长起着重要的推动作用。社会组织支持家校社协同教育，不仅能够帮助学生获得

---

① 黄晓勇．社会组织蓝皮书：中国社会组织报告（2023）［M］．北京：社会科学文献出版社，2023．

更多的学习机会和教育资源，促进学生的全面发展和成长，还能够促进既有教育水平和教育质量的提升。从更深层次考量，社会组织支持家校社协同教育，与政府、学校、家庭、社会等多方合作，不仅能够促进教育生态系统的完善，还能通过开展项目和活动等方式推动教育模式的改革和更新、促进教育公平和教育发展。这在以下社会组织支持家校社协同教育的案例中有所体现。本书总结不同类型社会组织的成功经验与失败教训，希望启发更多的社会组织发挥自身优势，深度参与中国当前的教育变革。

一、L 助学公益基金会支持下的乡村小学家校社协同教育

L 助学公益基金会位于北京市，于 2014 年 4 月 18 日成立，是北京市较早批次被认定为慈善组织的基金会。在 L 助学公益基金会的支持下，2008 年，美丽中国支教项目成立。2016 年 9 月和 2017 年 9 月，受政府委托，该项目分别承办了 F 美丽小学和 X 美丽小学（2019 年因 B 企业资助 X 美丽小学的办学探索，X 美丽小学改名为 B 美丽小学）的建设。

美丽小学成为中国第一所新型的"承办制"公立学校，呈现出政府、企业和教师专业队伍的"三位一体"，小学有了更多的办学自主权、用人自主权和经费自主权，学校内部的活力被大大释放。政府作为委托者，给予了美丽小学诸多支持。美丽小学所在的县教体育局及中心校领导在教学成绩、安全、卫生等领域给予了美丽小学大力支持，曾多次来校视察工作，并提出切实有效的指导建议。同时，针对美丽小学教师教学经验不足的情况，县教体育局及中心校领导为每一位新教师安排一位本地教学经验丰富的老教师作为导师，老教师通过听评课、检查作业批改情况、分享教学技巧等方式，促进美丽小学新教师提升教学能力。

L助学公益基金会是美丽小学项目的承办者，不仅为美丽中国项目提供人才支持及管理，还较大程度助力美丽中国项目挖掘其他社会资源，将社会力量与网络资源进行整合来支持家、校、社三主体在教育学生方面进行两两合作、共同合作，支持各主体内部的合作，促进支持学生全面发展的合作网络的建立，以实现家校社协同教育的目标。这在美丽小学办学的核心框架中有生动体现[①]，见表3.1。

表3.1　美丽小学办学的核心框架

核心理念	成长远景	基础保障	日常落地
生活即学习，学习及生活	美丽生活家，终身学习者	环境 & 关系	教育教学 & 学生管理
学习源于生活，依于生活，融于生活，归于生活	能给自己创造美丽的生活；能为他人的生活带来美丽；甚至能创设环境，促生美丽	打造健康、安全、有尊严的校园。构建和谐互信的关系	基于生活，为学习打破学科的藩篱、空间的隔断和时间的界限。合作办学，共建校园

具体表现在学校课程设置及社团开设、学校教师学习能力的提升、学生家庭情况的掌握及社区资源的发掘、家长参与学校教育和社区项目的开展五个方面。

（一）挖掘各方资源，开设学校课程及社团

L助学公益基金会承办的美丽小学，获取了村委会、学生家长和B企业的支持，开设和引进了特色课程，并充分挖掘教师、本地艺术家和企业的线上资源，为学生开设了近60个涵盖美术、体育、舞蹈、科技、博弈、文学六大类的社团。

---

① 分众美丽小学团队. 在山村里的分众美丽小学［M］. 南京：江苏凤凰文艺出版社，2023.

　　一方面，学校得到村委会、家长和 B 企业的支持，开发了生活家课程等特色课程。在生活家课程中，学校依照国家劳技课程标准进行授课。其中，低年级以个人生活起居为主要内容，中高年级以校园劳动和家庭劳动、手工技能、公益服务为主要内容。学校在村委会的支持和协调下，租用了本地农户 1.8 亩鱼塘作为学校的劳动基地，还以班为单位聘请家长作为指导教师，根据各班实际情况开展作物种植。比如向阳班种植玉米，学生会经历耕地、播种、施肥、浇水、除草、收获的完整过程，最后会把玉米制作成玉米粑粑，师生一起品尝劳动的果实。此类特色课程既能使学生进一步融入乡土生活，又能"在精神层面影响学生对农村文化的认知，帮助他们认识到农村文化的本质内涵，起到潜移默化促进学生文化认同感形成的作用"。[①] 此外，在课程引进方面，学校主动引进外部优质课程资源，如"一公斤盒子"的阅读盒子、交通安全盒子，日慈公益基金会的"心灵魔法学院"课程，"是光"团队的诗歌课程，华唱基金会的音乐课程包，众智科学启蒙项目的编程课程等。同时，鉴于 B 企业有丰富的学习资源，学校引进了 B 企业开发的网络安全课、卫生课、职业认知课等，也利用 B 企业的课程来辅助教学。这些课程的开设是对乡村教育资源的补充。

　　另一方面，在社团的开设上，学校社团充分挖掘本校教师资源、本地艺术家资源和 B 企业资源，通过以下三种方式开设社团：一是由美丽小学教师担任社团指导老师，但老师的才艺成长速度不敌学生庞大的需求；二是由本地艺术家来校开设社团，在此种方式下，学生需求既可以得到更加专业的支持，同时也有助于学生了解本地文化，学校目前开设了古筝社、书法社、彝族打歌队、合唱团、篮球队 5 个社团；三是由 B 企业网络博主作为指导老师开设社团，由网络博主提供线上课程，美丽中国教师团队在线下进行辅助，如"咔嚓咔嚓摄像小组"就是在 B 企业

---

　　① 周杰. 农村学校文化认同教育的失落与路径重构［J］. 教学与管理，2023（27）：42-46.

和网络博主联合支持下开设的。以上三种方式，充分满足了学生的多样化需求，丰富了学生的学校生活。

（二）践行校校联动，提升学校教师能力

L助学公益基金会承办的美丽小学充分利用本地其他学校资源，积极推动自己与本地其他学校的联动，帮助教师学习更有效的教学方法、汲取更丰富的办学经验，推动本校教师与本地其他教师的融合。

美丽小学教师到其他小学参访，学习其宿舍管理模式、教学教研制度、校园文化建设等。同时，美丽小学也主动邀请本地学校来校交流，比如邀请本地其他小学教师来校开展联合教研、参看六一文艺汇演、参与数学节等。

随着美丽小学与本地学校的交流愈加深入，双方交流的形式也更加多元，逐步实现了从参与交流到共创交流的飞跃。并且，双方交流的主体和内容也更加丰富。主体从教师拓展到学生，内容从教研拓展到活动。如美丽小学与其他小学共同开展篮球友谊赛、共同举办语文节、共同开展幼小衔接活动等。

整体上看，美丽小学与本地其他小学进行相互交流，有助于促进美丽小学融入当地的教育环境和教育生态。同时，双方的交流也能促进学校之间教育理念的碰撞、教育经验的分享、教育视野和教育思路的拓展、教育资源的共享，并在此基础上提升学校的教育教学水平，最终达到提升学生综合素质和竞争力的育人效果。

（三）建立互信关系，熟悉学生家庭情况及社区资源

L助学公益基金会助力承办的美丽小学积极与社区村干部、学校及学生家长联络，以家访和社区调研的形式增进老师对学生和社区资源环境的了解，促进与家长、社区信任关系的建立，推动家庭和社区对学校的理解和支持。

首先是家访。家访主要有集体家访和自主家访两种形式。集体家访是全校老师一同去一个村庄，先请村干部或家长给老师介绍他们的村庄，并提出他们对学校的期待，老师再和他们一起分散到各班学生家进行家访；自主家访一般是以班级为单位，由老师自己安排时间，发现问题，解决问题。例如，通过家访，有老师发现很多学生在家没有属于自己的书桌和床，于是该老师便申请 B 企业的快乐奖学金，开展家庭生活空间改造项目，给家长讲解学生拥有独立空间的重要性，并且通过项目式的设计，让每位学生自己写申请书、设计房间装饰、控制预算、线上线下对比挑选家具等，最终每位学生都有了一张独立的床和书桌。此外，通过家访，老师可深入了解家庭情况，家长亦可直接了解学校办学理念、家庭教育方法和策略等，通过家庭深入挖掘本地文化资源，如了解当地的文化习俗和传统节日、认识文化传承人等，通过充分调动资源，将这些资源引入学校，为学校形成特色的校本课程做铺垫。

其次，在社区调研方面，学校每个月都会拜访村委会，了解社区情况，调研社区存在的困难和问题，同时向村委会介绍学校办学进展、孩子在学校学习和生活的情况，听取村委会关于学校办学的意见和建议。这既能拉近学校和村委会的距离，也使学校在办学方面更接地气，更好地挖掘乡村资源，促进社区对学校的认同和乡村文化建设。

（四）促进家长参与，提升家校育人合力

L 助学公益基金会承办的美丽小学，邀请家长参与学校开展的所有活动，并成立家长委员会，开展家长进课堂活动，以加强家校沟通，形成家校共建支持学校发展的形势。

美丽小学所有的校级活动都欢迎家长参与，对家长是开放的，且班级老师还会通过各种方式促进家长参与班级建设，比如鼓励家长免费制作置物架，贡献劳动基地耕地，协助老师参与游学等。

此外，学校还成立了家长委员会。家长委员会既是家校社沟通的桥

梁，也能代表家长更深度地参与学校的办学工作，为学校的发展出智出力。具体来说，家长委员会具有如下作用：一是促进学校和家庭之间的沟通和合作，家长委员会可以帮助学校了解家长的需求和意见、了解社区学生的需求和状况，同时也可以向家长和社区传达学校的政策和信息，促进三方之间良好关系的建立；二是家长委员会能够代表家长参与学校的决策和规划，提出建设性的意见和建议，并动员家长解决教育面临的现实困难，同时也可以组织和参与学校的各种活动，支持学校教育工作。

除此之外，家长进课堂活动的开展也是家长参与学校教育的重要表现形式之一。该活动有两种举办形式：一是邀请各有所长的家长来学校给同学和老师们分享各种各样的生活知识与技能；二是邀请部分家长一起听课学习，探讨孩子的教育问题。这不仅能够丰富学生的生活知识、提高其生活技能，还可以为家长、学生和教师三者提供更多的交流和互动机会，共同为学生的发展创造良好的教育环境。

（五）综合利用资源，开展社区项目

L助学公益基金会承办的美丽小学集合家庭与社区力量，打造"乡村少儿空间"项目，促进社区发挥育人功能。该项目目前包含乡村图书馆和乡村篮球运动场两部分。乡村图书馆能够丰富孩子们的精神世界，乡村篮球运动场则能锻炼孩子们的体魄。

在乡村图书馆的打造上，学校联合本地村委会，利用党员活动室，通过社会捐赠的形式建立了三个乡村图书馆，并由家长或学生参与运营、管理。

第三个图书馆的建立，学校不仅联合了本地村委会，利用了党员活动室，还获得了B企业的资助和家长的集资捐赠。B企业出资2万元，家长们则按每个孩子（从幼儿园到初中共40多个孩子）出资200元的标准筹集了8000多元，并且在一个月之内完成了党员活动室的彻底装修（前期党员活动室因资金问题装修不彻底）。在此基础上，采购人员使用剩余资金为图书馆购买书桌、椅子、书架和书籍等。所有采购的物资，均由家长们进行托运。学校和村委会在家长们参与资金筹集、硬件改造和物资拖运的过程中，发掘到一位表现尤其突出的家长，便聘请该家长担任图书馆的馆长，负责图书馆的管理和监督工作。除了图书馆馆长，其他图书馆人员包括司书长和指导老师等。司书长负责安排平时的值班同学和日常管理，由初三某同学担任；图书馆的指导老师负责指导图书馆的管理，不定期组织一些阅读活动，由学校老师担任。

值得强调的是，由于三个乡村图书馆分别位于三个不同的社区，具有不同的情况，因此它们的值班运营模式并不相同：有个社区在家的家长较多，因此图书馆采取家长轮流值班制；有个社区里绝大多数学生的父母都外出打工，图书馆便专门聘请一位家长负责每周六上午的开馆值班，并给予一定的报酬；有个社区孩子人数较少，且年纪最大的几个初中生相对优秀、靠谱，图书馆就尝试了大孩子轮流值班的这种形式。

整体上看，乡村图书馆开创了家校合作的新局面，通过创设环境、改变学生、提供资源、影响家长，多方位改善了社区教育氛围，其价值主要体现在三个方面。第一，缓解了家长谋生压力与孩子教育成本之间的矛盾以及家长普遍较低的文化水平与孩子的高学习难度之间的矛盾，提升了学生假期的学习效果。图书馆采取集中式管理，每次开放只需一名家长值班，这既保证了开放时的秩序和安全，又大大节约了家长监督孩子学习的时间成本，留守儿童的学习也能得到更好的监督和指导。在图书馆自习期间，所有学生混龄分组，以大带小，需要的时候，大孩子可以做小老师。第二，以图书馆为切入点，可以调动家长思考并参与改善家庭社区教育问题。当家长们越来越多地参与这样的实践，其本身的思考就容易被调动起来，促进孩子在家庭和社区的学习问题得到更好的解决。此外，图书馆每次开放都需要家长值班，对值班家长来说，这是一种身份转换，由单纯的家长变为孩子学习的管理者，这种转换会给家长提供一个很不一样的视角。第三，乡村图书馆是一个平台、一个支点，能够撬动更多社会力量关注并参与乡村教育问题。F 图书馆项目筹建以来，有不少村民都表态如果图书馆需要，可以为图书馆捐赠物资。可以说，乡村图书馆这个平台给了很多有志于为社区公共事务作贡献的有识之士一个发挥他们力量的机会。

为了让乡村图书馆的价值更大化，2023 年 9 月，在新村图书馆附近，美丽小学联合 F 企业开展家长公益课堂。课堂主要围绕构建和谐亲子关系展开，老师结合个人实践经验，分享科学育儿方法，培养良好的育儿心态。家长们提出自己在实践中的困难，积极表达自己的教育观点，课堂结束后还主动与老师交流心得。此次公益课堂是学校整合社会资源助力家庭教育的一次尝试，是公益组织承办的学校连接社会力量改善社区教育生态的一种实践。

在乡村篮球场的打造上，其建立形式与乡村图书馆较为相似。学校联系重庆市 B 学校的一些优秀高中生，让其帮助社区设计运动场，并动员社会力量为乡村篮球场的建立募集资金。

美丽小学在 B 学校优秀高中生的帮助下，确定了乡村篮球场制作的初步设计方案，之后向 B 企业申请了资金，开展资金筹集工作，打算将资金重点用于修缮或建设乡村篮球场。美丽小学还打算在球场修建成之后，组织学生们按村民小组组建村篮球队，进行训练，并在片区两个村委会的支持下组织小型的篮球联赛。

纵观美丽小学的建立建设过程，不难发现，它的培育和壮大是政府、教育公益组织、企业与家庭、社区等多方通力合作的结果。这种"多元主体协同办学"的方式，是社会资源参与乡村办学的尝试，补充了政府单一办学存在的不足，优化了社会资源投入。同时，社会力量的引入缩短了乡村小学获取社会资源的距离，激发了乡村小学的活力。

中国教育发展的不平衡主要表现为城乡之间的不平衡，与此同时，中国社会存在着巨大的民间资本和人才资本，引领它们支持相对落后的乡村教育，而不是在城市的补习市场中恶性竞争，是我们未来需要不断努力的方向。

案例分享 3.1

"政府委托＋公益机构承办＋企业资助＋本地社区融合"模式下的美丽小学

2016 年 9 月，在楚雄市政府、美丽中国的支持下第一所美丽小学落地，办学资金由上海分众传媒支持，因此更名为分众美丽小学，地点位于楚雄市冬瓜镇兴隆村，美丽小学项目落地是要回应乡村学校怎么办、培养什么样的人的问题。由美丽小学项目的总设计师康健教授担任第一任校长，美丽小学项目落地于乡村，目的是从最边缘，从最草根处，以最接地气的方式来探索乡村教育怎么办、乡村学校怎么办的问题。

分众美丽小学的成立，是一大创举，"突破农村现有单一公办体制的办法，是吸引更多的社会资源用多元的方式到乡村办学"。[①] 由政府委托公益组织全面承办一所公立学校，以企业资助办学的形式，形成政府＋教育公益组织＋企业支持的三方合作模式，是一种吸引更多社会资源到乡村办学的尝试。这是一种大胆的尝试和创新，也是当地政府对"办人民满意的教育"，特别是农村小规模学校办学的一种实践和探索。

2017 年 9 月，在巍山县政府、美丽中国的支持下，第二所美丽小学在大理巍山县落地，学校坐落于巍山县城边上的瓦窑村，地处城乡接合部，其前身是新平小学，是一所典型的农村

---

① 康健 . 走向最边缘，沉到草根处——滇、川、甘乡村教育调研分享［J］. 中国教师，2016（15）：5-9.

寄宿制乡村小学。有了分众美丽小学的样板，美丽小学项目也以政府委托办学的形式，由美丽小学项目办学团队全面承办新平小学，将新平小学更名为新平美丽小学，公办性质不变。

自此，分众美丽小学在探索农村教育最优路径、办好人民满意教育的实践之路上又多了一个同路人。新平美丽小学与分众美丽小学有很多相似之处，一是办学团队成员，基本都是美丽中国支教项目教师，年龄结构年轻，平均年龄不超过 30 岁，人员学历高，绝大多数是国内名校毕业，也有外国留学归来的，有研究生，也有博士。二是两所学校办学理念一致：生活即学习，学习即生活。三是政府委托办学，教育公益组织全面承办。四是都是农村寄宿制学校。

新平美丽小学成立之前，新平小学共有学生 188 人，教师 14 人，平均年龄 50 岁以上，学校还有一个分校点，距离主校区 5 千米左右，是一个只有一年级的小校区。学校辖两个村委会，18 个自然村，服务约 4000 人口，70％以上是彝族，学校也以彝族学生为主。本地大部分年轻人外出务工，留守儿童约占学生人数的一半。学校的学业成就在本地处于靠后的位置，办学挑战较大。留守儿童多，教学效果不理想，教师年龄偏大，这些也许是农村小学都面临的主要问题和困境。

2017 年 9 月新平美丽小学成立后，也面对着留守儿童多、教学效果不理想的困难，但困难不止于此。一是仓促上阵。办学之初，美丽小学办学团队面临的最大问题便是仓促上阵，缺少校长。新平美丽小学从项目的提出到最后的落地，基本只用了一年左右的时间，而校长在这一年时间里始终无法敲定，带领这么一个年轻的、缺少办学经验的团队，需要一个有经验、能认同美丽小学理念的执行校长。最后由担任楚雄分众美丽小学执行校长王珂挑起了代理校长的重担，两个相隔百里的学校，同一位校长，可以想象工作的不易。庆幸的是学校建设前有分众美丽小学的借鉴经验，后有本校管理团队承担起了很多学校行政、决策方面事务的条件，学校正常开学，各项工作得以正常运转。

二是本地政府对办学的观望与疑虑。由年轻的团队和社会力量承办一所公立学校，对本地教育主管部门、社区、其他学校来说，是一件新鲜事物，往往也带着观望的态度。对于教育主管部门来说，他们的疑虑在于，这一群年轻人能不能留得住，能不能教得好，能不能把学校的成绩提上去？同时也有传言，有的人把老师看作来支教的志愿者，有的人认为是因为企业的高工资来的等。这些疑惑、传言在一定时期内也影响着社区、本地政府对学校的态度。但幸运的是美丽小学办学之初，中心校、教体局对学校办学高度关注，表现出积极支持的态度，学校教学方面，中心校教研员、教体局教研员也积极到校指导教学工作，促进教师尽快适应学情。在进行教学指导的同时，上级主管部门给予了较为宽松的办学空间，在学校办学方面不主动干预，在适当的时候予以必要的指导。办学初期，因为中心校、教体局的积极指导，美丽小学与教育主管部门建立了较好的联系，2017 年美丽小学教师还参与了地方教材《经典诵读》的编写。总的来说，地方从政府到教育主管部门在教学上给予的帮助和指导，政策上给予的相应宽松的办学空间对美丽小学办学团队是一种鼓励。美丽小学能落地巍山，也体现了政府借此推进乡村教育发展的决心。

三是办学方面缺少系统指导，摸着石头过河。对于美丽小学办学团队来说，最大的困难来自大家都只有两三年的教学经验，办学对大家来说完全是一个陌生的领域。办学之初，学校管理团队借鉴了分众美丽小学的办学经验，结合原来学校用的一些管理、运营制度，完善了学校的管理制度、教学制度、后勤制度等，创立了有特色的校本课程，如生活家课程、兴趣课程，活动方面除了六一儿童节、美丽集市、家长开放日，还创设了数学节等有特色的节日。此时的办学工作，仍然是按照团队的设想进行的，通过具体的教学开展、活动举办等来诠释"生活即学习，学习即生活"的理念。整个办学团队也试图更系统地开展办学工作，厘清生活与学习的关系，试图把学习融入生活，生活融入学习，其中也做了很多尝试，如开展基于项目的学习，建立代币制激励系统等，但最后都不得不停止试验，现在来探究其原因，一方面是对学情不够了解，对本地实际情况没有深入了解，高估了学生学习的信心与信念，与家庭的连接还不够紧密，对学生的生活环境不够了解，未能很好地结合学生的生活。另一方面是学校办学系统性不足，教学、生活、学生在校管理等方面的内在协同机制不完善，很难支撑起这类综合性的项目。这些尝试也正体现了美丽小学存在的价值，学校的各种试验、很多思路都来自城市学校先进的办学理念和思路，但这些好的思路和理念拿到农村，来到乡村小学就"水土不服"，乡村有其独特的现实情况，"拿来主义"显然并不能完全适用，虽然地处乡村，但还需做到"走向最边缘，沉到草根处"。

四是学业成就的困境。教学是学校办学的核心，学业成就的好坏往往决定着外部评价。新平美丽小学作为公立体制内学校，学业成就的评价也是评价学校办学成果的重要指标。对于美丽小学项目来说，学业成就只是评价学校办学工作的一个维度。新平美丽小学办学的第一学期，整体学业成就落后镇平均成绩近20分，第二学期有所进步，但仍然离镇平均成绩有较大距离。老师很努力，但学生成绩上不去，很多老师觉得气馁，甚至有些憋屈。但现实是如果学业成就不上去，其他方面再好，也很难说得清楚办学的优势，这是美丽小学绕不过去的一道坎。要想解决学业成就方面的困难，除了教师的教学技能、教学能力需要提升，还需要帮助学生养成良好的生活习惯，提升将学生身心的健康转化为学业成就进步的能力。这些问题涉及办学最优路径的问题，也是办学团队一直在探索的问题之一。这些办学的困难，往往也是机遇，碰到困难说明学校的办学工作正在有效推进，积累了办学经验，也给了学校成长嬗变的机遇。

一、一元到二元——从新平小学转变为新平美丽小学

美丽小学在办学模式上，从一元走向二元，从政府单一办学走向政府＋教育公益组织的模式，由教育公益组织全面承办，政府在其中托底，起到把握方向、政策支持、多元治理的作用。美丽小学是政府、专业教育公益机构及企业联合办学的一种创新模式的实践，是一种发挥各方优势的合作办学模式。新平美丽小学特别的办学模式决定了学校办学的开放性，开放办学必然会促进办学内涵的丰富和多元，多元力量的办学模式自古有之，但这种多元更多地是来自学校自身生存的需要，在新时代，这种多元更体现在创新和本身使命的重塑。

新平美丽小学在办学过程中，学校不仅要完成国家规定的"必修课"，还需要推进作为乡村文化中心的使命，发扬本地优秀传统文化，启迪新一代重新认识乡村的价值，塑造新一代的乡土意识，培养乡村振兴的新时代人才。美丽小学在开齐、开好国家课程的基础上，开发迭代学校特色课程，目前美丽小学的特色课程有社团、阳光大课间、生活家课程。

为培养学生的兴趣，学校办学至今累计开设了 57 个社团，涵盖了美术、体育、舞蹈、科技、博弈、文学六大类。目前学

校社团的开设方式有三种，第一种是由美丽小学的教师担任社团指导老师，美丽小学的教师爱好广泛，学生也因此大大拓展了见识面、培养了兴趣、提升了技能，但随着办学的深入，这种方式的问题也逐渐凸显出来，教师特长的有限性不足以支撑学生的兴趣发展，尽管美丽小学的教师也在不断学习与成长，比如非洲鼓社团就是申请了华唱基金会的课程资源与设备，师生共同学习，但是教师成长的速度赶不上学生日益膨胀的需求，于是第二种方式就随之产生了。第二种是由巍山本地艺术家来校开设社团，在此种方式下，学生既可以得到更加专业的支持，同时也有助于了解本地文化，学校目前开设了古筝社、书法社、彝族打歌队、合唱团、篮球队 5 个社团，这得益于学校良好的本地关系及本地艺术家们的大力支持。第三种是由哔哩哔哩视频网站（以下简称"B 站"）网络博主作为指导老师开设社团，网络博主提供线上课程，美丽小学教师在线下辅助，"咔嚓咔嚓摄像小组"就是在 B 站和网络博主联合支持下开设的，这是一种有效结合 B 站资源和学校需求的创新课程方式，此种方式还在摸索阶段，故现阶段只开设了一个社团。从社团课程中可以看出，美丽小学在努力地整合本地资源与网络资源来支持学生成长，这是美丽小学的独特优势，也是未来学校的发展模式，学校集社会力量与网络资源来支持办学，也给社会输送优质人才，促进社会发展。

阳光大课间以增进学生体质为出发点，同时不断优化，为学生带来更多价值，目前有彝族打歌和跳绳两种形式，每周二、周三是彝族打歌，传承彝族传统文化，增进学生的文化与身份认同，每周四、周五是 10 人 8 字长绳，通过团体跳绳既能提升学生身体灵活性与协调性，又能培养学生的竞争意识与合作能力。

生活家课程也从 1.0 走向 2.0，生活家 1.0 主要围绕生活技能、社会情感学习、性教育三大板块。生活技能培养主要在低年级开展，帮助学生养成良好的卫生习惯。性教育主要在高年级开展，帮助学生树立正确的性别观念及学会自我保护。社会情感学习贯穿整个小学阶段，帮助学生认识自己，学会正确与人相处。生活家 2.0 依据国家劳技课程标准，低年级以个人生活起居为主要内容，开展劳动教育，注重培养学生的劳动意识和劳动安全意识，使学生懂得人人都要劳动，感知劳动乐趣，爱惜劳动成果；中高年级以校园劳动和家庭劳动、手工技能、公益服务为主要内容开展劳动教育，初步养成学生热爱劳动、热爱生活的态度。学校在村委会和家长的支持下，在校区旁边的鱼塘旁承包 1.8 亩地作为劳动基地，各班聘请家长作为指导教师，根据各班实际情况开展种植体验。比如向阳班种植玉米，学生会经历耕地、播种、施肥、浇水、除草、收获的完整过程，最后会把玉米制作成玉米粑粑，师生一起品尝劳动的果实。通过学生的亲身劳作，既能培养学生吃苦耐劳的精神，又能让学生体会父母劳作的辛苦，这也是我们一直在践行的教育信条——讲一百次道理不如学生亲自做一次，在实践中学习。

同时学校会主动引进外部优质课程资源，学校引进的课程资源包括："一公斤盒子"的阅读盒子、交通安全盒子，日慈公益基金会的"心灵魔法学院"课程，"是光"团队的诗歌课程，华唱基金会的音乐课程包，众智科学启蒙项目的编程课程等。鉴于 B 站有丰富的学习资源，也可以利用 B 站上的课程辅助教学，尤其是艺术课程。B 站开发的网络安全课、卫生课互动性强、趣味性高，深受学生喜欢。由 B 站博主参与的职业认知课，帮助学生们重新认识了各类职业……

自美丽小学成立以来，县教体育局及中心校领导一直很关注美丽小学的发展并给予大力支持，尤其在教学成绩、安全、卫生等方面，多次来校视察学校工作，并提出切实有效的指导建议。同时针对美丽小学教师教学经验不足的情况，为每一位新教师安排一位本地教学经验丰富的老教师作为导师，老教师通过听评课、检查作业批改情况、分享教学技巧等方式，促进美丽小学新教师提升教学能力。2021年1月，程哲任美丽小学新校长，原校长康玉成调到中心校任职，负责美丽小学与本地学校的联动工作，从组织架构层面进一步推动美丽小学教师与本地教师的融合。2021年9月开始，美丽小学管理团队主动走访中心校下属其他学校，比如参访自由小学与河西小学，学习宿舍管理模式；参访系马庄与鸡碧小学，学习教学教研制度；参访文华幼儿园、文献幼儿园，学习校园文化建设等。同时美丽小学也主动邀请本地学校来校交流，比如为民小学语文教师来校开展联合教研，邀请河西小学等学校来校参看六一文艺汇演，邀请周边三所学校来校参与数学节。

通过与本地学校的交流，既能帮助美丽小学教师学习一些好的教学方法与办学经验，又能推广美丽小学的办学成果。随着与本地学校的交流愈加深入，交流形式也更加多元，主体从教师拓展到学生，内容从教研拓展到活动，形式从参与到共创，如美丽小学与民主小学开展篮球友谊赛，与文笔小学共同举办语文节，与新村、和平幼儿园开展幼小衔接活动等。2023年8月，原新平小学两位教师回到美丽小学任教，以他们为媒介，美丽小学教师与本地教师有了高频次与多方面的交流。未来将会有更多本地教师回到美丽小学，美丽小学将逐渐承担起本地教师的培训工作，让美丽小学的理念影响更多本地教师，进一步推进美丽小学项目与本地的融合。随着美丽小学影响力的扩大，越来越多教育同行关注到美丽小学，并来美丽小学实地参访。2021年4月，杨东平教授与21世纪教育同行来访调研，肯定了老师们的付出与美丽小学办学成果，也对美丽小学办学提出期待："希望美丽小学可以总结出一套可复制性的办学模式，未来能惠及更多乡村学校。"

几年下来，学校办学经历了观望与怀疑到接纳与期待，办学逐步稳定，在内涵上从新平小学逐步过渡为新平美丽小学，也进一步证明了政府＋教育公益组织合作办学的可行性。

二、二元到三元——从新平美丽小学迈向哔哩哔哩美丽小学

在乡村，办人民满意的教育，满足多样需求、促进公平、提高质量不是某一方的责任，而是多方协同努力的结果。

2019年，B站每年捐赠200万元用于支持新平美丽小学的办学探索，新平美丽小学更名为哔哩哔哩美丽小学。B站的这笔捐赠无疑给办学团队打了一剂强心剂，因为资金问题一直是悬在美丽小学办学头上的一把"达摩克斯之剑"。

办学的前两年，新平美丽小学的办学资金主要由政府及美丽中国提供，其中政府每年拨付办学资金102万元，美丽中国每年提供学校办学资金230多万元。对于美丽中国这样一个公益组织来说，230万元是一笔不小的开支，这也给办学的可持续性带来隐患。B站的支持，形成了"政府＋企业＋教育公益组织"稳定的三角结构，增强了办学的可持续性和稳定性。

这种结构发挥了三者各自不同的优势：政府产出公共政策，为学校提供良好的办学空间，教育公益机构提供管理人才，企业提供资金支持，形成良好的协同机制，共同促进乡村小学办学。新平美丽小学的办学，从二元迈向三元，办学更稳定。同时这种结构也在一定程度上减轻了政府办学的负担，同

时社会力量引入缩短了村小获取社会资源的距离，激发乡村小学活力。这种三元结构也引导社会资源"走向最边缘，沉到草根处"，社会资源更多地从"救济、补缺"转向乡村教育的探索创新，让社会资源更有效地推进乡村教育的发展。

三、三元到多元——从哔哩哔哩美丽小学到哔哩哔哩美丽社区

从发展趋势来看，美丽小学办学模式从一元走向二元，再迈向三元，在未来，必然会迈向多元，即"政府＋社会公益组织＋企业＋本地社区……"乡村小学是乡村文化的继承者和发扬者，这一点在哔哩哔哩美丽小学的办学中也逐渐表现出来。

通过家庭推进学校深度融入社区，从家庭层面推进家庭对学校的理解和支持。例如，通过家访直接向家长传递学校办学理念、家庭教育方法和策略，深入了解家庭情况，通过家庭深入挖掘本地文化资源，如打歌传承人、耕种能手、手工艺人、名士等，通过充分调动资源并将其引入学校，形成特色的校本课程。这既能使学校进一步融入乡土，又能"在精神层面影响学生对农村文化的认知，帮助他们认识到农村文化的本质内涵，起到潜移默化促进学生文化认同感形成的作用"[1]。

在此基础上，加强村校关系，结合本地资源，促进学校文化中心的生成。学校是村落的学校，服务主体是本地村民，学校办学要兼顾本地村落的实际情况，如基本的经济情况、人口情况、文化水平、传统习俗等。学校所辖的两个村的村民主要是彝族，村民中初中、小学文化人口占60%以上，外出务工人口约占50%，本地是南诏第一代王细奴罗的躬耕之地，有深厚

---

① 周杰. 农村学校文化认同教育的失落与路径重构 [J]. 教学与管理，2023（27）：42-46.

的历史文化资源，本地的非物质文化遗产有彝族打歌、扎染……学校每个月都会拜访村委会，了解社区情况，调研社区存在的困难和问题，同时向村委会介绍学校办学进展，孩子在学校学习、生活的情况，听取村委会关于学校办学的意见和建议，这一方面拉近了和村委会的距离，另一方面也使办学更接地气，把学校放在乡村建设同路人的位置上，认同乡村文化，更好地挖掘乡村资源，促进社区对学校的认同，促进乡村文化建设。

办学六年来，社区与学校的关系变得融洽，学校联合村委会，利用党员活动室，通过社会捐赠的形式建立起三个乡村图书室，丰富学生和村民的文化活动。另外，为推进劳动教育，由村委会出面协调，学校租用本地农户土地，成立美丽小学农场，同时，学校通过在本地举办冬、夏令营的形式，推进本地的旅游宣传等。村校关系的推进，"有利于农村文化资源与学校生活联系，形成农村文化的共同体，将分散的资源以一种整合、直观的方式呈现在学生面前，帮助他们更好地与农村文化共处，构建真正意义上的农村文化生活"。[1]

从哔哩哔哩美丽小学的办学历程看出，学校的办学是一个社会各方力量逐步参与的过程，从一元到多元，也反映了社会对农村教育的关注。哔哩哔哩美丽小学这种"政府＋公益组织＋企业＋本地社区"的"多元主体协同办学"的方式弥补了政府单一办学存在的不足，优化了社会资源投入，促进社会对农村教育新的认知，这是一个可以充分进行探索的推进农村教育优化发展的重要方式。

然而，2023年美丽小学因"美丽小学"项目协议到期及基

---

① 周杰．农村学校文化认同教育的失落与路径重构［J］．教学与管理，2023（27）：42-46.

金会对项目方向的调整，不得不终止办学。好在由于多方努力，由另外一家资深基金会承接并在原美丽小学项目的基础上进一步优化运营。优胜劣汰是任何行业发展的动力，要使社会组织具有可持续发展的能力，需要考虑成本和效益，需要不断追求效率和创新，以促进其健康有序发展。

（作者：美丽小学校长康玉成、程哲）

案例分享 3.2

哔哩哔哩美丽小学"家校社"协同教育实践

哔哩哔哩美丽小学（以下简称"哔哩美小"）以"生活即学习，学习即生活"为办学理念，希望通过挖掘更多本地资源，发挥乡村优势，办好乡村教育。因此，学校与社区、家庭的合作尤为重要。自创校以来，哔哩美小逐步融入社区，扎根社区，推进家校社合作，在三方共同努力下，终于积累了一些实践成果。哔哩美小的家校社合作可以归结为三部曲：第一部是向家长等村民学习，深入了解社区，扎根社区；第二部是增进家校社交流，带领家长们一起学习、一起进步；第三部是结合本地实际需要，推进家校社合作，共同做项目，促进社区教育发展。

一、家访，向家长等村民学习，深入了解社区，扎根社区

哔哩美小的家访主要有两种形式：集体家访和自主家访。每个学期，学校会组织集体家访，集体家访就是全校老师去一个村庄，先请村干部或家长介绍他们的村庄，并提出他们对学

校的期待，接下来和他们一起分散到各班学生家进行家访。这种形式会让社区成员感受到学校对社区的重视，感受到被重视，社区也会更加支持学校工作。2023 年 5 月，学校组织了第 7 次集体家访，本次集体家访的范围主要是学校附近的几个走读生村，至此，哔哩美小就完成了对辖区内 2 个行政村共计 18 个自然村的一轮完整的集体家访。

自主家访一般是以班级为单位，老师们自己安排时间去家访。老师们去家访主要了解学生在家的生活情况，以便更加全面地了解学生，也更理解学生在校的学习表现。通过家访，六年级的李老师看到很多学生在家都没有自己的书桌，甚至没有自己的床，还和长辈挤在一起睡。于是李老师申请了 B 站的快乐奖学金，开展了家庭生活空间改造项目，给家长讲解学生拥有独立空间的重要性，并且通过项目式的设计，让每位学生自己写申请书、设计房间装饰、控制预算、线上线下对比挑选家具，最终实现每位学生都有一张独立的床和书桌。相比于城里的学生，这可能是乡村学生更现实的学习与生活情况，正是看到这种现实，老师们也愿意和学生们多一些生活上的接触，多一些接触，便会多一分理解，就多了一分爱的教育。通过家访，老师们不仅增进了对本班学生的了解，还与家长建立了更深的信任关系。除了解学生及其家庭情况外，学校还鼓励老师们多了解社区资源环境等信息，以便挖掘本土资源，为办学创新做准备。

二、增进家校社交流，带领家长们一起学习、一起进步

学校的所有活动均是家长开放日，都欢迎家长参与。除了校级活动，各班也会通过多种方式让家长参与班级建设，比如小轩爸爸给二年级教室免费制作了放篮球和笛子的置物架，小蔡爷爷给三年级的劳动基地耕地，小涵父母协助老师参与昆明游学，正是通过多种多样高频次的交流，家长们对学校的工作越来越认可，也尽可能提供力所能及的帮助。2023 年 5 月，学校想把二平台的绿化带改造成多肉植物角，家长们纷纷出力，有的带土，有的带化肥，有的带了一箱多肉植物，有的来学校帮忙耕地。绿化带的改造也是家校工作的一个缩影。

为了加强家校社沟通，促进家长、老师、学校和社区之间的交流，让家庭与学校形成教育合力，为孩子创造良好的教育环境，以促进孩子全面发展，我们成立了家长委员会。家长委员会不仅是家校社沟通的桥梁，也能代表家长更深度地参与学校的办学，为学校的发展出谋划策，出智出力。与此同时，学校还开展了家长进课堂活动，一种方式是邀请各有所长的家长来学校给同学和老师们分享各种各样的生活知识与技能；另一种方式是邀请部分家长，一起听课学习，探讨孩子的教育问题。正是因为家校交流越来越多，家校之间越来越信任，家校共建支持学校发展，家校工作形成一个良性的循环，小循环逐步演变成大循环，家校共同呈螺旋状生长，建构出更加良好的教育生态。

三、结合本地实际需要，家校社合作，共同做项目，促进社区教育发展

经过几年的发展，哔哩美小充分利用各方资源，针对实际遇到的问题，集合学校、家庭、社区三方力量，开始一起做社区项目，即乡村少儿空间项目。

为了让孩子们假期在家也能拥有良好的学习环境和丰富的文化娱乐生活。近两年来，学校开始在村里与家长和社区合作开展"乡村文化空间"打造。乡村文化空间目前共包含两个部分，一是乡村图书馆，二是乡村运动场。

2021 年 10 月，在村委会的支持下，家校共建了第一个乡村图书馆——范家村图书馆。建设图书馆是为了改善孩子们假期时的学习环境，丰富孩子们的精神生活，促进同村孩子之间互相交流和学习。图书馆开放后，也遇到过一些管理问题，比如值班家长权威不足，学生不会安排自习时间，后期容易倦怠等。令人欣喜的是，家长们遇到这些问题后，并不是茫然无措，而是会互相讨论、想对策。比如为了调动学生自习的积极性，何伟涵妈妈提出，可以在每次自习最后，评选 3 位优秀学员，每周期结束后给每个组得票最多的 3 位同学奖励。图书馆开放前两周，学校老师会过去协助管理，再往后，则逐步放手。如今，不需要任何老师过去，图书馆也能在家长的管理下顺利运转。只有家长们能够坚持参与管理，乡村图书馆才能长期开下去。

同年，受邀参加美丽世界年会时，程哲校长代表哔哩美小分享了一些办学经验，其中乡村图书馆的项目受到很高评价："This is amazing! It's very rare for a village school to engage with the community besides a parent meeting.（真是太不可思议了！很少有一个乡村小学会在开家长会之外，还与社区进行此般融合）。"

2022 年 8 月，哔哩美小向 B 站申请了快乐奖学金项目，获得了两万多元的资金支持以建设乡村图书馆。当时的计划是新建阴箐和新村的图书馆，改善范家村图书馆。对于阴箐图书馆的建馆故事，很是感人。阴箐的党员活动室 2022 年 3 月才建好，因为资金不足，到 8 月份时，党员活动室里还很简陋，地面只是坑坑洼洼的水泥地，灰蓬蓬的。但是一听说要建图书馆，阴箐的家长们非常积极，从幼儿园到初中共 40 多个孩子，按每个孩子出资 200 元的标准，阴箐的家长们在短短一天之内就筹集了 8000 多元，并且在一个月之内，给党员活动室铺好了地砖，新开了扇窗户，安上窗帘，并且换上了明亮的电灯。完成了这些硬件改造，我们便去采购书桌椅子书架，清理书籍。所有采购的物资，也都是家长们自己开车到城里拉回去的。在筹建图书馆的过程中，有一位家长的表现特别突出，阴箐图书馆的资金筹集、硬件改造和物资拖运都是他主持做的，后来我们便聘请他担任图书馆馆长，到现在阴箐图书馆的运营都由他负责安排，不需要学校再操心。

三个图书馆根据本村学生和家长的情况，管理模式也略有不同，以阴箐图书馆为例，学校聘请小娇爸爸担任图书馆的馆长，负责图书馆的管理和监督工作；又聘请初三的小祥同学担任司书长，负责安排平时的值班同学和日常管理；同时还聘请哔哩美小教师作为图书馆的指导老师，负责指导图书馆的管理，不定期组织一些阅读活动。总结起来，我们已经开放的三个图书馆分别采取了三种值班运营模式：范家村图书馆因为在家的家长比较多，采取家长轮流值班制；阴箐图书馆因为绝大多数孩子的父母都外出打工，他们就专门聘请一位家长负责每周六上午的开馆值班，每次值班支付其 60 元钱的报酬；新村图书馆因为孩子人数较少，年龄最大的几个初中生又相对比较优秀靠谱，就尝试了大孩子轮流值班的方式。

乡村图书馆开创了家校合作的新局面，通过创设环境、改变学生、提供资源、影响家长，多方位地改善社区教育氛围。具体来讲，乡村图书馆的价值主要体现在三个方面。

第一，可以缓解两大矛盾，提升学生假期的学习效果。两大矛盾，即家长谋生压力与孩子教育成本之间的矛盾，以及家长普遍较低的文化水平与孩子逐渐提高的学习难度之间的矛盾。图书馆采取集中式管理，每次开放只需一名家长值班，这既保证了图书馆开放时的秩序和安全，又大大节约了家长监督孩子学习的时间成本，留守儿童的学习也能得到更好的监督和指导。在图书馆自习期间，所有学生混龄分组，以大带小，需要的时候，大孩子可以做小老师。

第二，以图书馆为切入点，可以调动家长思考并参与改善家庭社区教育问题。图书馆每次开放都需要家长值班，对值班家长来说，这是一种身份转换，由单纯的家长变为孩子学习的管理者，这种转换会给家长一个很不一样的视角。DYH 妈妈曾分享到：

"图书室开放到目前为止已经有三周的时间，我也去值过班！感觉周末的时候孩子们还能在这种氛围内学习、看书确实是挺好的……我们农村的家长每天都有很多农活要忙，在周末的时候没有更多的精力和时间去陪伴孩子，以致很多孩子都用电子产品来打发时间！自从范家村图书馆开放以后，孩子们有了一个更好的学习氛围，远离了电视和手机，还拓展了孩子们的课外知识！给孩子们提供了很好的学习平台，这种好处很明显！"

与此同时，XY 妈妈也进行了角色互换，她跟老师说道：

"作为值班家长我觉得我还有很多需要学习的地方，首先我觉得让我们家长临时体验了一把老师的角色，也让我感受到老师们的不容易，毕竟我们才管理这么几个学生都觉得很辛苦，更别说老师们在学校要管理那么多的学生，还要给他们传授各种知识，照顾好学生方方面面的生活，不得不由衷地说句老师们确实辛苦啦！所以我们家长更有义务配合好老师的工作！在值班过程中思考如何更好地和孩子们沟通，让孩子们心甘情愿听你的，和孩子们一起探讨学习之路，也是一种促进孩子和我们家长之间沟通的方式方法！"

当家长们越来越多地参与这样的实践，他们自己的思考就能被调动起来，他们就能想出更多解决问题的办法。只有把家长调动起来，孩子在家庭和社区的学习问题才能得到更好的解决。

第三，乡村图书馆是一个平台、一个支点，能够撬动更多社会力量关注并参与乡村教育问题。范家村图书馆项目筹建以来，有不少村民都表态如果图书馆需要，可以为图书馆捐赠物资。图书馆开放后，范家村村民组长联系学校，说有一个他认识的老板愿意为他们的图书馆捐赠一批书籍，请学校给他们开书单。可以说，乡村图书馆这个平台，给了很多有志于为社区公共事务作贡献的有识之士一个发挥他们力量的机会。

乡村图书馆的成效让我们看到了家长们的无限潜力，为了让乡村图书馆的价值更大化，2023 年 9 月，在新村图书馆附近，我们联合"帆书"品牌开展家长公益课堂，共有 20 多名父母报名，占全校家长的 10%，考虑到有一半家长外出打工，占实际在家的家长的 20%。本次课堂主要围绕构建和谐亲子关系展开，老师结合个人实践经验，分享科学育儿方法，培养家长们良好的育儿心态。家长们提出自己在实践中的困难，也积极表达自己的教育观点，结束后还主动与老师交流心得。此次公益课堂是学校整合社会资源助力家庭教育的一次新尝试，未来学校将引入更多社会力量来改善社区教育生态。

2023 年暑假，我们与重庆市巴川量子学校的一些优秀高中生一起开展了"假期好好玩"夏令营活动，活动的目标就是帮村里设计运动场，他们当时确定了初步的设计方案，接下来便开始募集资金，支持我们在村里修建球场。等球场修建好，学校将组织同学们按村民小组组建村篮球队，然后在我们片区两个村委会组织小型的篮球联赛，可以称之为"美小村BA"。上学期，我们先组织同学们组建球队，重点带他们进行训练，周末和假期他们也能在家自行组织训练。待到下学期，再正式开始组织联赛。2023年9月，我们又向B站申请了快乐奖学金项目。除了打算找机会新开两个乡村图书馆，我们还计划重点修缮或建设乡村篮球场。图书馆是"静"，能够丰富孩子们的精神，篮球场是"动"，能够锻炼孩子们的体魄。只有将"动""静"结合起来，我们的乡村少儿空间才算初步成型。

有了图书馆和篮球场，乡村社区的孩子们假期在家时就能拥有更多的选择，想看书、学习可以去图书馆，想运动可以去篮球场，我们希望利用这些场地和活动，帮助孩子们学习和锻炼身体，减少他们花在手机和电视上的时间。而且，图书馆和篮球场远远不只是图书馆和篮球场，有了这些场地，我们还可以开发更多用途，比如今年暑假，学校和巍山团县委合作招募了5名巍山籍的大学生，请他们分别在阴箐图书馆和范家村图书馆组织了两期夏令营，带孩子们在村里学习和玩耍。未来，我们还希望在周末或假期招募更多拥有不同特长的志愿者到我们的乡村文化空间做活动，让村里的村民也能有更多学习和交流的机会。

建设"以学生为中心的课堂，以教师为中心的学校，以学校为中心的农村社区"是乡村学校发展的必由之路。学校是社区的文化中心，要和家长、社区增进了解与信任，传承本土文化，助力改善社区教育生态。社区是学校的根，社区是学校的力量之源，依托社区，学校才能健康茁壮地成长。

（作者：美丽小学教师刘泉、程哲）

案例分享 3.3

美丽小学到底有什么意义①

一

即使工厂被拆除了，只要它的精神还在，你就能很快重新建立起来一家。

——罗伯特·M·波西格《禅与摩托车维修艺术》

因为与日俱增的牵挂，美丽小学（以下简称美小）团队愈发紧张而郑重地思考着："美小这几年到底能有什么影响？项目结束之后又能如何延续其影响力？"这些思考不只是为了遥远的乡村教育，更是为了眼前的孩子。

这首先便要求，美小不能仅满足于校内日常的教书育人，而是要努力影响整个兴隆村，影响家长乃至村民们对学习的态度、对教育的态度、对生活的态度。某种意义上，其实就是要影响社区的文化。美小项目终有尽头，但美小所推崇的精神和价值观可以继续留在这片土地上，它们可以长远地陪着兴隆村的孩子继续前行。

于是，在美小团队的"野望"清单上，便出现了"成为社区文化中心"这一项，且排在首位。家校工作本是从办学第一天就开始的必选项，主要目的是促进家长支持和配合学校的教书育人工作。但当它升级为"社区文化中心"时，美小与村子合作的目的就变成了共同塑造社区的文化和价值观。也就是说，家

---

① 分众美丽小学团队．在山村里的分众美丽小学［M］．南京：江苏凤凰文艺出版社，2023.

长不再是学校实现目标的渠道，而变成了学校所关注的目标对象的一部分。更通俗地说，家长不是手段，而是人，且是美小的"心上人"。

这既是"野望"愿景，也是正在发生的现实。待到办学第六年，学校所举行的重阳诗会、开放日、毕业典礼等校园活动，已然成为全社区的文化活动。学生的家长会来，学生的兄弟姐妹会来，其他村民也会来，可谓"群贤毕至，少长咸集"。其实，千百年来，乡村学校就是各村的文化中心，即便是在日新月异的今天，许多学校和略年长的老师，也依然在有力地影响着本村的文化和精神。美小希望向这些前辈、同仁学习，在兴隆村重新扮演起这一角色，在后续的办学时光里，更系统、更有针对性地影响社区，将无形不断化为有形，比如在节假日为村民开放校园和相关设施，和村委会合办文化活动，等等。

针对毕业生这一特殊群体，美小又启动了"校友工作"，老师们牵挂着每一届的毕业生，校友们也很乐意和母校保持关系。于是，在第五学年，团队抽出人力，正式开始行动，一方面搭建校友数据库，另一方面系统地开展校友活动。随之而来的，是更多的校友重新回到全团队的视野，日常性的互动也愈发频繁。每年完成中考的校友们，都会在放假的第一天就结伴回到母校，坐在石桌前，和老友们谈谈心事，说说未来。也有不少校友会时不时来给弟弟妹妹们分享中学的见闻与心得，帮助老师整理材料、设计活动，有时还会和老师一起对外分享美小故事。这群年轻人已经在反哺美小，参与合伙办学了。

在与校友的互动中，老师们感到十分愉悦，但真正令人欣喜的，是陆续听到"老校友"表示：要先到大城市打拼，攒够了钱回来开厂，带动村民共同富裕。这个小山村，不再是年轻人想逃离或是无奈留下的地方，而是真正成为他们牵挂的故乡。

这让美小团队有了更多坚持下去的信心，这个学校在影响着当下的兴隆村的同时，也在影响着未来的兴隆村。等项目结束之后，美小的精神和文化仍在，这个村子会继续重视生活，继续给下一代准备"行囊"，助力他们成为"美丽生活家"，而长大后的孩子则会继续给兴隆村带来美丽。循环往复，生生不息。

二

为学日益，为道日损。损之又损，以至于无为。无为而无不为。

——老子《道德经》

"社区文化中心"也并非终点，美小真正期待的，是通过"中心化"来实现"去中心化"，因为团队很清楚，这个项目并不适合长期扮演"中心"。

首先，从时间维度来看，美小走过六年已是超出所有人预期的事情。若再接再厉办满10年，更值得庆祝。只是相较于美丽"野望"，10年依然短暂。何况在日常教书育人之外，美小并无多少人力可以持续、系统、全面地影响社区文化。

其次，时间维度也进一步影响了系统的稳健性。即便美小可以在兴隆村搭建起社区文化系统，以学校为中心，强有力地对学生、校友、家长、村民施以影响，但在项目结束的那一刻，这个系统也会从中心快速崩塌。甚至，美小扮演的角色越重要，崩塌的速度就越快。

更为关键的是，美小团队又如何保证自己所带来的影响都是积极的？事物永远有多面性，当学校在一个系统中扮演起更"中心"的角色时，它的短板也就会变得更加扎眼，那些片面的视角就会被放大，负面作用逐渐凸显。

综上，美小希望通过"中心化"来有力推动系统运转，然后通过"去中心化"来赋予系统多元性，从而更有力地保障系统的强健，同时也激发更多的可能性。

以校友工作为例。在前期，团队会以美小为中心，通过活动将校友群体组织起来。但令校友和母校保持关系仅是第一步，更重要的是，让校友特别是不同届的校友能够建立关系，并有能力和意愿去主动建立更多、更深入的关系。有了新关系，就有了新可能。在这个校友网络系统中，每位校友、每个小群体都是大小不同的节点，每个节点高度自治，节点之间可以自由连接成新单元，任何节点都有可能成为阶段性的中心。各节点携带着美小精神，有着相似的底色，但他们也各有特点和长远发展的潜力。如此一来，这个校友系统会在原有的基础上，重组旧的关联，构建新的内容，动态变化，持续生长，还能通过不同的节点，与其他系统交流互动，从而保持更持久的生命力。

说起来，美小团队的历年成员也算美小校友。当系统完成了"去中心化"，美小团队也就从系统中心变成了节点，等项目撤出之后，老师们依然可以作为节点存在于系统之中。而且，和校友一样，他们也必然同时身处其他系统，甚至创立新的系统。曾经，这群人来自五湖四海、毕业于不同专业，却乐于投入乡村教育一线，并深度参与创新办学。如今，他们有理想、有牵挂、有实践，而且更理解了基层村小、管理者、老师、学生、社区所面对的复杂系统。于是，这群青年教育者，将会以多种形式继续推动乡村教育事业前行，在新的舞台继续实现教育理想。美小不是终点，而是这群人的起点。

三

只要系统结构不变，改变系统中的参与者只是一个低层次的干预方式，除非那个参与者有权利制定规则，并可改变系统的目标。

——德内拉·梅多斯《系统之美：决策者的系统思考》

此时，再回过头看最初的"野望"，格局已被打开，可以类似地探讨美小项目在中国乡村教育界的价值。

2016年创校之初，基于康健老师的规划设计，在东瓜镇中心小学领导班子的推动和支持下，美小项目组的核心成员李国飞便在中心校挂职副校长，与兴隆完小前任校长张成龙一起，以"东瓜镇教育均衡发展示范区办公室"的名义开展相关工作。一方面，为美小牵线搭桥，推动新团队更快融入当地；另一方面，有效促进美小及时与镇内外的兄弟学校和教育同仁分享办学成果与思考。七如，美小团队每学期都会参与全镇校本培训的设计与执行，开展重要活动时会邀请镇内外同仁到现场交流，承接过市教师进修学校的培训，和镇内骨干教师共建学科工作室，等等。

同时，美小也和楚雄之外的全国同仁保持互动，每学期都会迎来若干访客，并受邀外出参与分享和培训活动。即便是新冠疫情期间，也通过在线的形式与外界保持交流。6年来，美小的办学探索得到了多方肯定，成为乡村创新学校的典型案例之一。

所谓厚积薄发，在接下来的办学中，美小团队会输出更多办学经验与实践案例，然而美小团队不满足于此，更不想把类似于"教学活动案例已被推广到了××所学校"这样的宣传语视为影响力的方向。

如果单凭书籍和课程就能有效推动乡村教育发展，那官方及非官方的资源已汗牛充栋；如果单凭"复制粘贴"就能实现有效影响，那教育类项目已琳琅满目。如此一来，乡村教育已经不需要什么新帮助了，美小已经完成了自己的使命。然而，针对孩子的教育不是工业生产，科技再如何发展，手段再如何更迭，儿童的成长不可完全量化。教育从业者需要警惕：莫把"覆盖"当"影响"，又把"影响"当"受益"。

那么，美小团队到底想在业内实现怎样的影响呢？大家不会忘记，之所以能在办学路上坚持6年，是因为幸会了一座又一座"灯塔"，比如陶行知、晏阳初这样的前辈，再如康健教授、杨东平教授这样的导师、专家，又如积极奋战在每一所小规模乡村学校的教育同仁。从他们身上直接学到的知识和技能固然重要，但更为重要的，是因这些"灯塔"而看到的光，在光芒之中，有希望，有方向，有力量。

于是，美小也想成为一座灯塔。它矗立于兴隆村，十年如一日地为这个社区发光，感召着全村，也一次又一次地证明了这个村子有着更多的可能。同时，它也身处一个去中心化的"灯塔系统"，作为节点之一，和其他节点连接，并阶段性地在某些话题上扮演中心角色，构建新的单元。这个系统中的每座灯塔都在向外发光，也在互相感召，整个系统熠熠生辉，在广袤的时空里，传播新的信息，激发新的可能。

曾有昆明的家长造访美小，交流之中坦诚相告：美小的校园布置也好，社区调研课程也好，并非独到的创新，在他孩子所就读的学校里很常见。美小团队将这句话视为激励与肯定，因为美小再次证明了"乡村学校同样可以做到"。对乡村教育来说，最需要的早已不是书本物资，而是一道"光"，以及更多道"光"。

四

世界上只有一种英雄主义，那就是看清生活的真相之后，依然热爱生活。

——罗曼·罗兰《米开朗琪罗传》

在 2016 年创校前后，康健教授曾给团队很多叮嘱，比如，要重视孩子的健康、安全和尊严，要将家长视为贵宾，要扎根于真实的生活……但不为人知的是，他还多次说过，"美小很可能终将是失败的"。那群年轻人很诧异，怎么还没开船，"老船长"就说丧气话了呢？后来，大家切身体会了乡村教育的艰难与复杂，也慢慢理解了"老船长"的深意。和康健教授一样，大家做着必败的打算，勇敢而坚毅地向着"野望"航行。

也许 20 年之后，有一群人走访了若干美丽的村小，每个学校乍看起来各不相同，细看所开设的课程和活动更是百花齐放。但只要多待一段日子，就看出了相通之处：这些学校都关注真实的生活，都有核心办学理念，也都围绕各自的核心办学理念构建了和谐的校园人际关系、设计了配套的课程体系。

再与办学团队交流，能发现更多千丝万缕的异曲同工之妙。比如，办学者都比较清楚自己在设计课程或活动的背后是如何做选择的，也清楚这些选择的成本，而这些思考又有助于下一次的迭代升级。再如，这些学校都和所处的村落社区有着深入的联结，长久地互相影响着。又如，不同学校彼此之间有着惺惺相惜的互动。而且，校内外的孩子与大人都热爱着生活，创造着美丽。

这群人会心一笑，都想起了美小的陈年往事。虽然项目结束了，美小的精神依然在，在兴隆村，也在更广袤的时空。这些精神并非自美小创校而起，在 20 年前乃至更早，这群人决定投身乡村教育；70多年前，康健教授为乡村孩子立下誓言，都是伏笔。这些精神也并非美小团队首创，甚至不是教育领域独有，从神农尝百草到辛亥革命，从黄河长江到美索不达米亚，农夫走卒和先贤哲人都在关注生活，希望生活更好，希望世界更好。在这一跨时空接力中，美小不过是小小一环。

在古往今来无数"火炬手"的努力下，这些精神犹如DNA一般传播、演变，超越地理环境、物质条件与文化背景的限制，在不同的土壤中生发出不同的美丽学校、美丽家庭、美丽组织，构建起复杂而多元的美丽生态。

想到这里，他们庆幸，在这百年未有之大变局，自己既见证了乡村振兴这一时代浪潮的力量，也参与其中，绽放了浪花的光芒。

孩子们在 M 小学的一天[①]

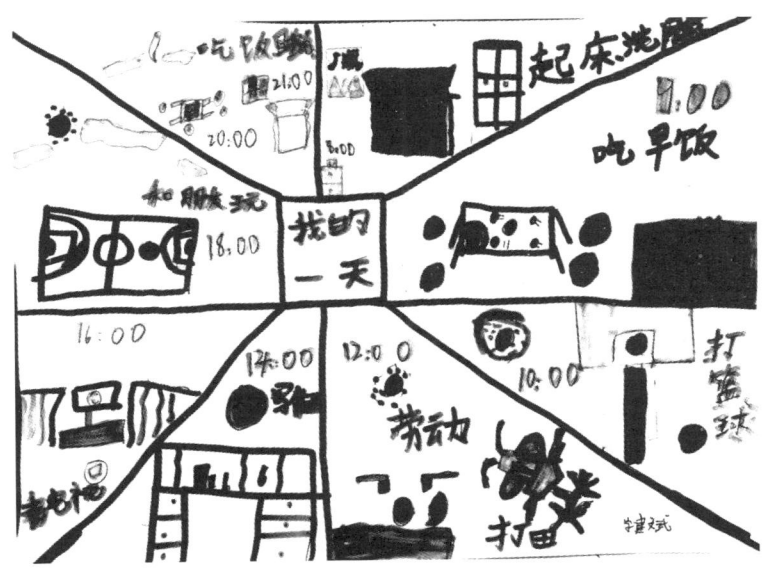

---

① 作者请美丽小学的同学们画出自己的一天，由于篇幅有限，仅节选一小部分作品，有兴趣的读者可以向作者索取其他作品。

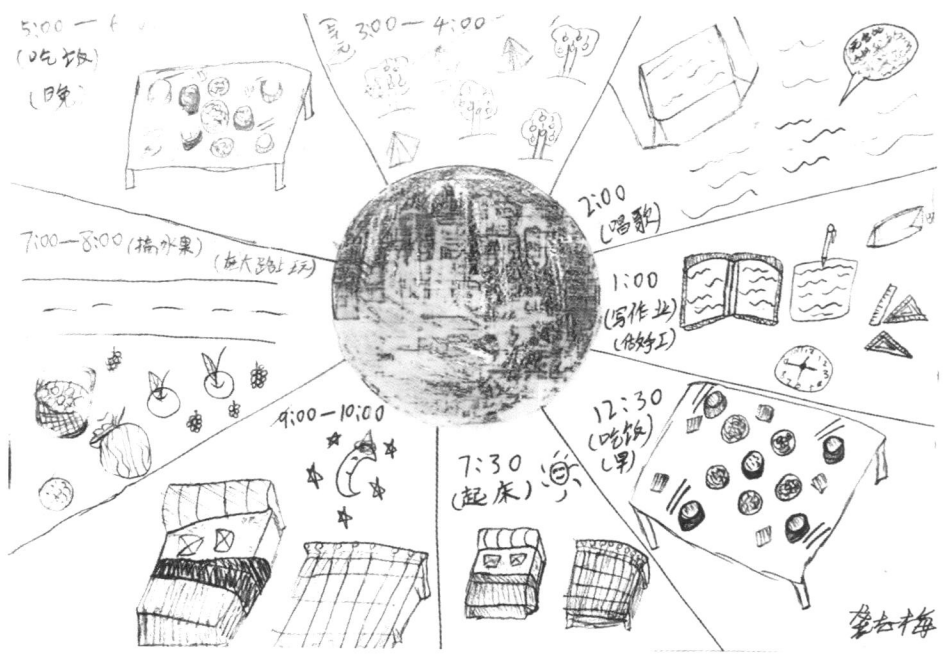

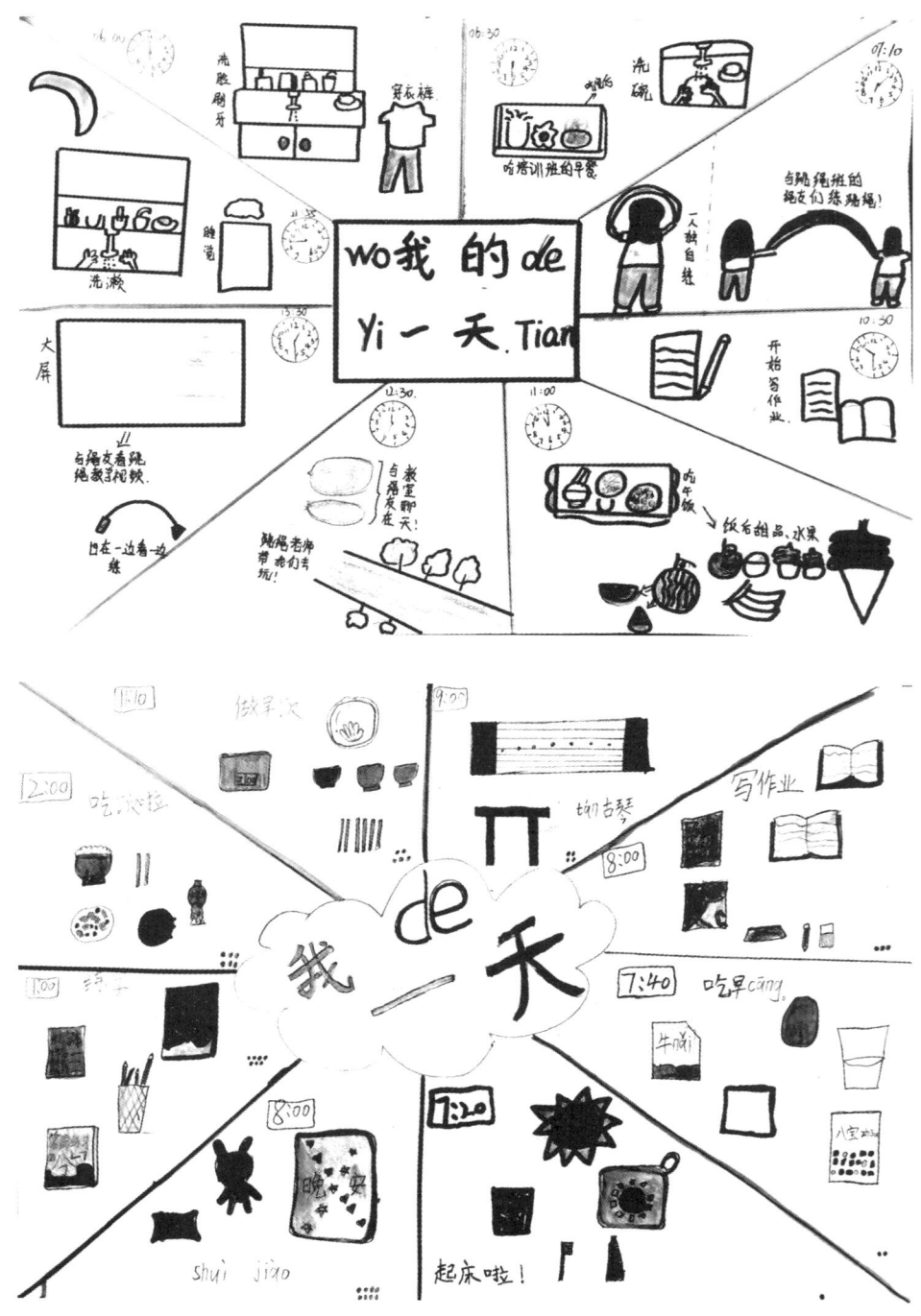

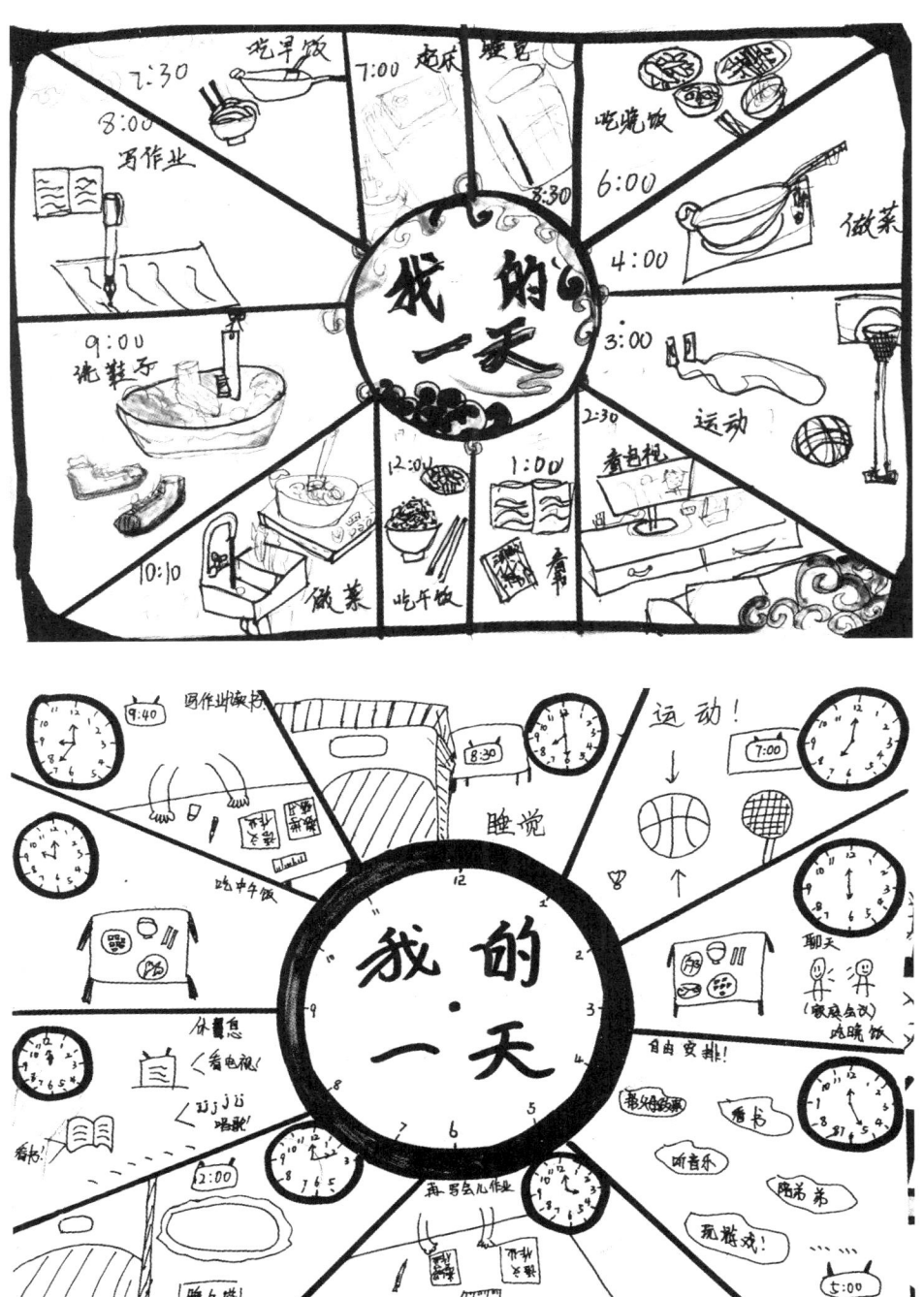

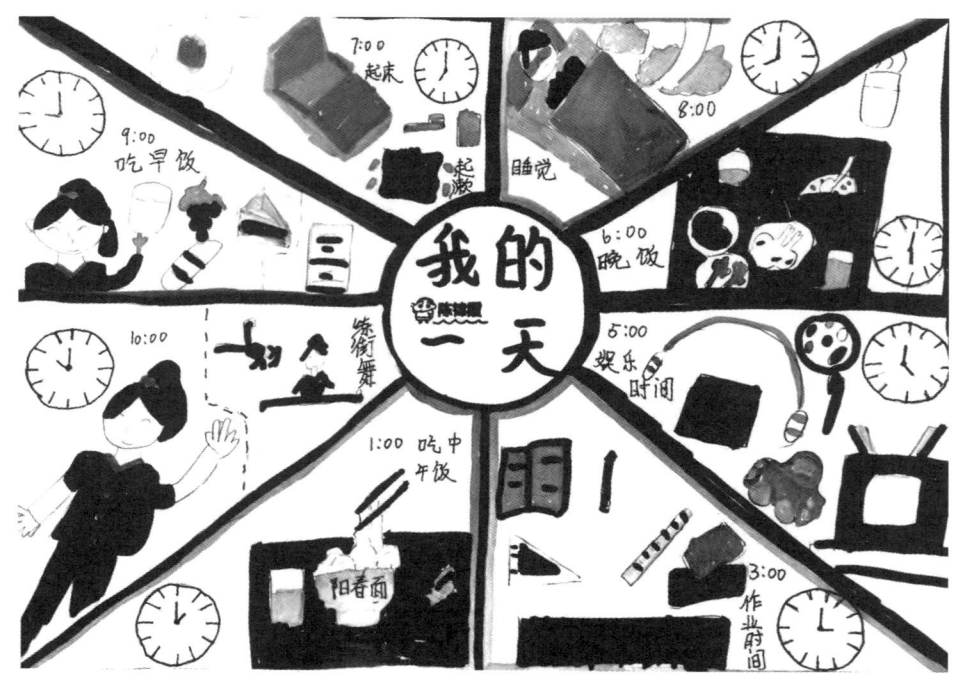

二、 Z教育公益基金会支持下的政社企跨界共建协同教育①

Z教育公益基金会（简称Z公益基金会）于2008年8月4日注册成立，是专注于发展素养教育的公募基金会，现阶段的主要业务目标是提升经济欠发达地区义务教育阶段（1～9年级）的素养教育水平。其核心项目包括"梦想中心""梦想课程"和"梦想引路人培训"。此外，该基金会还办有"梦想教练计划""真爱梦想师范班""爱在边疆""去远方公益研学旅行项目""梦想大篷车""运动梦想青少年体育素养计划""菱计划-传统文化教育赋能行动""慧心计划-青少年心理健康家校共育计划""青少年美育素养公益计划"等计划或项目。

---

① 潘江雪. 有效的爱——真爱梦想公益方法论初探［M］. 深圳：海天出版社，2022.

Z公益基金会在开展项目的过程中，扮演着组织者、服务者、连接者、教育者、倡导者等多重角色，并且积极寻求政府、家庭、学校、社区、企业及其他社会组织的支持和帮助。在推进素养教育规模化的道路上，Z公益基金会联合政府、企业、公益各方力量，合作赋能学校，形成政府（public sector）、企业（private sector）、公益组织（philanthropic sector）和学校（school）四者合作的素养教育共治模式，即PPPS运营模式。

该模式下，各方都以有效提供素养教育服务为目标，发挥自己的优势，促进教育合力的实现。首先，为构建信任和欣赏的政社关系，Z公益基金会主动寻求与政府目标的深度融合，共同推进中国教育生态的变革和发展，如建立由地方政府提供配套资金和政策、社会组织引导捐赠资源、精准切入当地教育需求的双向嵌入模式，成为地方政府的"合伙人"，有效推进Z公益基金会区域运营能力的标准化和规模化进程，为提升公益资产的使用效率提供保障。其次，联动互联网平台、爱心企业等资源，创新筹资与合作模式，同时把捐赠人和受助人都看作客户，进行专业性"双客户机制"管理。再次，Z公益基金会立足于推动中国教育行业的变革，将高质量的专项公益项目与教育生态网络结合，不断向行业内其他社会公益组织输出运营经验。最后，为学校提供在地化协同经验，在课程内容中使用场景适合偏远地区实际情况的例子，将抽象的知识和概念与当地人熟悉的农产品以及生活劳动情境建立连接，并对课程进行建模和测评。

总体来讲，在这一模式中，政府为素养教育提供政策和人力支持，同时为基金会提供专项资金，保障项目落地；企业和社会捐赠人负责提供项目资金和社会资源，资助项目的开展；Z公益基金会作为专业的教育公益组织，负责项目的规划、协调、落地，并不断跟进项目开展情况；作为受益方的学校校长和老师主动参与，负责项目落地执行。其中，Z公益基金会处于网络中结构洞节点的位置，需要深入了解政府的工作系统和逻辑，顺应商业机构的效率节奏，体现本组织对教育领域的专业性，从而真正联结各方，跨越不同网络进行搭桥，对多个网络同时产生影响，实现跨界共治。

（一）汇集多方资源，建设"梦想中心"

Z公益基金会根据项目地区学校的具体情况，联合政府力量及企业、专业空间设计师等社会力量，建设标准版"梦想中心"和移动版"梦想中心"。

标准版"梦想中心"建立在项目学校，亦称""梦想中心""，是一种通过标准化模式，由学校一两间教室改建而成的集平板电脑、图书、多媒体设备于一体的便于互动式课程开展的特殊教室。Z公益基金会受政府支持，进行""梦想中心""的建设，向社会力量寻求资金捐赠，并联合空间设计专家，开发了标准化系统，支持原先教室的改造。在最新版的""梦想中心""里，有多彩童趣情面、智能音响、吸音毛毡、无火香薰、科技创客、益智棋、3D打印、本地录播系统、交互式录播系统、互动答题设备等。这些设备能够为"梦想中心"实现教学过程在线化、智能化和扁平化提供设施基础，也能够为更多学校提供"一校带多点"的双师课堂模式，全面提升教与学的双向舒适体验。

考虑到很多偏远地区可能并不适合建"梦想中心"，且基金会没有能力在所有偏远地区都建"梦想中心"的现实情况，Z公益基金会联合企业共创"梦想大篷车"。"梦想大篷车"也被视为移动版"梦想中心"。很多"梦想中心"的创新课程，如梦想体育活动、机器人课程、VR课程、3D打印等是都通过"梦想大篷车"传递的。"梦想大篷车"是一辆集书架、课桌、平板电脑、投影仪等教学用具于一体，兼具多媒体视频教学、小型图书馆、移动阅览室、流动电影院等多项功能的大篷车。它有着不同的主题路线，如西部行、丝路行、公益新长征、边疆行、神州行、公益行、中原行等，每到一处都会停留2～3天，能够为创意性的互动课堂提供充分的硬件保障，给当地的孩子们带来多节梦想课程和更多现代化、互联网化和多元化的学习体验，给当地带去素养教育的新理念。"梦想大篷车"身负四大使命：一是展示，即进行区域深耕，教育扶智的落地成果展示，助推素养教育发展；二是联结，即借助"梦想大篷车"平台联结政府、社区等各方资源，把家庭教育融入教育生态中；三是点亮，即给孩子们带来丰富课程的巅峰体验，赋能教育工作者，形成素养教育公益嘉年华；四是培育，即把人人公益的理念融入公益项目中，让更多的合作伙伴和志愿者参与。因此，它不仅能够为教育工作者提供更多提升其专业能力的素养教育培训机会，为参与的师生带来更多的素养教育理念，用科技、创新的理念、课程及方法帮助更多的孩子实现有价值的成长，更是一个联结当地教育局、赋能教育工作者、助推素养教育实施以及梦想课程体系落地的公益平台。目前，"梦想大篷车"累计走过了27省93个地区的242所学校，为孩子们带来了561节科创课程、997节梦想课程。在"梦想大篷车"运营过程中，有2628名志愿者及140个地方政府、教育主管部门共同参与。

值得强调的是，无论是标准版"梦想中心"的建立还是移动版"梦想中心"的建立，均需要资金支持。这离不开社会力量的资助，尤其是企业的支持。如，Z公益基金会联合A企业成立专项基金，用以捐建"梦想中心"等。

（二）寻求支持力量，开发实践"梦想课程"

Z公益基金会致力于梦想课程的开发和推广，汇集社会各方资源，设计了素养教育的课程体系——梦想课程，并以"梦想中心"及"梦想大篷车"为场域进行"梦想课程"的实践，获得了其他非盈利机构及企业的资金支持，将这些课程免费提供给有需求的学校。

"梦想课程"的研发需要素养教育专业科研力量的支持。2016年1月，Z公益基金会联合高校科研力量成立了专业的科研机构，在其理事、H 大学课程与教学研究所所长的指导下，将其旗下的"Z 梦想课程发展中心"升级为"梦想课程研究院"。该研究院是一所"专注于全球与中国素养教育研究与'梦想课程'开发的核心科研机构"，"汇聚了国内外顶级的教育专家学者，联结各类教育教研部门、专业机构，包括公益与商业方面的研究力量，共同致力于素养教育的研究与合作，立足于梦想课程的持续创新与系统管理，推动教育生态优化的共创与发展，为一线师生提供有品质保障的课程服务系统产品"。

Z 公益基金会与 H 大学课程与教学研究所合作设计的"梦想课程"遵循"全人教育"理念，以培养全人为目标，以义务教育阶段的 1～9 年级学生为受众，以帮助学生成为"求真、有爱的追梦人"为价值追求，以学生适应社会所必需的健全品格和关键能力为课程建构的主要方向，将合作、体验、探究作为基本的学习方式。目前，该课程正在形成具有三个层次的梦想课程体系，正在建设一个覆盖从广泛实践到专注精华的梯度课程系统。具体来说，梦想课程 1.0 自选体系位于底层，是"素养教育课程超市"，内含 30 门梦想课程，可满足不同地区、不同学校的课程需求；梦想课程 2.0 核心体系位于中层，是基于国内外学生发展核心素养框架而设计的"精品课程套餐"；梦想课程 3.0 特色体系位于顶层，以"梦想力"核心素养研究为基础，致力于培养终身发展的梦想实践家。

此外，为促进"梦想课程"服务的改善，Z 公益基金会成立了 Z 公益发展中心，并在全国建立了线下学校运营服务团队。线下学校运营服务团队也以各种方式帮助一线梦想教师成为赋能者，为梦想课程的开展提供在地服务，同时持续投入人力和物力资源，健全梦想课程在地化运营服务体系。

"梦想课程"的研发还需资金支持。Z 公益基金会获得企业及其他社会力量的资金捐赠，为"梦想课程"的研发提供了物质保障。如，Z 公益基金会与 B 科技发展有限公司合作，以设立专项资金的方式为探索劳动教育与职业启蒙教育相结合的课程产品提供资金支持；Z 公益基金会联合 A 企业成立专项基金，用以研发体育素养课程、培训体育教师、组织体育夏令营等。

"梦想课程"倡导学生、教师、课程及教育空间的协同，能够直接为学生赋能。它重视学生在课堂中的参与体验，开展学生间小组合作的学习模式，摒弃了唯分数论，根据学生的不同特质进行综合的、多样的评价，并帮助学生发展感知与联结、思考与选择、探索与行动的能力，促进其成为一个有爱、求真的追梦者。"梦想课程"遵循儿童发展心理的特点，在不同年龄段的最佳发展区设置不同类型的课程，在纵向上设置了 1～2 年级课程、3～4 年级课程、5～6 年级课程和 7～9 年级课程，在横向上设有求真、有爱、追梦三个内容模块，是一系列融合了问题探究、团队合作、创新创造、环境保护、情绪智能等元素的跨学科综合素质课程。

"梦想课程"也能够通过为一线教师赋能，间接地为学生赋能。Z 公益基金会始终将"梦想课程"的一线教师视为重要的合作伙伴，认为"梦想课程"实施的重要环节之一就是"去发现、关注、鼓励并支持在广袤的国土上，那些有思想、有担当、有职业责任、有热情和梦想的老师们"，并着重培养教师们的教学能力、职业素养能力和社会能力。此外，Z 公益基金会还成立了在地化运营团队，组织课题研究和教学教研活动，以提升课程质量、培养教学能手。C 市 Y 自治县 T 镇 Y 小学的 XM 老师总结了"梦想课程"为她带来的改变：一是把学习的主动权真正还给孩子；二是积极备课，拓宽视野和知识面；三是在反思中总结教学经验；四是赢得外出学习培训交流的机会；五是体验到作为教师的幸福。可见"梦想课程"在帮助教师"重拾专业兴趣、重温了职业幸福"方面的积极作用。作为课程的直接提供者，老师的成长也会对学生的成长起着积极影响。

与此同时，"梦想课程"还可以赋能"学校"。"梦想课程"是一种课程资源。学校可以将这些课程资源纳入校本课程和综合实践活动课程之中，并加以利用，也能够在"梦想课程"的实践中提升教师课程能力，从而为自主开发满足本校学生个性化需求的校本课程奠定基础。

最后，与"梦想课程"相适配的"梦想盒子"，是所有梦想主任、梦想教师、志愿者及Z公益基金会伙伴都可参与的在线"社区"，能够加强参与者之间的联结。在"梦想盒子"里，老师们可以获取课程资源、上传课程视频、分享教学故事等，也能够与全国的梦想教师分享自己的经验和感想，志愿者及Z公益基金会伙伴也可以在这一"社区"展开交流。

（三）重视人力资源，开展"教育人"培训

Z公益基金会利用社会各方力量开展了针对教育工作者、志愿者等主体的培训，试图通过培训这些"教育人"，促进学生素养教育得到更好的发展。

针对教育工作者，包括教师、学校管理层、教育局官员等，Z公益基金会开展了"梦想领路人"培训。其中，针对梦想教师的培训分为一星到五星五个级别：一星梦想教师培训主要发挥激发和动员的作用，即激发梦想教师对梦想课程的兴趣，动员其上梦想课程；二星梦想教师培训的目标是提升梦想教师的提问力、课程教学评价一体化设计能力、观评课的综合素质和能力，培训课程有"提问力""梦想理念"和"如何设计好一节梦想课"；三星梦想教师培训则是以梦想教师自主选择课程的方式，进行线上与线下学习，可供选择的课程有"梦想教练课程""专业能力课程"和"综合能力课程"；四星梦想教师培训要求梦想教师学习进阶课程并进行实践，以帮助其成为梦想课程讲师、专业能力讲师或综合能力讲师；五星梦想教师培训主要发挥表彰和激励作用，即对在学习和实践方面卓越的梦想老师进行荣誉授予工作。此外，针对学校管

理者，Z 公益基金会开设了校长研修工作坊。校长研修工作坊主要以校长、副校长等学校领导为培训对象，其培训阶段依次是校长基础训练营、校长进阶训练营和校长精进训练营。最后，针对教育管理者，Z 公益基金会开设了局长工作坊等，该工作坊以教育局局长、副局长等为培训对象，主要目的是联合教育管理者的力量，促进梦想课程在学校和区域内更好地运营、推广。

此外，Z 公益基金会还注意到了高校大学生等群体，促进这一群体参与素养教育的公益实践。如，在"梦想教练计划"中，Z 公益基金会积极动员大学生志愿者的力量，每年都会招募以师范类、教育学、社会工作、公益慈善等专业为主的大学生志愿者以及跨专业、多梯度的高校群体，促进其在获得自身成长的同时，为孩子们的素养教育贡献自己的力量。目前，累计有 4600 余位志愿者加入支持素质教育的队伍中。

三、　Y 研究基金会支持下的儿童及青少年校社协同教育

Y 研究基金会成立于 1997 年 11 月，由国务院发展研究中心发起设立并领导，是以"支持政策研究、促进科学决策、服务中国发展"为宗旨的全国性、公募型的基金会。

该基金会大力支持中国教育事业的发展，积极与各界沟通与合作。在与外界的交流对话上，Y 研究基金会召开或参与了多项国内外论坛或研讨会，包括中国发展高层论坛、反贫困与儿童发展国际研讨会、中国儿童发展论坛、赢未来：职业教育发展国际研讨会等。在与外界的合作方面，其受政府、公益组织、国内外企业、科研力量及社会捐赠者个人的支持，开展教育相关项目。具体来说，政府能够为项目提供政策等的支持；企事业单位及个人能够提供资金支持或人力、物力支持，科研力量能够促进基金会将实践转变为现实的科研成果，支持基金会的政策研究、实践指导等工作。这在 Y 研究基金会开展的涉及

教育的一些社会实验项目中有所体现。其社会实验项目涵盖了学前教育阶段、义务教育阶段、高中教育阶段三个阶段，包括"一村一园：山村幼儿园计划""慧育中国：山村入户早教计划""乡土村小：农村小学教育质量提升计划""智惠园丁：乡村未来教师培养计划""乡村儿童教育信息化""赢未来：职业教育提升计划""艺启未来"等项目。

对于小学阶段和中学阶段的学生来说，家庭、学校和社会是学生成长的主要场域，Y研究基金会在项目实施的过程中会不可避免地与以上主体产生不同程度的联结，尤其是与学校和其他社会力量的合作和协同程度较深。因此，本书着重介绍了Y研究基金会支持下的儿童及青少年校社协同教育实践，关注其在农村小学教育质量与教育公平的改善方面、职业教育的提升方面所作的努力。

（一）建设联动机制，支持农村小学教育

Y研究基金会积极与政府部门和其他公益机构合作，并协同B高校基础教育质量协同创新中心及自身的全球合作伙伴，积极推动农村小学教育质量与教育公平的改善，开展了"乡土村小：农村小学教育质量提升计划""智能村小：教育公平提升计划"等项目。

1. 开展"乡土村小：农村小学教育质量提升计划"项目

"乡土村小：农村小学教育质量提升计划"项目由Y研究基金会与T志愿服务社联合发起，并在教育局的支持下共同启动。该项目采用"三方合作、优势互补、联合推动"的管理模式：Y研究基金会是项目主办方，负责资源统筹、宣传推广、经费支持；教育局是项目执行方，主要负责政策、硬件及督导支持，设立县级督导、中心校乡镇级督导；T志愿服务社是项目协同方，主要负责平台维护、课程开发、教师培训、线下支持等。

项目直面农村小学教育在师资力量方面存在的师资短缺且教师年龄结构"断层"、教学水平参差不齐的问题和在课程设置方面存在的体音美等非文化课程开设不足、开设不齐、被占用、教不好的问题[①]，以"经济、共创、乡土"为原则，以促进乡村儿童在家乡就近享受较高质量教育为主要目标，希望以教育创新的方式解决农村小学教育质量低的难点。[②] 其主要做法包括以下两个方面：一是创设优美的、利于学生学习的校园环境，包括学校图书馆、农耕区、自主学习教室、乡土文化环境等的打造；二是开设易上手、易出成果的课程，为项目学校提供课程平台、全套教案和多种形式的培训指导。

对于后者，具体来说，在课程设置方面，项目为学校开设了独具特色的"乡土课程"，并按照是否为统考课程的分类标准进行不同形式的授课，在学校每日常规安排的基础上，别出心裁地为学生开展多种校园活动。"乡土教育"课程是"乡土村小：农村小学教育质量提升计划"的核心。该课程立足于国家课纲，将一二、三四、五六年级分为三个梯队进行混龄上课，采用项目式的授课形式，充分挖掘、整合乡土资源，围绕着乡土、家乡等不同主题，融入了乐理、绘画、劳动等元素。[③] 同时，在上课形式上，对于教育部规定的统考科目，项目使用规定教材，按课时授课，并组织学生参加统一考试；而对于非统考科目（如美术、音乐等课程），项目利用这些课程的课时，以轴心课"乡土教育"的课程形式授课。此外，在学校每日常规安排的基础上，学生在早、中、晚固定时间需进行日修课的学习。日修课不仅包含了英语、古诗文的诵

[①] 中国发展研究基金会．中国发展研究基金会启动"乡土村小：农村小学教育质量提升计划"［EB/OL］．（2020-09-01）．http://finance.sina.com.cn/manage/mroll/2020-09-01/doc-iivhvpwy4352044.shtml.

[②] https://www.cdrf.org.cn/xtcx/index.htm.

[③] 中国发展研究基金会．中国发展研究基金会启动"乡土村小：农村小学教育质量提升计划"［EB/OL］．（2020-09-01）．http://finance.sina.com.cn/manage/mroll/2020-09-01/doc-iivhvpwy4352044.shtml.

读，还包括农田劳作等活动。[①] 最后，项目为学生开展多个校园活动，包括校园志愿活动、演讲活动、校园文艺活动等，为学生提供了多个展示自我的舞台和机会。

在培训指导方面，项目对学校教师和校长都会进行培训。项目会对学校校长进行学校日常管理培训，促进项目管理的本土化和项目在农村地区的落地生根；对于教师，项目每周都会召开教研会议，每个学期均会组织专家顾问进班听评课，并会在寒假和暑假对学校教师进行密集培训，以提高其授课能力。[②] 除此之外，还为教师制定了赋能计划，提升其各方面的能力，促进其发挥所长。[③]

"乡土村小：农村小学教育质量提升计划"项目取得了显著成效。以 Z 县 X 小学为例，项目使得该小学的教学质量得到显著改善。"2019年该小学的毕业生在全县小升初统一考试中，语数外三科综合成绩在全镇排名中位列第一，其成绩超越了镇上的中心小学，在全县 82 所学校中排名前 20 名。其中，英语成绩更是取得全县第 10 名的好成绩"。[④] 此外，项目以学生为中心，重视学生养成良好的学习习惯，帮助学生学会自主学习、互相合作，激发了学生的学习兴趣，促进了其综合能力和技能的提升，也使其更加活泼、更加自信。该项目同样使教师和学校受益，促进了教师教学能力和职业幸福感的提升，也致使农村小学的生源

---

① 中国发展研究基金会．中国发展研究基金会启动"乡土村小：农村小学教育质量提升计划"［EB/OL］．（2020-09-01）．http：//finance. sina. cn/manage/mroll/2020-09-01/doc-iivhvpwy4352044. shtml.

② 中国发展研究基金会．中国发展研究基金会启动"乡土村小：农村小学教育质量提升计划"［EB/OL］．（2020-09-01）．https：//finance. sina. cn/manage/mroll/2020-09-01/doc-iivhvpwy4352044. shtml.

③ 中国发展研究基金会．中国发展研究基金会启动"乡土村小：农村小学教育质量提升计划"［EB/OL］．（2020-C9-01）．https：//finance. sina. cn/manage/mroll/2020-09-01/doc-iivhvpwy4352044. shtml.

④ 中国发展研究基金会．中国发展研究基金会启动"乡土村小：农村小学教育质量提升计划"［EB/OL］．（2020-09-01）．https：//finance. sina. cn/manage/mroll/2020-09-01/doc-iivhvpwy4352044. shtml.

逐渐回流。[①] 除了本村，邻近村甚至县城的学生家长也将自己的孩子送至 X 小学接受教育。[②]

2. 开展"智能村小：教育公平提升计划"项目

"智能村小：教育公平提升计划"是 Y 研究基金会协同 B 大学基础教育质量协同创新中心及其全球合作伙伴共同进行的一项旨在通过信息化手段促进西部地区城镇小学、乡镇中心小学、村教学点之间的教育均衡、缩小三者教学质量差距和数字鸿沟的项目。[③]

该项目积极使用现代信息化手段实现城镇优质教育资源的传送，将这些优质教育资源输送至偏远乡村学校，并以收听实时网络视频课堂的形式让偏远农村地区的学生获得城镇优秀教师的课程资源、接受城镇优秀教师的授课。Y 研究基金会与 B 大学基础教育质量协同创新中心及其全球合作伙伴进行协同，在试点跟踪调查的基础上设计了一套以"一师两课堂——远程同步互动教学"为核心的"硬件＋软件＋平台＋教学质量评估"一体化教育整体解决方案，在乡村学校建立了前端资源教室、远端接收教室等，还根据每个农村小学的实际情况，建立了能够就近选择适合配对的前端和远端学校，实现前后端同步授课的智能村小系统。[④] 乡村学生并不是被动的，他们亦可与前端老师和学生进行互动，与城镇学生一起参与课堂互动、回答问题。为促进两校学生的相互融入，提高

---

① 中国发展研究基金会.中国发展研究基金会启动"乡土村小：农村小学教育质量提升计划"［EB/OL］.（2020-09-01）.https：//finance.sina.com.cn/manage/mroll/2020-09-01/doc-iivhvpwy4352044.shtml.

② 中国发展研究基金会.中国发展研究基金会启动"乡土村小：农村小学教育质量提升计划"［EB/OL］.（2020-09-01）.https：//finance.sina.com.cn/manage/mroll/2020-09-01/doc-iivhvpwy4352044.shtml.

③ https：//www.cdrf.org.cn/ncxx/index.htm。

④ 中国发展研究基金会.边境线上的智能村小［EB/OL］.（2020-04-27）.https：//finance.sina.cn/china/gncj/2020-04-27/detail-iirczymi8660383.d.html.

学生的课堂互动状况和学生的课堂活跃度，城镇优秀教师也适当地引入了让两校学生抢答问题的竞争机制。

"智能村小：教育公平提升计划"实施强校带弱校、强班带弱班的模式，致力于打造城乡学校共同体，其步骤如下：首先是以县直小学为核心，使县直小学全面带动中心乡镇学校和薄弱乡镇村学校，然后在此基础上，中心乡镇学校再对薄弱乡镇村学校进行一对一帮扶。[①] 城乡学校之间也会同步课程设置和教研活动，还会以座谈、研讨等方式共享各种创意性学校活动。[②]

目前，该项目在贵州、青海、新疆等地试点后，初见成效，成绩显著。[③] 以新疆J县为例，项目使得J县教育信息化基础设施基本完备、管理运行机制更加完善、义务教育段 iPad 班级配备率提高，也促进了农村小学生学业成绩的提升、认知能力与信息素养的提高。[④] 此外，通过"智能村小：教育公平提升计划"，J县构建出了新的城乡教育均衡模式。如，在统一标准的前提下，J县走出了一条"四互动"交流之路，实现了校校、班班、师师、师生的"四互动"。J县教育系统还全面开展了针对教师的"三帮、三比、三培训"活动[⑤]，"促进了国家通用语言文

---

① 中国发展研究基金会. 边境线上的智能村小［EB/OL］.（2020-04-27）. https：//finance. sina. cn/china/gncj/2020-04-27/detail-iirczymi8660383. d. html.

② 中国发展研究基金会. 边境线上的智能村小［EB/OL］.（2020-04-27）. https：//finance. sina. cn/china/gncj/2020-04-27/detail-iirczymi8660383. d. html.

③ 中国新闻网. "西部农村小学信息化"项目：让乡村孩子看得更远［EB/OL］.（2019-09-20）. https：//news. sina. com. cn/o/2019-09-20/doc-iiczeuu7123026. shtml.

④ 中国发展研究基金会. 基金会团队赴新疆进行儿童发展调研［EB/OL］.（2021-04-13）. https：//www. toutiao. com/article/6950670278699516424/？ log ＿ from ＝ 66b1e1a78a379 ＿ 1664548839313.

⑤ "三帮"，即县城学校帮乡镇学校、汉族教师帮双语教师、普通话水平好的教师帮能力弱的教师；"三比"，即在全县持续开展口语表达、教学论文、教学设计、说课等基础素养竞赛活动，广大教师比普通话水平、比教学基本功、比教学素养；"三培训"，即把少数民族教师根据普通话水平划分为三个层次，分别制定了不同的提升措施和路径，通过"一师两课堂"针对性地开展培训活动。

字教学提标提质"。[①]

（二）加强多元合作，支持中等职业教育

Y 研究基金会受政府和社会力量支持，于 2016 年设立了旨在探索提升中等职业学校学生综合能力、学校教育质量、领导治学理念的"中等职业教育赢未来计划"，从提升学生的专业技能水平和心理发展水平、促进校企合作两方面进行干预。

2020 年，Y 研究基金会加强与各方的沟通合作，将"中等职业教育赢未来计划"升级为旨在提高职业教育质量，培养阳光健康、积极向上的新型技术技能人才的"赢未来：职业教育提升计划"，以进一步探索职业教育质量提升及职业院校师生的发展路径。

2021 年，Y 研究基金会又发起了旨在创新项目合作企业和试点学校的沟通机制，建立起校企合作的综合、共享、高效的平台，促进人才培养供给侧和产业需求侧结构要素全方位融合的"赢未来"校企合作行动计划。该计划的内容包括开展专业培训、技能比赛、课程资源共享、职业生涯导师试点等。在该计划开展前，Y 研究基金会积极开展学校基础调研工作，并召开专家咨询会，邀请教育部门代表、学者、企业专家、学校代表建言献策。此外，Y 研究基金会还联合其他学会共同主办了职业教育相关的国际研讨会，并邀请项目学校校长参会学习交流，了解职业教育领域最新动态。[②]

在项目开展过程中，Y 研究基金会积极对项目学校的校长进行培训，举办了校长培训班。通过建立"赢未来"企业联盟，与企业开展更深入的合作；同时着重于教师能力提升、学生职业能力发展、1＋X 证

---

① 中国发展研究基金会. 边境线上的智能村小［EB/OL］.（2020-04-27）. https：//finance. sina. cn/china/gncj/2020-04-27/detail-iirczymi866038. d. html.

② 中国发展研究基金会. 毕节试验区"农村儿童发展综合示范区"［EB/OL］. ht-tps：//www. cdrf. org. cn/bjsyqn/index. htm.

书试点等。"赢未来"企业联盟重点关注中职学生心理健康、文化知识、专业技能，旨在赋予学生终身发展的能力，培养阳光健康、积极向上的新型技能人才。据评估，干预后的中职学校学生心理健康状况，教师职业认同感、荣誉感都发生了积极变化。

第四章　社会团体支持的家校社协同教育

一、R 公益服务中心支持下的特殊儿童家校社协同教育

随着教育公平观念深入人心和"一体化"教育、"回归主流"运动兴起，普通教育与社会开始向特殊儿童开放，融合教育理念开始产生并不断发展。融合教育可以被概括为一项"回归主流"和"正常化"的运动①。最初，融合教育主要是基于病理学视角，对视力障碍儿童、听力障碍儿童和语言障碍儿童进行教育；随后，融合教育的对象扩大到包括脑瘫儿童在内的智力残障儿童、肢体残障儿童等残疾儿童；最后才扩展到有特殊教育需要的儿童，包括非残疾的困境儿童等。

融合教育是由社区和教育工作者、特殊患者家长三方合作共同发起的一项运动，力求通过建立具有包容性、归属感和社区感的学校满足特殊儿童的全部需要，通过建立尊重个体差异的社区来支持特殊儿童和他们的家庭。在融合教育的环境中，无论儿童的残障程度或能力如何，学

---

① 邓猛，潘剑芳. 关于全纳教育思想的几点理论回顾及其对我们的启示［J］. 中国特殊教育，2003（4）：1-7.

校都应无条件地接纳社区内所有儿童入学就读，融合教育应是所有的学生同在一个班级和教室内学习和接受教育，反对排斥，积极促进特殊儿童融入校园。

融合教育分为正向融合和反向融合。正向融合是融合教育的主要模式，指的是符合相关条件的特殊儿童进入普通学校就读，尽可能地使特殊儿童从塔的底端向顶端移动，即从隔离的环境向主流环境过渡，以实现教育公平、社会公正；特殊儿童通过一系列安置环境的变换，走向主流环境，从而与普通学生共同学习、相互融合，使特殊教育与普通教育实现交融。反向融合理念是指普通学生在短时间内加入特殊教育教室，利用一段时间和特殊学生交流、互动，即将普通学生融入特殊教育学校接受教育，目的是为特殊儿童提供他们所缺乏的与普通同龄人互动的机会，同时提供他们所需的支持服务。[①] 反向融合概念提出至今，在国外已获得广泛运用。例如，将反向融合理念用于音乐教学，普通学生在音乐教学中起到示范作用；尽管要根据特殊学生的能力特点设计音乐活动目标，但对相关知识的深入解释会帮助普通学生在反向融合过程中得到发展。另外，普通学生在这一过程中增强了对个体差异性的理解和认同，提升了自我价值认同感，同时为特殊学生进入普通学校进行融合教育做准备。[②]

在国内，反向融合的模式多体现为"间歇性混龄教育"，即举办一场混龄融合活动。例如，在湖南省残疾人康复中心开展的某个反向融合案例研究中，少量正常儿童来到康复中心参与唐氏综合征反向融合活动，每周开展两次融合课程，并持续三个月。研究表明，通过采用普通儿童与患有唐氏综合征的特殊儿童一起上课的模式，特殊儿童的情绪管

---

① SCHOGER K D. Reverse inclusion：Providing peer social interaction opportunities to students placed in self-contained special education classrooms ［J］. TEACHING Exceptional Children Plus，2006，2（6）.

② LAPKA C. When can you move forward by traveling in reverse? ［J］. Special Learners：Illinois Music Educator，2008（73）：1-2.

控能力、亲社会能力均有提高，取得了较好的效果。①

对特殊学生而言，反向融合增加了他们进入融合环境的机会，打破了他们与普通学生完全隔离的状态，促使他们与同伴互动并在同伴指导、示范下对同伴行为进行模仿，并不断提高其沟通技能，更好地促进其社会性发展和学业发展。而对普通学生而言，反向融合增加了他们与特殊学生交流互动的机会，为他们提供了同伴示范，增加了他们对特殊群体的了解，展示出对差异的接受和尊重，也促使他们尝试和特殊学生建立友谊，更好地促进个体的社会性发展，提升其自我价值认同感。②

20 世纪 60 年代以来，特殊教育领域出现了一系列重要的新思想或概念，如"正常化"教育原则、回归主流或一体化教育及全纳教育（in-clusive education）等。全纳教育直接起源于美国 20 世纪 50 年代的民权运动（civil rights），更远则可以追溯到文艺复兴、法国启蒙时期西方对平等、自由的追求引发的一系列社会运动。③ 1994 年，联合国教科文组织在西班牙萨拉曼卡召开的"世界特殊需要教育大会"正式提出"全纳教育"一词。《萨拉曼卡宣言》中提到，每一个儿童都有受教育的基本权利，必须给予他实现和保持可接受水平的学习机会；每个儿童都有独一无二的个人特点、兴趣、能力和学习需要；教育体系的设计和教育方案的实施应充分考虑这些特点与需要的广泛差异；有特殊教育需要者应有机会进入普通学校，这些学校应能提供满足其需要的、以儿童为中心的教育活动；实施全纳性方针的普通学校，是反对歧视、创造欢迎残疾人的社区、建立全纳性社会和实现人人受教育的最有效途径，可以为绝

---

① 刘丽君．学龄前唐氏综合征儿融合教育个案研究——论反向融合教育的价值 [J]．教育现代化，2015（11）：188-191．

② RAFFERTY Y，GRIFFIN K W. Benefits and risks of reverse inclusion for pre-schoolers with and without disabilities：parents' perspectives [J]．Journal of Early Intervention，2001，24（4）：266-286．

③ WINZER M A. The history of special education：From isolation to integration [M]．Washington，D．C．：Gallaudet University Press，1993．

大多数儿童提供一种有效的教育，提高整个教育体系的效益，并从根本上改善教育的成本-效益比。

全纳教育是指在普通学校适合儿童年龄特征的教育环境里教育所有的儿童，它更关心的是特殊儿童的权利而非学校校长、教师及心理学工作者的专业判断与建议。[①] 美国于 1986 年通过的《残疾人教育法》（I-DEA）最近以类似的语言重新获得批准，将对特殊教育的支持扩大到学前儿童，并保留了先前法律中在适当的范围内将残疾儿童安置在普通儿童中的规定。此外，《美国残疾人法》规定，不能因为残疾儿童的残疾而拒绝其进入正规儿童保育机构。总之，这些法律推动了将残疾儿童安置在普通儿童学习与生活的环境中。

全纳教育是融合教育未来发展的理想形式。关于全纳教育的争论，焦点集中于特殊儿童以何种方式被全纳，因此，全纳教育被分为部分融合（partial inclusion）和完全融合（full inclusion）两个派系。[②] 完全融合是指将特殊儿童安置在全日制的普通教室中，它是一种单一的安置形式，认为不应该根据儿童的障碍程度来安排他们在普通教室学习的时间，而应该在普通教室里满足所有学生的学习需要，特殊儿童通过教育工作者之间的合作教学、学生之间的伙伴学习及提供的各种相关服务而获益，普通教师应该在特殊教育专业人士的支持下承担教育特殊儿童的主要责任。部分融合即让特殊儿童部分时间在普通教室学习，它认为普通教室安置并不适合所有的特殊儿童，它支持等级特殊的教育服务体系，尤其是资源教室，提供从最多（隔离的学校或机构）到最少（普通教室）限制的多种教育安置选择。[③] Daniel 和 King（1997）认为在普通

---

① BAILEY J，PLESSIS D D. An investigation of school principal's attitudes toward inclusion [J]. Australasian journal of special education，1998，22（1）：12-29.

② 邓猛，朱志勇. 随班就读与融合教育——中西方特殊教育模式的比较 [J]. 华中师范大学学报（人文社会科学版），2007（4）：125-129.

③ ZIONTS P. Inclusion strategies for students with learning and behavior problems：Perspectives，experiences，and best practices [M]. Austin：Pro-Ed.，1997.

教室里，能力强的儿童可能会因内容简单而厌倦，特殊儿童又因赶不上教学的平均进度而焦虑。有学者认为完全融合的观点太理想化，如 Low（1997）指出："对完全融合的追求是一种幻觉，它完全是一个乌托邦式的概念。"① 全纳教育的定义存在争议，但共同点是将有残疾和没有残疾的幼儿置于幼儿课堂环境中的方案称为综合方案。② 全纳教育实施的具体情况各不相同，例如，以社区为基础的私营儿童保育方案、校长启动方案、公立学校的学前教育方案和服务提供模式（巡回直接服务、巡回合作、团队教学等）。

多数研究者都倾向于完全融合的观点过于极端、理想化，他们支持特殊儿童在必要时到资源教室接受一段时间的教育与服务。部分研究者则是在观念上、原则上支持完全融合教育的理想，但在实际的教学实践中却采取部分融合（即回归主流计划）的做法。③

现代信息技术的飞速发展促成了慕课（MOOC）、数字化图书馆、智能型学习工具等的逐渐普及，现代学习者的学习途径急剧扩张，已不再局限于传统的教室教学，远程教育独特的形态与授课模式为特殊学生及其家长提供了个性化和多元化的参与形式。2016 年，联合国教科文组织发布了《全民学习：残疾人远程开放教育指南》（以下简称《指南》），旨在为政府、远程教育机构、教师以及质量保证和资格认证机构等利益相关者提供指导性意见和行动指南。在远程教育方面，《指南》为政府、开放远程教育机构、教师以及其他相关者提供了专业和通用支持的指导意见。对于政府，《指南》在法律和政策制定、资金提供、协

---

① LOW C. Point of view：Is inclusive is impossible？[J]．European Journal of Special Needs Education，1997，12（1）：71-79.

② ALLEN K E，BENNING P M，DRUMMOND W T. Integration of normal and handicapped children in a behavior modification preschool：A case study [J]．Behavior analysis and education，1972：127-141.

③ 邓猛，潘剑芳．关于全纳教育思想的几点理论回顾及其对我们的启示 [J]．中国特殊教育，2003（4）：1-7.

调与配合、提供辅助技术和通信技术支持、开展研究、基础设施、能力建设、以用户为本、标准程序的制定、培训和学习资料的开发方面提供了指导性意见；对于远程教育机构，《指南》包含无障碍注册、学生需求评价、内部相关政策制定、教学内容多样化、开放教育资源、确保技术足够消除障碍、培训相关教学人员、反馈评价与监督的实效性、建立支持服务体系、实践应用等方面内容；对于教师，《指南》在提高认识、辅导和学习支持服务、无障碍融合、评价、与学生有效沟通、定期评估、监督、职业发展和知识交流方面提供了指导性意见。

思科网真技术（telepresence）[①] 被引入远程教育中，进一步促成远程教育下的虚拟融合教育采取线上与线下教育相结合的方式，推动各级各类普通学校努力创造条件接受残疾学生（包括承担送教上门任务），并保障提供针对残疾学生的学习模块。远程教育模式下的虚拟融合教育突破普通学校、特殊学校和送教上门等形式中现实环境的限制，形成特殊儿童教育团队中普教教师、特教教师、巡辅教师通过远程教育环境开展教学、科研、资源等的有效沟通机制，克服传统教育康复中信息沟通难的问题，实现"巡辅教师"上门施教与远程指导的有机结合。其效果在于，不仅能提高教育教学与康复训练的效益，还能减少巡辅教师在路途中奔波，并在一定程度上弥补特殊儿童生理上的缺陷，减少学习障碍，化解重度障碍特殊儿童到校学习难的困境，能更好、更有的放矢地服务于接受"送教上门"的特殊儿童，使其"短板"得以被补足，为实现"人人皆学、处处能学、时时可学"提供了可能。

W 市 R 公益服务中心注册成立于 2018 年 7 月 20 日，是一个专门服务贫困脑瘫儿童及其家庭的慈善公益机构。该中心由 1 名机构主任、

---

① 所谓的思科网真技术是一种结合多种科技的视频会议技术。研究者设计了两个机器人，分别放置于家中和学校中。每一个机器人上都有一个屏幕显示另一端的情景，还有一个小的屏幕显示所处环境的情景。机器人可以自己移动，学生可以通过视频图像、超清晰的音频看到教室内的情景，犹如亲自参与了课堂。

2 名康复师、2 名特教老师、1 名 IT 老师以及 1 位社工构成。该中心服务的儿童的年龄区段为 4～15 岁，人数（包括接受线上服务、接受线下服务、或接受线上线下双重服务的所有儿童）在 30 人左右。

在育人方面，R 公益服务中心注重脑瘫儿童的身心发展，为脑瘫儿童提供特教课程、家庭支持服务，并促进其融入社会。

（一）结合实际情况，开展特教课程

R 公益服务中心连接香港优质教师资源，根据中心脑瘫儿童具体的年龄阶段、残障情况和学习能力，分组开设了语文课、数学课、英语课、绘本课、言语课、认知课、钢琴课、体能课、计算机课、书写课、手部训练课、生活自理课，并且提供了专家评估指导服务（OT、PT、ST、医生等，用以评估孩子下阶段发展规划）、家居指导服务（线上＋线下，指导孩子家居训练、辅助用具的使用和改造、家居环境的布置）等。[①] 以下对语数英课程、绘本课、言语课及生活自理课进行更细致的介绍。

语文课、数学课、英语课由中国香港的老师们和 R 公益服务中心的老师线上为儿童提供。老师们会根据儿童的能力进行分组小班授课（通常是 1 个老师对应 1～3 个学生），授课教材及内容也是根据儿童年龄、智力和能力进行选择。

绘本课程也是由香港老师线上授课，分为 5 组，每名线上老师会与一位 R 公益服务中心线下的工作人员对接，根据组内脑瘫儿童的实际状况共同备课，并以绘本题材为主题，共同设计手工内容。绘本课程的内容涵盖了对脑瘫儿童精细动作、语言及认知的训练，同时，也包含着对脑瘫儿童道德品质的教育。如，绘本《皮皮猫》讲述了皮皮猫有一双心爱的蓝色鞋子，但鞋子不幸先后被染成了不同的颜色，皮皮猫却始终乐

---

① 武汉市融乐助残公益服务中心 . 服务模式——外展服务［EB/OL］.（2019-04-12）. https：//mp. weixin. qq. com/s/S3gcXU99DCveWpOqgZ＿xYA.

观地接纳着这种"不幸"，绘本中频率最高的句子是"皮皮猫会哭吗？不！它才不会哭呢！"皮皮猫的故事带给了小朋友们力量，教小朋友们学会坚强。

言语课同样由来自中国香港的老师提供，此外，香港 X 大学教育学院沟通、学习及发展学部也大力为 R 公益服务中心提供专业支持，R 公益服务中心亦是该院言语治疗学生的实习基地之一。[①] 在新冠肺炎疫情期间，该学系的助理讲师张老师特意为 R 公益服务中心的脑瘫儿童组织了 8 期云端言语增益课，由线上指导中心的老师和家长针对个别儿童的需要，进行言语治疗。[②] 并且，张老师也会带领自己的学生亲自奔赴 R 公益服务中心进行线下指导，开展线下课程。今年开展的线下课程有"语前和沟通辅具训练""发音/口肌训练和家长训练"以及其他个别化言语训练课。在"语前和沟通辅具训练"课上，张老师的学生们运用一系列趣味盎然的游戏，教孩子们学习如何更好地表达"我要"这一需求，同时也增强了他们的语言理解和表达能力；在"发音/口肌训练和家长训练"课上，张老师和她的学生们利用果酱和 QQ 糖等食材，在刺激孩子们味蕾的同时，让他们在品尝的过程中学会了咬、抿等动作，再加上专业的口肌按摩，让孩子们有效地改善了发音清晰度。[③] 家长们也都认真学习着老师们口肌训练的技巧和方法，以更好地辅助孩子进行训练。此外，个别化训练课也必不可少。在这节课上，张老师和学生们根据每个孩子的具体情况，制定了最合适的个性化治疗方案。这种精细化的教学让孩子们的言语功能取得了明显进步。[④] 张老师和学生们也会在

---

① 武汉市融乐助残公益服务中心. 港大师生助力融乐 共筑言语成长之路［EB/OL］.（2024-07-04）. https：//mp. weixin. qq. com/s/fmImAFkWb7wScczosodSiQ.

② 武汉市融乐助残公益服务中心. 港大师生助力融乐 共筑言语成长之路［EB/OL］.（2024-07-04）. https：//mp. weixin. qq. com/s/fmImAFkWb7wScczosodSiQ.

③ 武汉市融乐助残公益服务中心. 港大师生助力融乐 共筑言语成长之路［EB/OL］.（2024-07-04）. https：//mp. weixin. qq. com/s/fmImAFkWb7wScczosodSiQ.

④ 武汉市融乐助残公益服务中心. 港大师生助力融乐 共筑言语成长之路［EB/OL］.（2024-07-04）. https：//mp. weixin. qq. com/s/fmImAFkWb7wScczosodSiQ.

孩子们吃午饭时细心观察其进食情况和咀嚼、吞咽等口腔功能，以便为他们提供更精准的治疗建议。[①]

最后是生活自理课。该课程主要由 R 公益服务中心老师们进行线下授课，包括教小朋友们如厕、吃饭、洗漱、脱衣午睡、穿衣、整理书包等，同时家长也会参与课程，学习如何训练孩子的生活自理能力。

（二）赋能儿童家庭，开展家庭支持服务

R 公益服务中心通过为脑瘫儿童家庭赋能间接实现其对脑瘫儿童的教育支持。相关的措施包括开设家长班、开展夫妻营与亲子营、探访儿童家庭、进行家长心理辅导、为家庭提供经济支持等，以技能赋能、关系赋能、心理赋能和经济赋能等形式帮助脑瘫儿童家庭。

在技能赋能上，R 公益服务中心会教家长情绪控制、辅助脑瘫儿童进行康复训练等技能。

在关系赋能方面，R 公益服务中心通过开展夫妻营改善夫妻关系，通过开展亲子活动（包括亲子营）改善亲子关系，通过开展"家庭同乐日"活动促进整个家庭关系的正向发展。其中，夫妻营以促进夫妻双方进行友好沟通、加强夫妻双方的相互理解、增进双方的感情为目标，会不定期开展。亲子活动以锻炼儿童的能力、增进儿童对父母的感恩和理解等为目的，举办频率较高，如，母亲节感恩活动、六一儿童节户外亲子互动等。"家庭同乐日"活动以提升夫妻协同培育孩子的能力，提升家庭成员的凝聚力和亲密关系等为目的。这三种活动的开展，均需要 R 公益服务中心人员与志愿者、其他人员（如活动场地拥有者或业务管理人员）相互协调。

在心理赋能上，R 公益服务中心会通过开展家长面谈、个案工作、家长班和"家长加油站"来解决脑瘫儿童家长的心理困扰、缓解其心理

---

① 武汉市融乐助残公益服务中心. 港大师生助力融乐 共筑言语成长之路［EB/OL］.（2024-07-04）. https：//mp. weixin. qq. com/s/fmImAFkWb7wScczosodSiQ.

压力。其中，家长面谈由 R 中心顾问郑博士主持开展，意在了解儿童具体情况的同时疏导家长，解决其面临的具体困难。家长面谈既有利于发现儿童家庭面临的实际困境，也能及时为脑瘫儿童家长提供相关建议、进行多方面的支持；个案工作、"家长班"和"家长加油站"也本着"早发现，早开讲"的原则，及时为家长提供技能、心理等方面的支持，减轻家长的心理压力。

在经济赋能方面，R 公益服务中心会为困难脑瘫儿童家庭提供经济支持。R 公益服务中心积极连接各种资源为脑瘫儿童家长发掘就业、兼职的机会，并直接为困境脑瘫儿童家庭提供资金支持。

以下重点从技能赋能、关系赋能和心理赋能的角度详细介绍 R 公益服务中心为脑瘫儿童家庭提供支持的三项举措：开设家长班、"家长加油站"和"家长喘息日"。

1. 开设家长班

R 公益服务中心关注家长诉求和面临的现状，开设了家长班，以及时回应和解决家长们的问题。家长班由 R 中心社工策划和执行，意在以小组工作的形式解决脑瘫儿童家长面临的实际问题，以释放家长压力为主要目的，如带领家长做水果沙拉或小制作等。此外，还包括特殊儿童就学政策分析活动、以家长情绪为主题的系列教育活动，如"做情绪的主人""情绪大解码"等，还包括与亲职教育相关的活动，如，引导脑瘫家长反思自己与孩子的相处模式，帮助家长掌握教育孩子的技巧、方法和需要注意的问题，鼓励家长欣赏孩子，调整过度期待或不正确认知等心理。以下着重介绍家长班进行的缠绕画活动和家长剪纸班进行的剪纸活动。

缠绕画活动可以帮助绘画者凝神静心，沉浸在专注的氛围中，最终形成带有个人色彩的创意作品。缠绕画，亦被称为钉子画，是一种利用钉子和丝线进行绘画创作的活动。在活动中，R 公益服务中心的老师将家长们随机进行了分组，每组挑选自己感兴趣的图案进行创作：有的组选择颜色饱满的爱心图案；有的组选择了贴近生活的雪梨图案；有的组选择了高难度的五色花图案。在活动过程中，家长们分工细致，孩子爸爸和爷爷们主要负责钉钉子，妈妈们则主要负责绕线。很快，一幅幅充满家长们心意的缠绕画作品就完成了。家长们惊讶于自己的成果，也对专心致志做一件事的状态感到满足。在最后的活动总结环节，家长们分享了自己的活动感受。有人说，一幅简单的作品，饱含着对孩子的爱，就如同红心一般，相信孩子终会感受到；有的说，制作缠绕画的过程让她体会到了分工合作的意义，一个人停下就马上有组员补上，这种小组成员间的支持令人感动；还有的说，虽然遗憾于时间不够，没能将每一片花瓣的颜色都填得圆圆满满，但依旧对自己创新的做法感到骄傲。①

剪纸是一项中国传统艺术，家长们同样能够在剪纸的过程中得到放松。R 公益服务中心的脑瘫儿童家长们往往过于关注孩子的需求而忽略了自己的需求，他们往往大幅减少在个人兴趣、职业发展和社会关系等方面的投入，因此逐渐缺乏社会连接，甚至面临着家庭经济方面的压力。为充实家长的个人生活、填补家长的个人兴趣，将剪纸所得用于支持各自的家庭，R 公益服务中心开设了家长剪纸班②，开展了剪纸活动。R 公益服务中心顾问郑博士、主任联络到一位中国非物质文化遗产剪纸艺术家——李老师。李老师的家远在 N 省，因此采用了线上授课的方式。李老师每周会无偿给 R 公益服务中心的家长线上授课 1 小时。③ 剪纸并不简单，其中蕴含着丰富的技巧和方法，同时也考验着剪纸人的耐心。目前，剪纸课已开设了 10 个多月，在这期间，家长们逐步克服困

---

①　武汉市融乐助残公益服务中心 . 一针一线总关情——记家长班缠绕画活动［EB/OL］.（2019-12-16）. https：// mp. weixin. qq. com/s/UgWrMY-V0lDszp5OBIhtrw.

②　武汉市融乐助残公益服务中心 . 融乐中心家长剪纸班介绍［EB/OL］.（2024-05-10）. https：// mp. weixin. qq. com/s/-JxLIh9eceh1VnVZKbysNA.

③　武汉市融乐助残公益服务中心 . 融乐中心家长剪纸班介绍［EB/OL］.（2024-05-10）. https：// mp. weixin. qq. com/s/-JxLIh9eceh1VnVZKbysNA.

难，剪纸的技艺也逐渐提高，并在剪纸的过程中体会到了乐趣和成就感。除剪纸本身外，李老师也会分享自己身残志坚、最终成为一名剪纸艺术家的经历，使家长们备受鼓舞。

2. 开设"家长加油站"

R 公益服务中心举办了多期家长加油站活动。在家长加油站 1.0 中，老师为家长输入了学习树的概念，强调应用行为描述取代对孩子或家人的行为标签或判断，家庭要成为爱的土壤来培养孩子功能性情绪调适的能力；在家长加油站 2.0 中，老师教家长用马斯洛需求层次模型，分析他人情绪背后的个人需求，让家长意识到个人接纳与不接纳孩子或其他家人的行为的内在原因，并使其能理性理解自己的情绪，继而调整自己对孩子的接纳程度；在家长加油站 3.0 中，老师们带领家长们一同在"画圆画方"体验游戏、分组讨论、现身说法中加深其对家长加油站1.0 和家长加油站 2.0 所学内容的理解，并教其运用"基本倾听"技巧与自己的孩子相处。家长加油站 1.0～3.0 均由顾问郑博士和两位中国香港的义工黄老师和郑老师为家长开设，并且除 R 公益服务中心的家长外，R 公益服务中心还邀请了 H 区某校的家长和其他家长们参加活动。

（1）家长加油站 1.0。[①]

家长加油站 1.0 的主题是"爱使我们勇敢"，分为四个部分：热身游戏"全因有你"、黄老师夫妻的故事、爱使我们勇敢、互赠礼物表心意。

主持人郑博士先以热身小游戏"全因有你"带大家进入主题：几位家长站成一个圈，一位家长站在中间，闭上眼睛，双手交叉放在胸前，然后站直向后倒，后面的家长接住他并向前推，前面的家长接住他并继续向后推。在来来回回的倒下和推起来的过程中，家长们逐渐熟悉起

---

① 武汉市融乐助残公益服务中心. 爱使我们勇敢 —— 家长加油站［EB/OL］.（2023-11-02）［2024-10-07］. https: //mp. weixin. qq. com/s/F6FcYUiqjj8iSt9dIQlFXg.

来。游戏过后，两位义工老师为大家讲述他们和自己特殊孩子的故事。从对新生命的期盼到对医院检查报告的接受，在这个过程中，黄老师为让感性的妻子（郑老师）免受刺激，自己承担，消化了很多负面情绪，夫妻两人又在孩子婴儿期开始时下定决心，不让这糟糕的消息把家里弄得黑云密布、悲悲惨惨，他们决定要给儿子一个温暖快乐的家，夫妻两人分享了他们如何以爱带着孩子面对外在挑战的经历，深深地打动了在场的每一位家长。接下来，郑博士带领家长们学习了三方面内容。首先是认识学习树的概念，使家长更深入明白家是爱的土壤，能促进孩子长出茁壮的树干，树干是功能性情绪发展阶段。接着，郑博士介绍阻碍家庭成为爱的土壤的绊脚石——判断与标签的影响力。在郑博士讲解的过程中，穿插着两位义工老师逼真的情景演绎，家长们意识到恼妄的判断与标签会破坏夫妻和家人的关系。最后，郑博士介绍了行为描述的基本原则：用爱心描述眼所见到、耳所听到的行为，不带判断和标签，建立双向正面沟通，从而培养出接纳和温暖的土壤——有爱的家。在活动尾声，R公益服务中心为家长们送上精心准备的礼物：面膜、围巾、毛拖鞋，还有毛衣。在活动现场，丈夫给妻子送上面膜，代表欣赏妻子的美丽；妻子送给丈夫的围巾或毛拖鞋，代表妻子给丈夫贴身的关爱；还有送给孩子的一件毛衣，需要夫妻带回家给孩子穿上，进行拍照分享。

这次活动获得了家长们的一致好评。例如，有家长反馈："'爱使我们勇敢'这个主题非常棒，人不是孤立的，有父母、有爱人、有孩子、有朋友，每种关系都需要爱才能更好地维系。就像歌词里写的'爱让我们原谅，爱让我们靠近，爱让我们拥抱，爱让我们勇敢'。"还有家长反映："本次加油站，我和孩子爸爸一起参加的，很有意义！学习理论知识，让我们不再去轻易下判断，还有贴标签、下定义，慢慢改掉之前喜欢对人、对事贴标签的坏习惯，对我们的生活和事业都是有帮助的！活动中两位老师的情景小剧和现身说法，让我们倍感亲切！很有借鉴意义，也能感同身受！"亦有家长分享了让自己印象深刻的内容："印象最深刻的第一个内容是关于孩子：孩子在学校被别的同学在耳边突然大声讲话引起不适的处理方式，让我觉得好的父母的引导有多重要。在我的理解中孩子被欺负了，别的同学是调皮的，应该和老师沟通处理，让孩子不再被欺负。但是通过这个事情我知道孩子其实是一张白纸，还没有'自己被欺负了'的概念，只有不适的感觉，只需要他表达自己的不适——不喜欢同学在耳边突然说话，鼓励孩子大胆地去沟通，再给予肯定，而不是直接给他观点。印象最深刻的第二个内容是关于夫妻：吃饭引起的腥风血雨。感觉每一点都是生活中的情景重现，所以需要注意说话的语气和态度，相互理解的夫妻的亲密关系会影响孩子，更影响自己的心情。印象最深刻的第三个内容是关于观点：看图说话让我认识到了眼见也不一定是事实。以后应陈述事实，不要说观点。"

（2）家长加油站 2.0。[①]

家长加油站 2.0 的主题是"情绪大解码"，主要目的是让家长们能够正确描述行为、正确认识自己的情绪，并能够理解和包容他人的行为和情绪。这次活动分为情绪课堂、"引子游戏"、家长工作坊、故事分享、情绪分享、总结反馈六个部分。

在情绪课堂中，郑博士和两位义工老师先让全体组员围成一圈，轮流说出自己的名字，并尽量记住每个人的名字。选出一人站在中央当"天使"；然后，由站在中央的"天使"点名，点团体中任何一个人的名字，被叫的人不可答"到"，而由左右两边的人举手答"到"；最后，老师邀请家长们分享了自己的感受。在游戏之后，两位义工老师上演了一幕夫妻共进晚餐的故事，带着家长们回顾上期的"学习树"和"行为描述"，让家长们分析两位老师哪些是行为描述，让家长们更有代入感。接着，老师们与家长们进行了"引子游戏"。老师先给每人一张纸，让他们在纸上画一个大圆圈，之后一直闭上眼睛，不再看之后要画的东

---

① 武汉市融乐助残公益服务中心. 情绪大解码——家长加油站 2.0 [EB/OL]. (2024-2-2)［2024-10-7］. https：//mp. weixin. qq. com/s/0kiueJ7P2fPPFJA1＿-87mwg.

西；然后，要求家长们在圆圈里加眼睛，听导师指示，把纸转圈，翻转，再转圈，等等，再逐一画上鼻子、耳朵、嘴巴，接着告诉家长们睁开眼睛看看自己的作品。最后，邀请大家分享感受。接下来是家长工作坊，通过两位义工老师的情景模拟，让夫妻双方能够更加直观地感受到另一方的情绪和反应，从而更好地理解和体会对方在特定情境下的情感变化和需求；通过正确行为描述的学习，家长可以在实际情境中采用更有效的沟通方式，比如倾听对方的情绪表达、表达自己的情感需求、寻求共识等。这有助于夫妻间建立更加健康和稳固的沟通模式，增进他们之间的情感联结和支持。随后，两位义工老师分享了他们育儿之路的艰辛，尤其是在面对孩子的特殊需求和发展差异时，家长可能会面临各种挑战和困惑，需要不断学习和适应。他们可能需要与专业人士合作，寻求专业指导和支持，以更好地满足孩子需求和促进其发展。紧接着是情绪分享环节，郑博士告诉家长们，孩子和家长都会经历各种消耗能量的情绪（如焦虑、沮丧、愤怒等）和产生能量的情绪（如喜悦、满足、希望等），并向家长阐述了马斯洛需求层次理论，让家长认识到，人类的行为和情绪都是由满足需求的追求所驱动的，而情绪产生的真正原因往往可以归结为对某种需求的满足或不满足，并且鼓励家长在处理孩子的情绪时，可以尝试探索情绪背后的真正原因、了解孩子的需求，并寻找解决方案来满足这些需求，从而帮助孩子更好地管理情绪和促进其发展。最后是总结回馈环节，由郑博士进行总结。郑博士指出，在育儿路上，家长需要持续学习和成长，与孩子一同面对挑战并共同成长。通过建立积极的家庭氛围，理解孩子情绪产生和消耗的原因，以满足孩子的需求，并为孩子创造一个快乐、支持和温暖的成长环境。

这次活动同样取得了很好的效果。有家长反馈："情绪加油站真的是太实用了！其实每个人都有情绪，特别是情绪不好时做什么事都没有心情，经过这两次加油站的学习让我们更加懂得控制情绪，让家庭更稳定，生活更和谐……"还有家长分享了自己的感悟："在日常生活中，情绪大过理智的情况太多了，再理智的人，也有情绪爆发的时候。所以要接纳自己的情绪，待情绪稳定下来，寻找理性的出路——降低自己的接纳线。"

（3）家长加油站 3.0。①

家长加油站 3.0 中，郑博士先是带领家长们对前两期加油站进行回顾，随后和家长一起做"画圆画方"的体验游戏。该游戏要求家长左、右手分别画圆和画方，绝大多数家长既没有成功画方，也没有成功画圆。以游戏折射实际生活，将孩子的需求视为圆形，将父母的需求视为方形，双方的需求不一样，难免产生冲突，造成双方的困扰。这一游戏让家长意识到不应该只站在自己的角度看待问题，也应该站在孩子的角度去理解他们的感受。游戏结束后，家长们分组进行讨论，其中，一位脑瘫小朋友的妈妈分享了自己与孩子之间发生的"面膜事件"。这位家长提到，她的脸被孩子抓伤，无法敷面膜，未能满足自我需求，由此产生了愤怒的情绪。而当她尝试理解孩子，只想亲近孩子而不是责备、打骂孩子时，她就能接纳孩子，并教孩子轻轻地摸妈妈。自此，这位家长便自觉拥有了爱与平静。此外，义工郑老师也描述了自己的"铅笔事件"，分享在运用基本倾听的沟通方式后，患有自闭症谱系障碍的儿子的情绪很快稳定下来的经历。随后，老师们分享了识别特殊孩子的困扰时可使用同频游戏的方法，即要专心看对方口型、耳朵专心听、心无杂念。这一方法可让父母通过观察孩子的语言、非语言暗示以及行为本身，更深入地了解孩子的内心世界和需求，从而为他们提供更有效的帮助。

家长们在加油站学习的同时，R 公益服务中心的脑瘫儿童在教室里积极制作着美善树的手工。在家长加油站 3.0 接近尾声时，孩子们将亲

---

① 武汉市融乐助残公益服务中心. 快快听——家长加油站 3.0［EB/OL］.（2024-3-23）［2024-10-7］. https：//mp. weixin. qq. com/s/0pYOkd-VAVtZv11RyDQyzQ.

手制作的美善树送给自己的家长，最后，全体人员一起唱起了美善果子歌，家长加油站 3.0 也伴随着歌声结束。

3. 开设"家长喘息日"

脑瘫儿童家长每天忙于照顾脑瘫儿童，负担沉重，为减轻家长照顾孩子的负担和身心压力，R 公益服务中心开设了"家长喘息日"。在"家长喘息日"，脑瘫儿童家长可将孩子放心交给义工们和公益服务中心的老师们照看。在这一天，公益服务中心的老师们会带领孩子们开展不同的游戏活动。义工们主要负责一对一地陪伴、照顾孩子和支持老师的工作。

在以往的"家长喘息日"里，孩子们、家长们、老师们和义工们曾去 W 大学梅岭开展户外活动，活动中，孩子们参加了"小蜜蜂"破冰游戏，一起吹泡泡、唱歌、抛球、下棋、做手工等，家长们则在一旁休息、交谈，享受着难得的清闲时光，野餐时间时，家长们也主动向同伴们敞开心扉，放松地一起聊着家庭、生活与美景[①]；也曾去公益服务中心附近的南湖公园开展户外活动，在社工的带领下，有条不紊地开展各项游戏与课程[②]；还曾在 R 公益服务中心开展室内活动，活动中，社工给孩子们讲故事，玩"石头剪刀布"[③]"击鼓传花"[④]"交警游戏""彩虹伞游戏"[⑤]"打电话游戏"或正常上课等，家长则有的自由活动、有的跟

①　武汉市融乐助残公益服务中心 . 3 月 17 日关爱之行——家长喘息日活动 [EB/OL]. （2019-4-13）. https：//mp. weixin. qq. com/s/KViEBS1BexIkdw5zYNUXsA.

②　武汉市融乐助残公益服务中心 . 偷得浮生半日闲——11 月 20 日家长喘息日活动 [EB/OL]. （2019-11-21）. https：//mp. weixin. qq. com/s/2rTNeUbzfjs6ZBPjsh-x4w.

③　武汉市融乐助残公益服务中心 . 3 月 17 日关爱之行——家长喘息日活动 [EB/OL]. （2019-4-13）. https：//mp. weixin. qq. com/s/KViEBS1BexIkdw5zYNUXsA.

④　武汉市融乐助残公益服务中心 . 3 月 17 日关爱之行——家长喘息日活动 [EB/OL]. （2019-4-13）. https：//mp. weixin. qq. com/s/KViEBS1BexIkdw5zYNUXsA.

⑤　武汉市融乐助残公益服务中心 . "让爱呼吸，放飞心灵"——4 月 15 日家长喘息日活动 [EB/OL]. （2021-4-18）. https：//mp. weixin. qq. com/s/-VF4dPs6CZmArn＿zU＿DxjQ.

同伴商量着出去玩的地点。

（三）聚焦长远发展，促进儿童社会融入

R 公益服务中心聚焦脑瘫儿童的长远发展，每月至少会开展一次社会融入活动，活动的目的是增加脑瘫儿童的社会参与度，增进脑瘫儿童对于社会的认识，增强其社会适应能力、社交能力、语言能力等，在活动中锻炼孩子的身体机能。

R 公益服务中心开展的社会融入活动以电影院、游乐园、游泳馆、超市、音乐会、幼儿园等不同场域为切口，主要围绕着促进脑瘫儿童的社会生活融入和教育融入进行。在社会融入活动的开展过程中，R 公益服务中心的工作人员会积极调动脑瘫儿童的各种感官（如视觉、触觉、嗅觉等），使其在认识不同社会环境的同时，还能得到身体机能的锻炼。

1. 社会生活融入活动

社会生活融入是脑瘫儿童在未来成长过程中必须面对的一环，R 公益服务中心积极连接相关资源，开展过诸多此类活动。以下介绍 R 公益服务中心开展的一些社会生活融入活动。

一是开展"去菜市场买菜"活动。为增强 R 公益服务中心脑瘫儿童社会适应及与人交往的能力，增强其语言理解及沟通能力，增强其对生活的热爱，R 公益服务中心开展了"去菜市场买菜"社会融入活动。活动通过引导脑瘫儿童观察和认识常见的几种蔬菜，比较菜市场和超市买菜、卖菜的不同方式，带他们了解超市购物的流程，体会购物的乐趣。家长们和老师们会在进入菜场之前带领小朋友们观察菜场位置，观察完毕后，小朋友们会被家长带领着手牵手、有秩序进入菜场。此时，老师会给小朋友们讲述行为规则，如不可以在菜场跑来跑去等，并引导小朋友说出蔬菜名称，用手指出蔬菜，有时老师亦会引导小朋友们按照看一看、摸一摸、闻一闻的顺序调动他们的各项感官。而家长会拿出准备好

的蔬菜图片，请小朋友们挑选相应的蔬菜。最后，在家长的帮助下，小朋友们购买了相应的蔬菜。活动使得小朋友们轻松、快乐地习得了蔬菜的知识，得到了家长的肯定。

二是开展"拥抱夏天，邂逅自然"活动①。为促进孩子们认识自然、走进自然，R 公益服务中心选择一个天气凉爽的日子组织孩子们和家长们进行春游。R 公益服务中心的老师带领家长们和孩子们到东湖一起游玩。在家长和义工的协助下，R 公益服务中心的孩子们或骑车，或坐轮椅，或是牵着家长沿着绿道观赏沿途风景。孩子们感受大自然的气息，家长们也三三两两地结对散步聊天。中午，大家来到 W 市 H 街的 D 饭店就餐，R 公益服务中心的老师精心挑选最符合孩子口味的菜品，诸如冬瓜莲子排骨汤、菠萝咕噜肉、广式烧鹅等，午餐费用由一位爱心义工资助，大家吃得很开心。

三是开展鲜花义卖活动②。为了让更多社会人士了解、接纳脑瘫儿童这一特殊群体，R 公益服务中心开展了此次活动。活动开展所需的鲜花由 R 公益服务中心提供，孩子们在老师和家长们的帮助下，在街上手拿鲜花，将鲜花作为爱的礼物进行义卖。尽管活动刚开始的时候，许多人都用疑惑的眼光看待这些孩子，但随着时间的推移，得到了越来越多的人的接纳和包容。人们和孩子们握手，或轻轻抚摸孩子的头，给孩子们带来了温暖与鼓励。孩子们的笑容也变得更加灿烂，眼神中透露出更多的自信与喜悦。该活动不仅让孩子们尝试了与陌生人交流和互动，让他们体验到了通过自己努力获得成果的喜悦和满足，也让他们感受到了来自社会的温暖和接纳，这对他们的自信和自尊产生了积极的影响，有助于促进他们更好地融入社会、实现自我价值。并且，这场鲜花义卖活

---

① 武汉市融乐助残公益服务中心. 拥抱夏天，邂逅自然 [EB/OL]. （2021-06-05）. https：//mp. weixin. qq. com/s/GBKsJyBiMWsu-T12S2eA3w.

② 武汉市融乐助残公益服务中心. 传递爱与接纳的温暖之旅（融乐父亲节鲜花义卖活动回顾）[EB/OL]. （2024-06-20）. https：//mp. weixin. qq. com/s/4wJ-gRznj06K3wwKo81Q2w.

动也向社会传递了关爱特殊群体的信息，提高了人们对脑瘫患者的关注和接纳度。

四是开展"美丽春天-相约园博园"活动①。为开阔 R 公益服务中心脑瘫儿童的眼界，促进其融入社会，38 名中国大陆和中国香港的义工们与 40 余组 R 公益服务中心的脑瘫孩子家庭一早就出发前往园博园，参加"美丽春天-相约园博园"活动。大家先是进行踏青，然后参观了自然博物馆，亲眼见到世界大河流域的古生物标本（包括动植物、古人类标本）。之后来到了长江文明馆，了解了长江流域的景色、生态、物产、历史等。接着进行了实景模拟体验互动，通过科技身临其境般地体验了神奇动植物的生长环境，感受长江文明发展及物种变迁。中午，所有人在园博园吃了顿"豪华"午餐，义工也帮脑瘫孩子喂饭，家长得到了些许放松。最后，大家在园博园内自由玩耍，比如一起荡秋千、一起踩观光车、在卡通人物雕塑前合影等。

2. 教育融入活动

R 公益服务中心格外重视脑瘫儿童的教育问题，致力于帮助适龄儿童走进小学的大门，不仅开展了有关脑瘫儿童教育的分享会，带领脑瘫儿童了解普通学校的环境并体验其教学课程，还积极为适龄脑瘫儿童收集相关学校的信息、陪同家长一起与相关学校和部门（如残联和教育局等）进行联系、交涉，并为需要送教上门的儿童提供相关服务，为孩子进入小学学习保驾护航。并且，在脑瘫儿童进入普通小学或特殊学校就读后，R 公益服务中心也会与学校保持联系，与孩子的老师沟通孩子的情况，以填补或完善学校教育未能注意到的地方。以下重点介绍 R 公益服务中心为促进脑瘫儿童的教育融入而采取的两个措施。

---

① 武汉市融乐助残公益服务中心. 义工带我们去园博园长见识啦！［EB/OL］.（2019-05-22）. https：//mp. weixin. qq. com/s/U7iWpOZ6sHMMqO8l2Ls1jA.

一是 R 公益服务中心开展了融合教育分享会[①]。为让教育者、康复专家以及家长们更加全方位了解脑瘫儿童教育问题，在技术层面、资源层面以及政策层面探讨如何去帮助脑瘫儿童就学，以保障脑瘫儿童受教育的权利，R 公益服务中心举办了这场倡导特殊儿童教育公平的线上会议。该分享会在线上会议室进行，共有 255 人报名参与，其中包括 C 大学特聘教授许老师、H 大学王老师、D 市残疾人联合会教育就业部部长陈先生以及 R 公益服务中心的老朋友张先生等。专家和家长们分享了他们在融合教育上所做的努力和总结的经验：许老师结合当下的后新冠肺炎疫情时代背景，从融合教育的发展趋势、生命周期理论、社区化，互联网，以及主体三个方面总结了融合教育的支持模式；王老师从更细致的角度分析了如何利用互联网将远程教育运用到融合教育当中，同时，以 G 社会工作服务中心为例展示了脑瘫儿童远程服务的经验；陈先生分享了自己申办融合教育幼儿园、举办全国融合教育大会，并形成学前融合教育推广支持三年行动方案的经历；张先生分享了自己在香港 J 大学研究院攻读硕士研究生期间发明了 CP2JOY 声控电脑辅助软件，并在老师的协助下申请到香港特区政府创新科技署辖下的创新及科技基金的故事，表示自己将继续升级程序，以更好地协助严重肢体残障人士操作计算机；R 公益服务中心脑瘫儿童家长 T 女士分享了自己孩子在 R 公益服务中心的康复历程，并最终成功进入普通小学就读的故事；中心顾问郑博士谈到了脑瘫儿童在学龄阶段的考试是一项艰巨的任务，解读了影响脑瘫儿童书写功能的主要因素，介绍了 SHARP 智能读写能力评估平台等。该分享会让脑瘫儿童家长认识到了将来孩子会面临的诸多教育融入问题，同时也为他们带来了希望。

二是 R 公益服务中心开展了"走进 Y 幼儿园"活动。该活动目前

---

① 武汉市融乐助残公益服务中心. 融乐教育分享会——每个残疾孩子都有接受义务教育的权利 [EB/OL]. （2021-07-26）. https：//mp. weixin. qq. com/s/Fp5PgNRGlvoPx＿p3TqtBrA.

已经进行了两次。R 公益服务中心与 Y 幼儿园园长取得联系，共同开展了这两次活动。第一次活动内容围绕着脑瘫儿童参加 Y 幼儿园运动会进行；第二次活动内容则是带领脑瘫儿童体验 Y 幼儿园的相关课程。具体来说，第一次活动由 R 公益服务中心的全体老师、9 名学生及其家长、6 名义工共同参加，大家一大早乘坐大巴车前往 Y 幼儿园，路途中家长、义工们分享了各自的感受与期待。抵达目的地后，R 公益服务中心的脑瘫儿童有序观摩运动会检阅与比赛。幼儿园小朋友的比赛结束后，紧接着开始了家长们的对决，R 公益服务中心的 9 名家长代表中心参加比赛。比赛结束后，幼儿园老师组织带领孩子们玩起了"彩虹伞"，并一起"做蛋糕"、荡秋千。中午，运动会圆满结束，孩子们吃到了期待已久的幼儿园午餐，心满意足地返程回家。[①] 第二次活动的参加者主要是 R 公益服务中心的 10 位脑瘫儿童及其家长，以及 R 公益服务中心全体工作人员。在 Y 幼儿园老师的带领下，他们先是参观了幼儿园环境，接着跟 Y 幼儿园的小朋友们一起体验针对非特殊儿童的美工课、舞蹈课、音乐课和体育课。在家长和 R 公益服务中心老师的帮助下，脑瘫儿童们紧跟 Y 幼儿园老师的节奏，认真参与活动。这次活动使得 R 公益服务中心的脑瘫儿童体验到在普通幼儿园跟正常儿童一起上学的感觉，体现了 R 公益服务中心所推崇的融合教育理念。

案例分享 4.1

为了解我国现代融合教育发展状况，笔者与 X 特殊学校 W 校长进行了深入访谈。W 校长指出，融合教育和全纳教育的概念不同，全纳是 inclusive，融合是 integrated，这两个词

---

① 武汉市融乐助残公益服务中心. 脑瘫儿童参加幼儿园运动会之社会融入活动［EB/OL］.（2019-04-27）. https：//mp. weixin. qq. com/s/N7PhdlQz8oAzwOVX8tvp6A.

不一样。融合教育分为主动融合与被动融合，而全纳教育不存在种族、性别、肤色、年龄的限制。我国很早就在残疾人特殊教育法律里出台了关于"零拒绝"的规定，"零拒绝"从另外一个角度来讲就是全纳，实际上还有很多没有做到的事情。无论是全纳还是融合，最大的"拦路虎"并不在于政府没有相关的政策支持和服务保障体系，也不在于缺乏专业设备和具备专业知识、技能的老师，而在于社会观念方面。

几千年来对特殊教育群体的偏见根深蒂固，很难在短时间内改变。如果在观念上没有改变，国家需要花更大的力气从政策和完善社会保障体系方面做出行动。特殊孩子的家庭得到的社会性支持力度很小，所以在观念暂时没有办法改变的情况下，国家更加应该从政策和落地执行方面都加大力度，采取措施、做好保障。很多时候特殊教育机构都是起督导作用，比如要对特殊教育、对政府教育行政部门的工作进行督导。当对教育的某个方面（例如特殊教育或者是乡村、欠发达地区的教育）必须进行督导的时候，应促使大家逐渐重视这些问题，让上级领导及地方的行政部门意识到他们需要关注什么，从而做出相应的行动。

W 校长作为这所学校的创办者，学校还没有成立的时候她在教育局的教育管理科工作，其间也分管了很多其他工作，比如中小学教育的管理，在这个过程中她意识到教育牵涉了很多东西，特殊教育在教育行政部门管理方面处于弱势地位，几乎不被关注。她曾经认为，上级领导应该主动关注、支持特殊教育，这段工作经历让她意识到可能领导真的关注不到，因此学校必须积极主动地连接各类社会资源，与领导沟通，根据困难寻求帮助。W 校长所在的 X 学校在创办过程中，经常和社会组织进行学术、教学方面的研讨和交流，也和一些慈善组织、教育基金会进行合作。

W 校长将自己从业以来接触的家长分为四类。第一类家长为高知分子，这些人有一定的知识和文化，经济基础也不错，但是由于工作比较忙碌，很难兼顾陪伴子女。这一类家长有自己的教育观念和很多自己的想法，如果家长的角色、定位不清晰，就会导致家校之间产生不必要的沟通矛盾。

第二类家长很了解自己孩子的情况，也愿意支持学校的工作，从而比较接纳学校的特殊教育。实际上，家长跟孩子之间的关系也会经历一个接纳与被接纳的过程。如果他们不从心理上真正地接纳孩子，承认这个孩子跟其他孩子不一样，那就很难做到真的爱这个孩子。应真正与孩子进行互动和交流，从而推动亲子关系发展和良好沟通，再把良好的沟通反馈到孩子身上。

第三类家长，他们身上的压力真的很大，比如家庭的经济压力，加上对孩子教育的压力，还有家庭中的亲子关系、夫妻关系的处理，其中最重要的还是夫妻关系。如果家长处理不好夫妻关系或者和家庭其他成员的关系，很容易波及亲子关系以及对孩子的教育。那么在这个孩子身上的教育就会出现一些反复，出现不同家庭关系中各方力量的拉扯，这就会对孩子造成一些影响。因此，W 校长认为，全纳教育应该从家长开始。有个别孩子在学校表现得很好，但一回到家里，父母、长辈有自己的一套教育理念，不同的理念集中在这个孩子身上，导致孩子无论是在身体还是在心理方面都会出现很多问题。所以很多时候学校就会觉得，在学校里经过一段时间的教育再回到家，特别是经过一个寒暑假之后，孩子们都"一夜回到解放前"。因为如果要固化这些特殊孩子的比较好的行为，必须学校跟家庭达成一致。他们进入社会之后，也需要社会的接纳、理解、包容和尊重，这对于他们良好行为的形成很有帮助，只有这样，他们才会一路向着比较好的方向发展，这中间缺少了学校、家庭、社会的任何一环都会对这个孩子的成长产生致命性的打击。

第四类家长大多数处于中间线的位置，他们不一定对孩子的家庭教育有很多深刻的认识，更多地可能被困在家庭谋生中，为了孩子的医药费奔波，从而忽视了对孩子的家庭教育。特别是对于一些偏远地区或者乡村、乡镇上的孩子，他们的父母身上会折射出一个普通老百姓的形象，就像普通中小学里大多数孩子的父母一样，这些父母将孩子的教育交给学校，也比较配合学校工作，但是当学校做一些教育活动或者培训时，他们未必能够给到很多帮助，也有极个别的家长对于这些孩子抱着不愿承认、不想接纳的态度。学校每年都会遇到不少这样的家长，甚至在同一个家庭中不同家庭成员对这些特殊孩子的态度也是千差万别，这些也会造成孩子情绪、行为方面的问题。

W校长举了一个学生的例子，这个学生在学前阶段总会有一些很怪异的行为问题。后来通过沟通了解到，这个孩子在家里时，父母和家庭成员对他的态度总是很烦躁，一旦这个孩子出现了一些惯性的行为问题，父亲就会怪母亲没有管好，而在母亲心烦意乱的时候，对于孩子的管理方式就很粗暴，容易打骂这个孩子。孩子的行为问题没有得到很好的解决，可能只是暂时压制，很容易出现反弹。这就形成了恶性循环，孩子的行为问题一旦反弹，就会导致夫妻双方又开始吵架，互相指责对方没管好。特别是在一方工作另一方不工作的情况下，不工作的一方通常处于弱势，所以通常会被指责，一被指责就会把情绪发泄到孩子身上，进而导致孩子的行为问题更加严重。来到学校之后，学校的老师就致力于做这方面的调整和纠正。在这个过程中，W 校长和孩子的家长沟通，告诉他们现在的关注点不在孩子身上，而是父母自身要如何跟家庭成员协调好关系，夫妻之间要做好沟通，孩子出现了这些问题应该怎么做。首先要把这些关系处理好，再根据与老师的沟通了解这个孩子应该用什么样的方式调整。一旦孩子觉得家庭所有的人都是真心地接纳他，他自然不会用怪异的行为引起别人的注意。这样他就会有比较好的良性行为，以获得父母更多的表扬和点赞，也就是不再需要用不良行为吸引人的注意了。孩子家长按照 W 校长的说法做了之后，过一段时间发现孩子的行为问题确实减少了。这样一来，家校的力量一致了，孩子的行为问题越来越少，这个孩子也越来越好。到了小学二年级时，基本上孩子的行为问题已经消失，越来越往好的方向发展，他的父母还有其他成员觉得孩子越来越好，心情也会变好，也没有必要为他再吵架，进而促进家庭成员之间关系质量的提升。

W 校长认为，早期干预的效果对于孩子的恢复非常重要，倘若家庭教育、学校教育和社会教育形成合力，那么这些特殊孩子就会从纸面上的重症诊断慢慢地发展为实际生活中看起来很轻的症状。相反，一些诊断出患有轻度自闭症的孩子，如果缺乏比较良好的家庭关系，缺乏良好教育的话，很有可能发展为重症。

对于特殊学校孩子是否有机会从重症变轻症，后来可以进入普通学校的情况，W 校长表示机会很小。一般情况下，如果孩子选择了特殊学校，想回到普通学校还是挺困难的。困难在于，比如随着年纪越大，他进入普通学校的可能性就会越低。因为国家现在讲求学术教育，学习不是按能力来分，而是按照年龄，而且更加注重学科教育，培养学生学术能力。如果特殊孩子要进入普通学校，也要适应这种情况。

现在得到一些辅助性支持的融合教育，最多的还是语数英这些学科课程的调整，像音体美或者其他更能够发挥孩子特长方面的融合是做得不够的。这也是比较困难的方面，融合教育特别是全纳教育在中国推行起来有一个比较大的困难，就是没有改变孩子进入学校的标准，不单单是要看他的学习成绩，更多地要看他的社会交往能力，以及有没有可能找得到他的兴趣点，或者是他的可以称之为特长的地方，然后再去发挥，而不是说一味要求教师在哪个学科的教学方面做一些调整。

整个社会的融合教育，实际上发生了一种认知上的偏差，才会导致人们认为融合教育很难推行。其实以前没有全纳教育和融合教育的时候，没有讲随班就读的时候，学校里也有很多特殊孩子，为什么那些特殊孩子就能够跟着普通孩子一起上学？W校长觉得最重要的是接纳。她发现很多特殊孩子在普通学校里还是可以做得好的，主要在于环境，老师富有爱心就可以接纳他，可以给予他多方面的帮助。至于有些孩子可能更多地需要一些专业的特殊教育的支持，或者康复性的支持，这些就可以请专业人士来做。

然而，现在社会对于特殊孩子仍然存在歧视和偏见，为了缓和这种情况，W校长想把区域性的特殊教育做起来，希望能够让家长们知道学校有这样的专业力量，有着整个N区最强的特殊教育的专业力量和支持，但是他们不单单是为这100多个孩子服务，或许未来学校可能有几百个特殊的孩子，学校的早期干预室，所有的心理辅导室、资源中心，这些场所以后都是对外开放的，如此一来未来可以让特殊孩子能够获得更多的服务和支持，让他们知道有这样一个地方存在。

针对家长的辅导，W校长表示，学校有做巡回指导，还可以做"一加N"，"一"就是学校，"N"就是 n 个普通中小学校，会进行定点，成立三人小组，比如说三人小组里有特教老师、康复老师和学科老师，学校的整个教师团队是跨学科和多元化的，有特教专业、康复专业，有语数英、信息技术、音体美、心理健康等专业的教师。整个团队的服务支持不单可以面向特殊孩子，也可以辐射到普通学校里各学科的教育。

家长也有自发性的组织。W校长提到国际上有各类服务残疾孩子的协会，很多都是家长自发成立的，家长之间"抱团取暖"、相互帮助，这是一个很好的方式。特别是像N区也有援外型，W校长加入了一个特殊儿童的康复群，关注家长的一些需求。这些群都是一些NGO（非政府组织）或者非营利性机构在运营，他们也会给这些家长提供一些服务和支持。家长可以通过群获取一些有用的信息，也可以在群里进行交流和分享，比如哪些医院的医生或者哪个机构做得比较好，哪些可能不行，不要去"踩坑"。在互助交流、相互支持方面，无论是家长的自发性组织，还是社会组织机构，抑或是学校的家长群，都是很好的交流平台，这样也有利于缓解家长精神、心理上的压力。而且，他们也会在这里找到一种组织和团队的感觉，感受到自己并不孤单。在这里大家都是一个团队，哪怕没有直接的支持，也可以从中获取力量。

对于是否可以和医院进行合作，W校长表示，孕期时由医院去做会更好，因为学校无法预知家长是不是还要做些什么。由于人们常说医教结合、康教结合，学校可以在康复和教育方面与医院交流合作。在这个模式下，学校可以做一些事情。她发现很多时候学校的教育和医疗与医院方面的康复治疗很不一样。比如学校这几年招的康复治疗师，特别是一些有医学背景的康复治疗师（如北大医学院、广东医科大学、南方医科大学的毕业生），他们进入学校后会发现学校的康复治疗模式和他们在医院实习的模式不一样，可能医院更加注重器械、药物的使用，但学校更加注重教育承载的功能，如何在集体交流、小组交流或者一对一辅导中做好康复治疗。所以一些康复治疗师刚进学校时会有一些迷茫，有时候会很不适应。比如对语言治疗的看法，可能他们分享的观点和特殊教育学校里其他非康复治疗专业的老师不一样。这种观念上的分歧是很正常的，这是两个体系。还有很多时候医院的医生或教授会固守对康复治疗的狭义认知，认为学校里的医疗根本不算是康复治疗，仅具备教育功能，但是学校又需要医院医学方面的支持，很多时候就会出现这两种观念的碰撞。W 校长认为二者并不一定非要结合，可以取长补短。特别是对于这些特殊儿童来说，早期更加需要注重一些抢救性的康复，在黄金时期结合药物、医学，或采取教育手段，尽可能早地发现问题，尽早诊断，进行全方位、多方面结合的康复治疗。所以没有必要过多纠结康复是谁做的，而是需要结合孩子的具体情况。

在早期阶段，通过社会力量教会家长做康复好过带孩子去外面的机构，因为家长更了解这个孩子，而且和孩子相处的时间是最长的。W 校长表示自己未来也会更加关注学前教育的早期干预。教育家长比教育孩子更具有价值，家长已经主动或者被动担任了这个角色，学校更多地需要给予他们观念、教育和康复手段上的正确选择，让他们朝着正确的方向发展，而不是自由自发。

如果医院医疗机构要与家庭教育和学校教育合作，可以从这一方面做好更多的结合，对不同个案可以进行个别化的治疗、康复和教育。

W 校长表示，从整个历史的发展角度来讲，特殊教育学校存在的时间才短短两三百年，最早开设的还是市政学校，智力残疾的学校是近100年以来逐渐增多的，之前都是视障跟听障学校比较多。而且这个群体比较大，在学校教育方面，比如国外的特殊教育学校，特别是听障、视障类的特殊教育学校，随着全纳教育、融合教育、随班就读的发展，可能越来越多的学校会面临转型，变成一个综合性的学校。当然纯盲校、纯聋校这种特殊教育学校可能会越来越少。全纳教育做得越好，特殊教育学校的功能就会越来越弱，因为它作为最受限制的隔离式的教育环境，其实并不被提倡，所以国外除了一些视障和听障学校，有很多特殊教育学校萎缩了，更多的可能会转向回流学生的教育。比如到了高中阶段，有一些孩子确实很难应对高中阶段的学业压力，可能会转回特殊教育学校进行教育。有一些特殊教育学校会进行转型，还有一些特殊教育学校会更加具有综合性。最近十年，中国的特殊教育学校也逐渐向综合性教育学校发展，接收的孩子可能是多重残疾（两种以上的残疾），比如视力残疾跟自闭症，或者是视力残疾、听力残疾和智力残疾，肢体残疾又合并一些自闭症或者智力残疾等。

案例分享 4.2

远程教育为特殊教育打造无墙学校

张同学因早产导致脑瘫下肢痉挛，四岁时因髋关节半脱位，需要接受关节复位手术，从小就经历磨难。但他性格开朗，人见人爱，在智力方面与同龄孩子没有差别。在2019年，五岁的他进入融合中心，当时还不会独立使用助行器，只能坐在板凳上，偶尔也会摔倒，生活不能自理，全依赖家人。这不只是因为肢体的障碍，很大原因是家长没有意识到要培养孩子独立照顾自己的能力。进入融乐助残公益服务中心（简称融乐）后，家长很快知道脑瘫孩子也需要全面发展，不只是肢体康复，从智力、心理、情绪社交、生活自理多方面都要同步发展。家长按照融乐的理念一步一步陪伴孩子学习和训练。2021年9月，张同学用后置助行器勇敢地跨进小学的大门。他独自朗读课本、洗碗、绘画、写字等，并在幼小衔接阶段，利用暑假提前学习小学一年级的知识和其他生活技能，这为他今后在小学的生活打下了基础。"我要感谢融乐的老师，是你们让我很好地进入小学阶段。我在融乐参加了钢琴课、绘本课、生活自理课等，我都很喜欢，在钢琴课上，我学会了用钢琴来填补我的业余时间；在绘本课上，我感受到了读书的快乐；在自理课上，我学习了很多家务技能，使得我在学校的个人生活更方便了；爷爷送我上学，到了校门口后，我会主动向老师问好；上体育课的时候，同学们会主动帮我拿出东西；需要帮助时，同学们也会尽可能地帮助我。我喜欢上学，可以交到很多好朋友。"

曾同学的智力与同龄孩子相似，她是2018年融乐创办时的第一批学生，在融乐各方面的训练和学习中，曾同学最喜欢画画。因为她活动能力的限制，再加上不是武汉户籍，妈妈给她找学校困难重重，"其实她的内心是非常希望进入学校，跟正常的小朋友一起去学习的。我们在找学校方面遇到了很多困难，学校暂时还没有收我们"。融乐陪伴家长去教育局基础教育部门了解了报名程序，曾同学终于在2019年从融乐毕业后进入武汉普通学校。学校生活很愉快，她也参加了融乐无墙学校的云端课堂，得到了融乐借给她的钢琴。她还参加了钢琴先导班，努力在家练习。得到融乐各方面的帮助，曾同学很懂得感恩，介绍她的小学时蛮自豪，"我在学校上学很快乐，我想对融乐的老师说，是你们让我上了普通的小学，我今年三年级了，学习了很多知识"，"今天终于考完试了，我的心情是很开心的，我的暑期安排是先预习四年级的内容，再复习三年级我没搞懂的内容，我要加油！"

汪同学的小脑有先天性发育问题，导致她动作不协调。她是2018年融乐创立时的第一批学生。汪同学学习进度虽然比同龄孩子略微缓慢，但脸上经常带着笑容，很少发脾气，老师、家长都很喜欢她。当时的汪同学胆子比较小，不敢随意表达，说话声音小，要借助助行器才敢走路。她在融乐两年，老师以全人发展理念与模式提升她的能力及扩展其生活经验，加强她的自信心。融乐陪伴汪同学的家长一起找学校，在2019年9月，汪同学在武汉的一所小学随班就读。汪同学上了小学之后，融乐提供融合教育资源，与家长、老师积极联络，例如建议改善书写时的坐姿。汪同学加入了融乐无墙学校，参加云端课堂，包括钢琴先导班、家务训练、自我认识课、绘本共读、英语和数学增益课、打字课等，在小学过着愉快的校园生活。"妈妈每天陪着我弹钢琴，和融乐的小朋友一起上课，学习、运动虽然非常辛苦，但我很开心，现在马上上课，要上数学、英语、绘本、钢琴课等，虽然不能面对面，但我还是很开心！"

杨同学是痉挛型脑瘫，伴有癫痫。六岁时因车祸导致骨折，下肢关节功能受损，即使使用辅助工具也站不起来。但他的妈妈并没有放弃，2018年7月20日，融乐正式成立，她马上给孩子报名，杨同学成为融乐的第一批孩子。融乐给杨同学提供引导式教育，将康复训练、生活自理与特殊教育结合起来，杨同学逐渐乐观起来，成为融乐的开心果，见到熟悉的老师会送给他们一个飞吻。融乐除了提供康复训练，还提供各种有趣的课程来帮助孩子们掌握生活自理、与小朋友交往等技能。融乐经常安排不同的户外活动，例如去超市学习购物，认识不同的水果、蔬菜，参加书店的艺术活动，参加普通幼儿园的运动会。在融乐的三年时间，杨同学的心智被打开了，虽然他不认识多少字，但他学会了自己盛饭、吃饭，家长稍微协助就可起床，自己穿衣服，减轻家长的负担。在融乐老师的建议下，家长进行了家居改造，实现了全屋无障碍。例如在马桶旁边安扶手，以便杨同学借助扶手上厕所；安装洗澡的沐浴椅；安装阳台的折叠门，三个折叠门可以合并在一起，使得他在阳台晒太阳或是活动时非常方便。融乐也提供云端课堂，包括数学概念、美工、绘本共读等线上课堂。杨同学的妈妈有个愿望，希望他能学会操纵电动轮椅，打开与外界联系的通道。杨同学妈妈的愿望也是不少身心障碍严重的孩子家长的愿望。

许同学一家住在巴东——妈妈任教的中学宿舍里。许同学因出生时缺氧，导致脑瘫，口肌肉控制也很困难，无奈有口难言，然而她智力正常，还有很强的学习动机，从不怕挑战。2014 年初，许同学的妈妈参加了残联康复中心给家长的引导式教育讲座，她非常认同这一理念，毅然向学校申请了一年假期，陪伴许同学来武汉上引导式教育课，许同学学会了在少数辅助下用 T 杯架走路。回到老家，许同学的妈妈没有太多时间陪伴许同学，许同学的身体功能每况愈下，许同学的妈妈很无奈，"我自己是一个老师，教了很多学生，但我自己的孩子上不了学，我就是希望她生活能够自理，能够进入学校学习和生活"。2019 年 7 月，融乐的老师带许同学的妈妈和许同学来武汉进行评估，这一次的评估扭转了许同学的命运，也努力为许同学寻找了求学之路。从幼儿园开始，许同学的妈妈深知许同学在学校会遇到不少困难，但她不放弃，"有很多专家来评估，就想去了解一下，之前基本上都放弃了，去了之后老师教给我们很多东西，许多专家评估后，认为孩子很聪明，学东西很快，一想到可以发生改变我就不打算放弃，让她去学习。之前我去过附近的幼儿园很多次，求园长让我女儿去上学，我女儿每天会在幼儿园上一个小时的课，学习简单的拼音，以及数学知识等，她回来后，我就会按照你们教给我的方法，给她做很多的训练，现在进步也比较大，你们来了以后指导了很多，比如说用键盘啊、如何握笔啊、远程教育啊这一块，我觉得如果能够给老师进行一个专业的指导的话，老师会更有信心，然后也有方向来指导这个孩子，困难就会小得多。明年我希望她能够自己学会走路，到正常的小学去上学，就是在我的计划当中，明年她一定要上小学，我会想办法让她在小学与正常的孩子一起去学习。"融乐的顾问和老师，走到巴东探访许同学，评估她的书写、操作电脑的能力，融乐无墙学校云端课堂建议了家中需要安置的设备（摄像头、大屏幕等）。2020 年新冠肺炎疫情期间，融乐提供线上课程，刚好为许同学上小学做好准备。2020 年 9 月，许同学正式成为小学生，学校要求许同学的妈妈请保姆在学校陪读，让许同学全心投入校园生活。可惜一年半后，学校生活要中断了，因为妈妈请不到保姆。融乐再次为许同学延续求学愿望。2022 年，融乐全面开展无墙学校的云端课堂。许同学能在家练习，她参加了数学课、语文课、绘本共读，以及钢琴兴趣班。融乐借出了白色数码钢琴给许同学。"这一学期我没有请到保姆陪孩子上学，但孩子的学习也没有落下，融乐提供了线上课堂，这些都是很专业的老师，知道怎么样去教她，怎么样跟她交流沟通。对于孩子来说，线上课程提升了孩子的自信心。"针对孩子在练习英语口语时的困难，融乐的科技顾问教会了孩子使用蓝牙打字设备，让她可以表述心中的话，孩子也能抄写课文，但要花上一个小时才能打完几段课文。杨同学坚持不懈的毅力也表现在她自己坚持在草地里练习走路，经过日复一日地锻炼，像自我照顾、穿脱衣服、吃饭等生活技能她全都学会了。孩子求学之路崎岖难行，孩子妈妈期盼着融乐能带来一点改变，"因为她不是生活没办法自理吗，还有就是语言障碍，教她的也不是专业的老师，肯定有时候没办法去理解她，有时候也没办法去照顾她，这些其实都是困难。她也特别想要交朋友，她上次跟我说带她到学校去上学，最大的问题就是其他小孩不会跟她玩"。

魏 X 和魏 Y 是一对严重发育迟缓的双胞胎，五岁时也只有两三个月婴儿的智力，家境贫寒，爸妈为两个女儿放下农活，节衣缩食，带着女儿到武汉，接受大夫给六岁以下儿童的抢救性康复项目治疗。2016 年，两个孩子年满六岁，要回老家。魏 X 和魏 Y 的父母一方面谋生，一方面仍用心照顾和教导两个女儿。孩子们的妈妈谈到，"我们家在农村，环境比较冷清，这几年我们也习惯了，我们上街的话不是特别方便，孩子爸爸给我买了一辆三轮车，让我尝试骑三轮车上街去卖菜，但是上街去卖菜的话，我要趁一大早孩子们还没有起床的时候，卖完菜赶回来"。虽然困难重重，但魏 X 和魏 Y 的父母永不言弃。2018 年，融乐为已经 8 岁的魏 X 和魏 Y 做体能和智能方面的评估，建议她们的父母在家里添置跑步机，以便促进她们步行能力的提升。融乐的爱心义工了解到她们的困难，亲自到魏 X 和魏 Y 的家庭探访，赠送了跑步机。魏 X 和魏 Y 的父母一直希望融乐能开展远程教育。"我们已经离开武汉两年了，融乐也一直给予我们帮助和指导"。2020 年，他们的心愿达成了，融乐提供了线上课程，夫妻两人带着女儿积极参与。2022 年，融乐全面开展无墙云端课堂，"感觉又回到了之前做康复时的感觉，提高了我们的积极性，可以跟老师和其他家长分享孩子的成功经验和一些困难，虽然现在她们学的东西特别难，她们学起东西来也特别慢，但是她们特别喜欢上课的那种氛围，会觉得没那么孤单了"，孩子的妈妈说道。团体向云端课的方式让孩子不再孤单，让她们也体会到了学习的乐趣。孩子的认知有了很大提高，刷牙、洗脸、吃饭等可以在家长的部分参与下一次性完成，有了主动完成这些任务的想法，魏 X 单脚站立能力有了很大进步。"有一天，我们那边有个人看见魏 X 和魏 Y 在院子里走路，以前走路的话，她们的脚尖喜欢在地上"刮刮刮"的，她们的腿没有完全抬起来，今年的话，她们的脚会抬得高一些。"

二、P 研究协助组织支持下的农村地区的家校社协同教育

P 研究协助组织成立于 2005 年，是一个由国际知名大学和研究机构的社会科学学者组成的跨国合作组织，以"为中国农村教育、健康和营养政策制定提供决策依据"为目标。该组织隶属于美国的 S 大学国际问题研究中心，由美国的 S 大学、中国的 S 大学教育实验经济研究所和 K 院农业政策研究中心发起，其研究团队由美国的 S 大学、中国的 S 大学、K 院农业政策研究中心、P 大学、Q 大学、Z 大学等著名高校的研究者组成，并以中国农村教育尤其是基础教育为核心，开展了大量出色的研究工作。这些研究工作不仅识别和揭示了农村教育存在的问题，同时使用良好的科学研究方法（比如随机控制实验等发展经济学方法），探讨了各种干预措施对学生的影响。

P 研究协助组织干预措施的实施离不开政府的支持。P 研究协助组织希望中国政府能够采用基于实验的政策建议，这意味着 P 研究协助组织与政府官员合作，从项目构思到项目开展的全过程，均需与地方当局携手合作设计项目，以确保干预项目符合政府的优先事项和当地需求。① 干预措施的实施同样离不开各类社会力量的支持。P 研究协助组织在干预措施的实施中，体现了其联合各种庞大的合作大学和机构等社会力量来赋予学校给及家庭对学生进行教育的能力。这主要表现在其对农村小学教育的支持以及促进高中生获得更好发展的干预措施中。

（一）践行多元共治，多途径支持农村小学教育

P 研究协助组织与非营利组织、高校科研力量进行合作，改善农村小学的寄宿制学校，对教师进行培训和激励，开展在线计算机辅助学习，并动员企业力量为贫困省份农村儿童提供视力筛查和配发眼镜等服务。

第一，P 研究协助组织获得美国 F 基金会的资助，改善中国农村寄宿制学校的卫生状况和监管机制，以及中国农村寄宿制学校学生的生理和心理发展状况。该组织开展了寄宿制学校的干预试验，并且通过效益评估，探讨出了有助于改善学生营养、卫生和监督管理的政策。

第二，P 研究协助组织与中国 J 教育非营利组织及中国学校合作，帮助学校对教师进行培训和激励。教师培训的内容围绕着如何实施阅读课程进行，其目的是通过对教师进行相关培训来促进学生的课外阅读。学校还为学生提供了专门的"阅读角"。这些措施旨在通过课外阅读来培养农村学生的智力自信，提高他们的学习动力。此外，P 研究协助组织还对学校教师的激励方式进行变革，比如，开展支付改革计划，改变教师的薪酬激励制度，支付改革计划节约了众多资源，也更为容易得到

---

① 农村教育行动计划：帮助中国农村贫困孩子实现并收获他们的梦想……［EB/OL］.（2010-07-29）. https：//www.docin.com/p-67278996.html.

推广，且通过支付改革计划，教师不再只关注少数在考试中表现出色的学生，而是关注所有学生。①

第三，P 研究协助组织通过开展在线计算机辅助学习，为农村小学生提供免费的补习资源，以提高他们的学习成绩和学习兴趣。② 在在线计算机辅助学习中，在基于游戏的学习平台上，数千名教师提交的练习内容是可见的，学生和教师也可以在家中或旅途中通过电话应用程序轻松访问免费的、基于游戏的学习软件。这一干预措施的评估结果表明，在线计算机辅助学习使学生能够按照自己的节奏学习，并且提高了学生的学业成绩。现场实验结果表明，当学生每周至少使用在线计算机辅助学习 30 分钟时，他们的成绩会显著提高。

第四，P 研究协助组织与社会企业合作，在社会企业中运营了一个不断扩大的视觉中心网络（smart focus），并促进中心与学区合作，共同为学生的视力保健提供支持。在社会企业内建立了一种可持续和全面的筛查、转诊和治疗学生视力的模式，每月为数千名儿童筛查和配发眼镜、提供眼部护理等服务。评估发现，在贫困省份为农村近视儿童提供免费眼镜，对近视学生的标准化数学考试成绩有显著和积极的影响，也可以提高其平均学习成绩，这有助于缩小近视儿童与不近视儿童学习成绩的差距。此外，P 研究协助组织还连接中国政府，定期推动中国政府将视力保健纳入中国农村医疗保险计划，并倡导对视力保健进行补贴。研究表明，为农村近视儿童提供补贴眼镜，促进了近视学生的平均测试分数的提高，并且当提供眼镜这一干预措施用于教育目的时，是相对划算和安全的。③

---

① 《教育激励：提升教师，提升学生》，斯坦福农村教育行动项目官网，https：//sccei. fsi. stanford. edu/reap/research/classroom/teacher _ incentives。

② 农村教育行动计划：帮助中国农村贫困孩子实现并收获他们的梦想……［EB/OL］. （2010-07-29）. https://www. docin. com/p-67278996. html.

③ 《近视研究：帮助孩子看到光明的未来》，斯坦福农村教育行动项目官网，ht-tps：//sccei. fsi. stanford. edu/reap/research/vision/myopia。

（二）着眼学生未来，促进高中生获得更好发展[①]

P 研究协助组织与政府部门及社会力量合作，开展了奖学金项目。该项目主要有两个目标：一是了解在高中生进入大学的前一年，按需给他们提供经济资助能否帮助他们克服经济上的一些不确定性和固定的问题，以便于他们选择更好的高等教育；二是在高考之前向贫困学生提供经济资助是否会激励他们有更好的表现并提高高考的成功率。

在项目试点阶段，P 研究协助组织采用随机控制实验的研究方法。首先，随机选取 S 省的 8 个县进行试点研究，这 8 个县有 10 所高中，在这 10 所高中的每一所高中里随机选取一个成绩好的高三班级和一个成绩普通的高三班级，共计 20 个班级；其次，项目团队调查了这 20 个班级中的每一个学生（共计 1200 名学生）的家庭背景；然后，根据他们的家庭经济状况对他们按从贫穷到富有的顺序进行排名；最后，在被列为最贫困的 600 名学生中，随机抽取了 248 名"中奖者"作为干预组。P 研究协助组织给随机抽取的 248 名高中三年级学生每人提供一份大学一年级的奖学金，条件是这些学生能够通过高考考入一本或二本大学。对于对照组，P 研究协助组织也对 352 名被认定为经济贫困但没有被抽中奖学金获得者的学生进行了跟踪。通过分析随机选取的奖学金获得者及没有获得奖学金的学生那里得到的数据发现，作为一个整体，除了收到奖学金的，每一组的平均显性特征都是相同的。为了探究第一年的奖学金发放的通知时间和数量是否会产生不同影响，随机把学生分配到了以下四个不同的处理小组：一是第一年按需评定的奖学金——全部学

---

① 《提早获得提供经济援助的承诺》，斯坦福农村教育行动项目官网，https://sccei.fsi.stanford.edu/reap/node/133267。

费，即 62 名学生被随机抽选为 5000 元奖学金的获得者，并且在高考前的三个多月（当年 3 月份左右，官方申请/志愿填报提交截止日期前）进行提前通知；二是第一年按需评定的奖学金——学费的一半，即 62 名学生被随机抽选为 2500 元奖学金的获得者，并且在高考前的三个多月（当年 3 月份左右，官方申请/志愿填报提交截止日期前）进行提前通知；三是第一年按需评定的奖学金——全部学费，即 62 名学生被随机抽选为 5000 元奖学金的获得者，并在高考后、官方申请/志愿填报提交的前几天进行通知；四是第一年按需评定的奖学金——学费的一半，即 62 名学生被随机抽选为 2500 元奖学金的获得者，并在高考后、官方申请/志愿填报提交的前几天进行通知。

此外，P 研究协助组织也对抽样高中的学生进行了跟进，并且通过收集干预组和控制组学生志愿填报的大学和专业情况来评估奖学金项目的效果，以及奖学金发放的数量和通知时间是否会对结果产生影响。通过评估可以得出 P 研究协助组织调查的干预对于贫困农村学生的影响包括：① 选择去上什么样的大学；② 选择主修什么专业；③ 较早的通知是否会改变他们备战高考的时间分配；④ 这些较早收到通知的学生在大学入学考试中是否会有不一样的表现；⑤ 是否会有更少的获奖者复读。并且 P 研究协助组织还基于收集到的基线数据和干预后的数据，分析干预如何对可观测的差异分组（如果学生来自陕北，如果学生是女性，如果学生是理科生等）产生不同的影响。

三、 M 教育学会支持下的家校社协同教育

M 教育学会由专业人士组成，旨在推动特定领域的知识传播、技术进步和经验交流的非营利性社会组织。这类组织通常聚焦于某个学科或行业，汇聚了相关领域的专家、学者、从业者，通过交流、研讨、合作

等活动，促进学科发展和行业进步。学会作为非营利性社会组织，是为成员提供最新研究成果、技术动态和行业信息的平台，以促进成员之间的合作与联系，推动科技创新和行业发展。同时，学会还为社会提供咨询服务，帮助政府、企业、民众了解行业动态和技术发展趋势，促进产学研用结合，推动学科知识的创新和发展。Daisy 作为 M 教育学会的会长，在意识到家庭教育的重要性之后，开启了她长达 20 年的义务家庭教育之路。

家庭教育一直是家校社协同教育系统的盲点。做好教育需从根源出发，让家长能执行高质量的家庭教育，否则日后的教育都只是修补。人类的第一所学校是家庭，而不是幼儿园；首位施教者是父母，而不是幼师。也就是说，基础教育的基础在于家庭教育。人类起步、发展的根源，人类认知的萌芽都在于家庭。目前，大部分国家在大学高等教育的投入占比最重，而对于家庭教育基本没有投入。事实上，家庭教育是建立稳固教育结构的根本，需要的投入也最多，只有这样才能为学校教育打下坚实的基础，如图 4.1 所示。

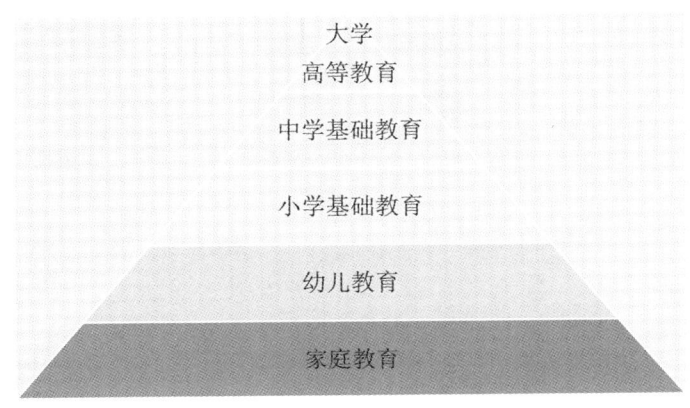

图 4.1　教育结构金字塔

案例分享 4.3

二十年"家长教育-科学育儿"经验启示

早在 2004 年，我看到有人为了好好饲养小狗，愿意用八千块花八小时去学习宠物狗的成长需要。当时的感觉是晴天霹雳，不禁发问：那养育孩子呢？狗主懂得主动学习，为何家长没有这种认知？是没有这种教育服务？社会对家庭教育不作为？还是家庭教育不奏效？

正如我在《儿童的秘密》一书中读到的："社会没有吩咐为人丈夫或妻子要好好准备自己，以便照顾他们的孩子。国家如此严格地撰写官方文件，如此执着于微小的礼节，如此着紧看社会各大层面，然而对未来父母保护孩子的能力漠不关心，对孩子的妥善发展袖手旁观。政府亦没有给予任何形式的准备或指引，帮助这些父母去担负其责任。"

带着这些问题，我发现在当时的社会中，存在着很多社会环境对幼儿发展不利的因素，例如，八成以上家庭是双职工家庭，父母早出晚归；绝大部分家庭的孩子由保姆或老人带养；因缺乏家庭教育，孩子普遍存在各种行为及态度偏差问题；孩子安全感培养存在严重问题；幼教小学化现象严重；幼教老师不被社会尊重；价值观普遍扭曲，社会功利性强；妇女普遍认为自己在家带养孩子是一种浪费；不重视孩子体能发展；家长付费让孩子参加各种兴趣班及补习班。

其中，家长的行为与认知是导致孩子发展问题的主因，当时我做出一个大胆的决定，邀请在我主办的儿童中心的家长参加家长讲座，内容主要是讲解儿童各阶段的发展需要。虽然只有数位妈妈到场听课，但在我讲了两小时后，她们都不愿意走，要求我继续。妈妈们竟然要求择日再来，她们不仅说会多带朋友来学习，还说要付我讲师费及空调租金费用，作为感谢我愿意教育她们的酬劳。这是莫大的鼓励，这样的基础成就了我往后"家长教育"事业的发展。

这让我发现家长教育是社会教育的一大缺口，原来一直有需求，但没有相应的服务提供者。就像我怀孕的时候，很想学习儿童发展及家庭教育，但寻找不到相关教育服务，导致我决定转行修读婴幼儿教育学。这是我的幸运，但很多家长条件不匹配，心理上却都有同样的需要。

在家庭教育中，我的主要方法是善用孩子去教育家长，从而影响社会大众对教育的认知。家长教育的内容强调的是综合各种学科，如教育学、心理学、行为学、认知科学、哲学、家庭学、护理学、医学等，再配合当时刚兴起的脑神经科学。对应各阶段儿童发展的特性与需要，解释因果关系的情感与行为认知，让家长认识到如何将其应用在生活教育的互动中。

因此我从"邀请"变成了"要求"，要求父母教育先于孩子教育。没有父母，哪里会有孩子？父母是孩子做人的重要参照对象，绝对存在着因果关系。我创办的儿童中心的入学要求就是要求家长首先学习8小时家长教育课，孩子才能报读。在没有任何宣传措施的情况下，一个儿童中心演变成了整座城市的家长教育服务中心。

社会需要尊重父母的天职角色，不应让家长教育一开始被矮化，好教育必须以尊重为基础。作为父母的老师，需要人生经验丰富，随时被家长提问，并做出科学性的回应，指导家长执行生活教育。前人说：家长教育应比老师教育更严谨，因为家长掌管孩子的人格及行为教育，直接影响最少三代人。在教育学中，一代是三十年，三代便是九十年。因此，家长教育会对社会发展会产生深远的影响。

家庭教育的执行人是家长，教育界同行能做的是"家长教育"。我们不能代替家长去执行其家庭教育，需要做好的是"家长教育"，协助其完成父母天职，执行家庭教育，建设健康小区、繁荣社会。

家长教育与一般教育完全不同，今天的成人教育大多以课件的形式开展，缺乏人与人的情感互动。家长教育不能只是抽象的说教，需要配合具体的示范。合理的做法是上完家长教育集体课后，需要有完备的生活教育环境布置展示、成人的互动教育行为示范、观察孩子发展后的建议、回答个别家长有关孩子发展的提问。让家长同孩子一起参加专业家长教育团队的"观察课堂"，让家长亲历其景，看见实际操作，感受喜乐的育儿气氛，方便其理解与执行，并可在课堂上直接咨询提问。内容要素应包括科学支持、生活应用、大量案例、排除影响、捕捉佳期，唤醒父母理解什么是"教"与"育"、何谓"人类基础教育"、新生命对世界的贡献、心理与能力的建立、行为教育，也就是我们常说的身教。

我刚开始做家长教育，是以小组形式与家长亲切对话起步的，所以，我的模式就像是与家长聊天，但重点是，要能集体聊天、掌握流畅度、把持家长专注力、说重点、生活化、内容具有应用功能，最重要的是令他们想得通。中国有句老话：一理通，百理明！不只是知识的问题，而且要提供正确、踏实的内容数据去带领其思考，需要跟随社会步伐走，而不是跟着课件读。很多学生说，听了我数场家长教育课，都觉得内容次次不同，但都具备实用性。其实不是不同，中心内容都是一样的，只是演绎手法及顺序可能会调动，因为需要配合当时的环境气氛及家长层次。每次我都会提早到场，偷偷听听家长的聊天内容、绕场一周观察环境，看看场地的布置、场地温度适中与否、阳光照射度与空气流通状态。这些是一般演讲者未必会留意的，但我擅长留意一些他人不会留意的东西。演讲前，收集现场家长及孩子的年龄层，年龄是否集中在某些区间，家长学历水平、社会地位、文化背景，家庭管理形式，孩子发展状态重点，家长期许和焦虑点，影响家长心理状态的环境事物等。其实这些都干扰着家长的接收能力。我们需要把观察孩子和思考孩子的技术用在家长身上，先照顾他们的身心需要，再具体示范执行。当然，家长的应用能力取决于他们个人的逻辑思考能力。对于处于意识层次的成人，先要打通他的底层思维，才能让他改变自己的行为，这是先知后行，与对待无意识孩子的先行后知不同。所以，处于意识的教育方法是以"知"而"行"，而处于无意识的教育方法是以"行"再"知"。

　　根据认知行为理论，若家长不能在意识层上想通，是不可能应用及执行的，即就算上了家长课也等于零！所以，家长教育的技巧，就是要带领有因果关系的逻辑的"教育"思考出现。我喜欢用"问"的方式，如果家长专注度可以，学习者就会跟随演讲者的发问做思考，会用他们大脑中已有的数据思考内容，所以结合他们的回答，演讲者便会知道学习者的思路问题出现在哪里。所以，教育哲学大家，如老子、孔子、苏格拉底和亚里士多德，都会采用对话方式来授课，等同于今天所说的"聊天"。除了协助家长解决共性问题，还需要帮助家长解决个别问题。中国的老话说得好，家家有本难念的经。作为家长教育的执行者，我们就是要熟读这本"难念的经"，认清楚什么是"难"。

　　某些家长容易受其他家长的影响，这是因为家长与家长是以对话的方式来沟通的。看到别人的儿子去学钢琴，便会一窝蜂带自己的孩子去学钢琴。这也是因为在没有对事物充分认知的情况下，不能独立思考，不仔细思考自身需要与否，产生盲目跟随的"羊群心理"，这实际上是保护自身的做法。如果身为老师的我们，不用说教方式，而用对话方式，家长教育的效果必定不一样。所以，家长教育演绎方式建议使用对话互动、以问唤醒、轻松幽默、先整体、后局部、多维开放、突出重点、答疑解难、穿插影片等；要避免纸上谈兵、脱离生活、高不可攀、强迫恐吓、严肃教导、照搬抄袭、妄自菲薄。我们在家长教育过程中还需要强调中华文化及本土化、生活化、非电子化。

在从事家长教育的前十年（2006—2016 年），我回收了 5771 份家长反馈问卷，数据显示，98.3% 的家长认为家长教育带给了他们新的教育概念，94% 的家长改变了对孩子的想法，课程唤醒了自己，能重新认识孩子，增强了与孩子好好相处和互动的信心。数据亦显示，75% 左右的家长拥有本科及本科以上学历，25% 左右的家长拥有大专学历，这证实高知家长更重视孩子成长及家庭教育。另外，我发现开展家长教育课，需要掌握关键时机，孕期是最佳时机，若父母从孕期学习儿童发展及家庭教育，他们的"难"会减少很多。但家长对初生儿的大小事都兴趣盎然，也极为好奇，特别是 0～3 岁孩子的父母，我们称这种现象为"认知幼小生命敏感期"，参加家长班的亦以 0～3 岁孩子的家长占多数。众多的家庭问题，都是由于成人对孩子的认知产生了误会与误解。如果成人在孩子还未到来时，已经对孩子有一定的认识，很多家庭纠纷都不容易出现。

在同道中人的多年努力下，我们欣喜地看到 2021 年和 2022 年《中华人民共和国家庭教育促进法》的公布与施行。

《中华人民共和国家庭教育促进法》是为了发扬中华民族重视家庭教育的优良传统，引导全社会注重家庭、家教和家风，增进家庭幸福与社会和谐，培养未来建设者而制定的法律。

至今，我为国内外报章杂志及媒体撰写有关婴幼儿及家庭教育的文章约 400 篇；被收录至书册的文章有数十篇；走访国内外举行的家长教育讲座及课程已经近 500 场，受惠家长及婴幼师以十万计。我曾获邀作为演讲嘉宾出席多国教育会议近百场；接受传统媒体采访 20 次；受聘出任近 30 家教育机构及社会福利单位的顾问及讲师；亦曾作为大会主席举办过五场国际教育交流会议；最近五年，主动投入公益事业及社会工作。新冠肺炎疫情期间，我为公益机构做网课，带领 20 多个武汉问题儿童的家长数月，陪伴他们渡过难关。为了让家长获得最新的科学育儿知识及方法，在这十年内，我修读了国内外的专业发展课程及参与各国举办的教育会议。最感到荣幸的是，我于 2019 年 2 月撰写完成的《为教育扶贫添上新工具：家长教育》一文被选登在社会科学文献出版社出版的《中国教育发展与减贫研究》（2019 年，总第 3 期）；与大学教授及两位老师一起合著了《中国现代家庭教育研究与实践》，我主要负责 0～6 岁的内容，以及从婴儿至 24 岁人类的成长特征。

在家长反馈的问卷当中，99% 的家长认为家长教育应该普及化。问题是社会如何让新手父母愿意主动接受家长教育。这需要靠政府的协助及社会的力量。在接下来的工作中，我将与同仁一道，做系统式的家长教育（不是单纯的家长沟通、家长讲座、家长工作坊）；研究让父母每三年可接受孩子不同阶段发展的育儿方法；设一门"家长教育学"，使其成为国民教育必修课，内容以婴幼教育学、遗传学、行为学、环境学、演化学、心理学、医护学、社会学等为基础；寻找愿为孩子发声，经验丰富，具有观察技巧、表达能力、逻辑思维能力、解难能力的人才进行培训；积极开展对孕期准父母及新手父母的各项研究；进行婴幼儿各年龄层发展研究；与大学携手合作，为家庭发展做长远跟踪研究；分享研究数据给有关部门，与政府各有关部门沟通并提出建议；每年发出有关儿童发展及家庭教育工作的报告书；紧密与国家家庭教育政策联系；成立科学育儿资源中心；每年举办婴幼儿发展研讨会，促进行业交流学习。

福禄贝尔曾说："国民的命运，与其说是操在掌权者手中，倒不如说是握在母亲的手中。因此，我们必须努力启发母亲——人类的教育者。遗憾的是，真正理解这一意义的人却很少。能左右国民命运的是母亲的教育。"期望我的绵力能为社会作出一点贡献，让我能为孩子在家里生活、成长提供具有重重意义的服务。通过家长教育，让家长能够先修身再齐家，继而为社会和谐发展出力，进一步达成世界和平。

（作者：刘咏思）

第五章　社区支持的家校社协同教育

社区是家校社协同教育的支持者，能够联合政府部门、社会组织和社会企业等，为家校社协同育人助力。如，社区能够提供教育培训等教育资源，帮助家长和学校提升教育水平；能够组织家长学校、家长讲座、学生社团等各种教育活动，促进家校社之间的交流与合作；能够为家长参与教育提供支持，促进家长和学校的合作；能够为家庭困难学生提供奖学金、心理辅导等。

对于 H 街区来说，该街区对于家校社协同教育的支持主要体现在其拥有以街区儿童及青少年为主体的志愿服务队，并通过开展相关活动，对儿童及青少年志愿者进行教育。

H 街区位于 W 古城的核心地带，为深度挖掘发扬江城文化、古城文化、美食文化等文化内涵，在 W 区慈善总会第九届公益创投大赛的支持下，"户部小侍郎"志愿服务队于 H 街区成立，该志愿服务队得到了街区各职能部门、商户、社区等的支持，通过开展不同主题的活动来教育参与活动的儿童及青少年志愿者，帮助他们更好地以"传承、聚能、奉献、成长"为宗旨接受历史文化、生态环境、职业体验、安全、道德、爱国等主题的教育。

一、传承中华文化，开展历史文化教育活动

H 街区各职能部门（包括 H 巷管委会、H 巷社区、H 巷商会）与 W 区关工委、其他社会力量合作，共同助力"户部小侍郎"志愿服务队开展了以美食文化、店招文化、黄鹤楼文化、糖画文化、中秋节文化等为主题的活动。这些活动大多聚焦于地方文化特色，但有的活动也兼顾了民族文化特色（如中秋节文化活动）。

在美食文化活动方面，H 巷管委会、H 巷社区、H 巷商会与 W 区关工委共同开展了"城启夏口·W 古城 1800 之学习汉味美食"活动。该活动通过"H 巷小识堂"项目传承和弘扬传统文化，带动"小侍郎"家长们提高参与社区治理的积极性。活动还开设了"汉味厨房"课堂，"户部小侍郎"们学习了如何制作热干面、汤圆、糯米包、油条、豆皮、蛋酒、馄饨、凉面和蒸糕。食物传达的烟火气贯穿切身参与的制作过程，"户部小侍郎"们不仅进行了汉味美食文化与技艺的传承，也从中品出了真正的美味与珍贵。①

在店招文化方面，W 区城管执法局、H 巷管委会、H 巷艺术城、"户部小侍郎"志愿服务队联合开展"小路长学习店招文化活动"，以弘扬具有 2000 多年历史的店招文化，让青少年以店招文化为触手更好地感知 W 古城 1800 年的历史，培养城市文化自信，传承古城文化。活动中，"岳飞在武昌的故事和传说"非遗传承人带"户部小侍郎"们实地参观了红巷艺术城不同形式的店招，了解了店招的形、材质、造型、字体等方面的文化知识，并通过店招设计元素体会到了汉字演变的魅力和"凤舞楚天"图腾蕴含的楚人精神；W 区城市管理局广告招牌办理流程

---

① 极目新闻．"汉味厨房"课堂上，孩子们学制热干面［EB/OL］．（2023-03-08）［2024-02-01］．http：//jms. ctdsb. net/jmythshare/#/news ＿ detail? contentType ＝ 5&contentld＝1684395&cld＝0．

和规范方面的专家向"户部小侍郎"们讲解了店招的起源、作用、发展以及武昌区城管局对店招的管理办法，并通过典型案例分析了招牌合规或不合规的原因以及不合规招牌的处理办法。专家还带领"户部小侍郎"们学以致用，与"户部小侍郎"们共同巡查了 H 街区的招牌，对于巡查到的不合规招牌，他们通过打电话的方式与 H 街区路长取得联系，并与路长一起登门了解商户做违规招牌的原因，根据商户的需求给出指导。此外，"户部小侍郎"向大家介绍了"户部巷"匾额和两对楹联的历史由来，还在匾额下设计了他们心目中的户部巷匾额形象。

在黄鹤楼文化方面，W 区关工委携手 H 大学马克思主义学院和国际学院、Z 小学共同举办了"关爱青春·小手拉大手"黄鹤楼寻迹打卡活动。该活动以让"户部小侍郎"们直观了解 W 古城 1800 年历史，使他们成为历史文化的代言人，激发基层治理动能的坚实力量为目的。活动选取了岳飞广场、白云阁、胜像宝塔、"三楚一楼"大牌坊、黄鹤楼景区等 6 个特色建筑，绘制成"探寻 W 古城 1800"宝藏地图，通过寻宝打卡的方式，引导大学生与"户部小侍郎"们一起走进黄鹤楼，发掘不一样的特色历史文化，解锁 W 古城 1800 年的瑰丽宝藏，聆听历史故事，探寻历史足迹，深切感受中国传统文化的魅力。在岳飞广场上，"户部小侍郎"们和大学生们一起瞻仰南宋抗金名将岳飞铜像，通过 H 大学马克思主义学院同学的讲解，了解了岳飞的英雄事迹以及他与武汉的深厚渊源，通过集体朗诵《满江红·登黄鹤楼有感》，感悟岳飞百折不挠的韧劲，传承岳飞精忠报国的爱国主义精神，并且在此地登上黄鹤楼，站在黄鹤楼的最高层，体验"楚天极目"的快感，通过 Z 小学的同学的讲解了解黄鹤楼的历史发展历程[①]；在白云阁，"户部小侍郎"们与

---

① 武汉学习平台．活力之城｜武汉武昌：大小朋友牵手共登黄鹤楼 打卡城市地标探寻武昌古城历史［EB/OL］．（2023-05-11）［2024-02-01］．https：//article. xuexi. cn/ articles/index. html? art _ id＝12706956545665071398&t＝1683790496373&showmenu＝false&cdn＝https％3A％2F％2Fregion-hubei-resource&study ＿ style ＿ id ＝ feeds ＿ opaque&source＝share&share ＿ to＝wx ＿ single&item ＿ id＝12706956545665071398&ref ＿ read ＿ id＝76eaf2ec-59ad-4730-a3d0-2ee2869ffe76 ＿ 1684470010271.

大学生们品读楹联，感受中国传统文化；在千禧钟景区，大学生、留学生、小学生们一起敲响了千禧钟，并写下了自己的梦想；在胜像宝塔和"三楚一楼"大牌坊，大家了解了古建筑的故事，并为 W 市而骄傲。①此外，W 区关心下一代工作委员会还联合 H 巷管委会、黄鹤楼共同开展了"诗词奇遇夜 与游客以诗对话"活动。该活动的目的是让更多的游客了解 W 古城的历史文化、感受黄鹤楼与诗词的古今缘分。活动中，10 名"户部小侍郎"身着汉服、别有"户部小侍郎"胸针，在崔颢诗壁附近的"时空驿站"上岗营业，与游客以诗对话。"户部小侍郎"们自信流利地给游客出题："'白毛浮绿水'的下一句是什么？""'君不见，黄河之水天上来，奔流到海不复回'后面你会接吗？"②

在糖画文化方面，为增进"户部小侍郎"对中国传统糖画艺术及其非物质文化遗产的传承与保护意识，"户部小侍郎"志愿服务队在 H 街区开展"走进糖画"非物质文化遗产体验活动。活动开始，糖画传承人李先生将红糖、白糖和少许的饴糖放在炉子上温火熬制。随着糖的融化，焦糖的香气弥漫开来，"户部小侍郎"们跃跃欲试地想要自己上手操作。在观看糖画传承人创作之后，"户部小侍郎"们结合所领悟的技巧纷纷开始了创作。制作过程中，糖的温度高达 200 摄氏度，为避免烫伤"户部小侍郎"，李先生手把手地教每一位"户部小侍郎"用糖浆勾勒出各种形状、图案，小男孩喜欢奥特曼、手枪，小女孩喜欢爱心、凯蒂猫。在完成糖画作品后，"户部小侍郎"们自豪地和自己制作的糖画合影，分享对糖画的理解和感悟。③

---

① 极目新闻. 小学生大学生小手拉大手，寻迹 1800 年武昌古城［EB/OL］.（2023-05-08）［2024-02-01］. http：//jms. ctdsb. net/jmythshare/♯/news_detail? contentType＝5&contentld＝1745034&cld＝0.

② 长江日报. 夜上黄鹤楼，"户部小侍郎"们与游客以诗对话［EB/OL］.（2023-08-05）［2024-02-01］. http：//www. app. dawuhanapp. com/p/27001834. html.

③ 极目新闻. 感受甜蜜的非遗文化，"户部小侍郎"跟着传承人现学糖画［EB/OL］.（2023-09-19）［2024-02-01］. http：//jms. ctdsb. net/jmythshare/♯/news_detail? contentType＝5&contentld＝1899485&cld＝0.

　　在中秋节文化方面，H 街区"户部小侍郎"志愿服务队还走进 H 街区的社区，开展了中秋手工月饼制作活动，以弘扬和传承中国传统文化，丰富群众的文化生活，营造浓厚的节日气氛。活动中，月饼制作师傅给"户部小侍郎"们分发月饼制作需要的材料，并向他们详细讲解月饼制作的步骤和要点。在听完讲述后，"户部小侍郎"们开始制作月饼。他们按照月饼制作师傅讲解的步骤（称重、揉搓面团、搓圆馅料、将馅料包入面皮内捏紧封口、放入模具里按压出花纹）一丝不苟地制作月饼。月饼制作完成后，"户部小侍郎"们非常开心。此外，在岳飞鄂王府遗址中，H 巷管委会主任向"户部小侍郎"们介绍了岳飞的故事。讲解员也向孩子们介绍了辛弃疾所作的《满江红·中秋寄远》的诗词，并对诗词进行赏析。该活动不仅让"户部小侍郎"们感受到了亲自动手做月饼的快乐，学到了月饼的制作方法，也让他们了解了优秀传统文化，更深层次地理解了中秋节的含义。

　　最后，针对综合性文化，H 街区"户部小侍郎"志愿服务队开展了"历史有话说·我是街区讲解员"培训活动。参与活动的"户部小侍郎"以人文、购物、解密、美食闯关等形式了解了 H 街区的历史，深入体会 H 街区人务实、创新、拼搏和敢为人先的精神。[①] 讲解员从一副对联入手，向大家详细介绍了"汉味小吃第一巷"的由来。活动的第一项闯关任务是"学做老板"，由 12 位"户部小侍郎"来当冰粉铺子的小老板，他们的爸爸妈妈负责扮演顾客。按照"顾客"们的需要动手制作冰粉，花了好一会儿才完成任务。紧接着是"去花钱"任务，志愿者为每个孩子准备了 10 元钱和购物思维导图，并告诉他们："在这一关，你们要把钱花出去，买什么可以自己决定，但必须要买 2 样在活动中用得上的物品，才算完成任务。"在家长的帮助下，孩子们认真分析了购物思

　　① 极目新闻．寻迹武昌古城韵味，"小侍郎"打卡闯关户部巷［EB/OL］．（2023-03-14）［2024-02-01］．http：//jms.ctdsb.net/jmythshare/＃/news_detail？contentType＝5＆contentld＝947803＆cld＝0＆fromFlag＝2＆tencentShare＝1．

维导图，确定了各自需要购买的物品，很快便投入了行动。随后，伴随着老师的歌声，"户部小侍郎"们来到了汉阳门花园，听志愿者讲述过去的故事，和父母一起玩亲子游戏。活动最后，每一位"户部小侍郎"都获得了 H 街区的文创产品——"户部通宝"作为纪念。此外，为了配合 H 街区所在城市国际消费中心城市的建设，增强国际游客对于汉味美食文化的了解，H 街区管委会与 Z 大学会计学院志愿者协会一起开展"户部小侍郎，文化传悠扬"特色旅游志愿项目。该项目由 Z 大学会计学院志愿者协会的成员向"户部小侍郎"们讲解 H 街区的历史背景、文化底蕴与特色美食等方面的知识，准备英文讲解内容，并对"户部小侍郎"的礼仪和技能进行培训、实践和学习收获等的展示，以让"户部小侍郎"们在增强知识储备、更加了解 H 街区文化、增强对这一文化的感知与认同的同时，能够用英文讲解 H 街区历史文化，以向更多的外国友人传播 H 街区的优秀文化。在培训学习中，"户部小侍郎"们认真跟着大学生志愿者学习用英文讲解 H 巷的特色文化知识，其英语口语也逐渐从磕磕绊绊到流利顺畅；志愿者们也采用"趣味问答"小游戏和奖品激励的方式调动"户部小侍郎"们培训学习的热情。在完成了前期的准备工作后，"户部小侍郎"们开始正式向游客用英语介绍 H 街区的文化。面对街区众多的游客，"户部小侍郎"们起初有些紧张，缺乏相关技巧，在大学生志愿者的指导和鼓励下，以及孩子们自己反复的背诵下，他们最终能从容地站在街区熟练地为观众进行讲解。他们站姿标准、神情专注、语言表达专业，展现出了良好的精神风貌。现场的游客表示，经过"户部小侍郎"们的耐心讲解，他们对 H 街区的文化有了更深入的了解，也期望能够领略更多丰富的中华文化。[①]

---

① 中南大会院志协活动总结 | 户部小侍郎，文化传悠扬 [EB/OL]. （2024-03-20）. https：//mp. weixin. qq. com/s/VLLNqpBFTeKFCHiNg9Eyow.

二、重视环境意识，开展生态文明教育活动

H巷"户部小侍郎"志愿服务队、H巷综合执法队、H巷商会、W区关工委、Z街道河湖长制办公室和Z街市场所等合作开展生态文明教育活动。

一方面，为持续推进长江禁捕禁渔工作落到实处，让长江"十年禁渔"行动深入人心，使广大青少年从小养成保护自然生态环境的意识，H巷综合执法队携手"户部小侍郎"和志愿者们共同开展"禁捕知识宣传和巡江活动"。[①] 活动开始前，志愿者以通俗易懂的语言为孩子们科普知识，让"户部小侍郎"们理解长江"十年禁渔"政策的目的及意义，了解白鳍豚、江豚、白鲟等珍稀动物及水域生态环境保护措施，认识相关的垂钓规定。随后在巡江禁捕人员的带领下，"户部小侍郎"们加入了巡江行动，积极履行自己的岗位职责，走近垂钓者，按照指导协助开展钓具检查。巡江结束后，"户部小侍郎"们跟随志愿者来到临江几家餐饮店铺中，一起张贴禁捕宣传海报，向市民广泛传播"水上不捕、市场不卖、餐馆不做、群众不吃"的要求。[②]

与之类似，为增强"户部小侍郎"的环境意识，使其可以主动维护长江沿岸的良好生态环境，W区关工委联合Z街道河湖长制办公室共同

---

① 极目新闻. 守护一江碧水，"户部小侍郎"化身"长江禁捕宣传员"［EB/OL］. (2023-03-21)［2024-02-01］. http：//jms. ctdsb. net/jmythshare/＃/news _ detail? contentType＝5＆contentld＝1694539＆cld＝0＆tencentShare＝1.

② 极目新闻. 守护一江碧水，"户部小侍郎"化身"长江禁捕宣传员"［EB/OL］. (2023-03-21)［2024-02-01］. http：//jms. ctdsb. net/jmythshare/＃/news _ detail? contentType＝5＆contentld＝1694539＆cld＝0＆tencentShare＝1.

开展"同饮一江水 共护生态美"巡江志愿活动。[①] 在民间河湖长的带领下,"户部小侍郎"们化身"小河湖长",前往临江大道城市阳台处,共同守护江清湖绿。来到长江边,大家手持钳子、垃圾袋等清洁工具,沿着江岸线捡垃圾、清除杂草。[②] 清扫结束后,"户部小侍郎"们在家长的陪同下,向前来游玩的市民游客发放长江生态环境保护宣传资料,呼吁大家增强环保意识、文明守法垂钓,共同维护河道环境,同时提醒河岸边的游客们注意安全、防止溺水。此次巡江志愿活动"户部小侍郎"们在实践中提升个人能力,增强环保意识,通过自身力量维护长江沿岸的良好生态环境。[③]

另一方面,在低碳生活活动上,为缓解二氧化碳排放压力,倡导关爱自然、节约资源、爱护环境的文明意识,引导儿童、青少年成为环保理念的宣传者和践行者,W 区关工委联合 Z 街市场所、H 巷商会开展"宣传低碳生活,打造优质街区"活动。该活动包含"垃圾转运点位封闭一天""吃多少点多少不浪费""店铺熄灯半天"系列活动。具体而言,"垃圾转运点位封闭一天"活动要求将 H 巷其中一处垃圾转运点封闭一天,是为了通过减少点位,达到减少环卫车辆二氧化碳排放量的目

---

① 武汉学习平台. 青山绿水丨武汉武昌:同饮长江水 共护生态美"小小河湖长"开展志愿巡江活动［EB/OL］.（2023-05-13）［2024-02-01］. https：//article. xuexi. cn/articles/index. html? art ＿ id＝1541962471271888020&t＝1683948205155&showmenu＝false&cdn＝https％3A％2F％2Fregion-hubei-resource&study ＿ style ＿ id＝feeds ＿ opaque&source＝share&share ＿ to＝wx ＿ single&item ＿ id＝1541962471271888020& ref ＿ read ＿ id＝db140b30-1f39-4d64-8bab-4922604a99e8 ＿ 1684470089502.

② 长江云新闻. 守护一江碧水,"户部小侍郎"化身"长江禁捕宣传员"［EB/OL］.（2023-03-29）［2024-02-01］. https：//m. hbtv. com. cn/p/2391827. html.

③ 武汉学习平台. 青山绿水丨武汉武昌:同饮长江水 共护生态美"小小河湖长"开展志愿巡江活动［EB/OL］.（2023-05-13）［2024-02-01］. https：//article. xuexi. cn/articles/index. html? art ＿ id＝1541962471271888020&t＝1683948205155&showmenu＝false&cdn＝https％3A％2F％2Fregion-hubei-resource&study ＿ style ＿ id＝feeds ＿ opaque&source＝share&share ＿ to＝wx ＿ single&item ＿ id＝1541962471271888020&ref ＿ read ＿ id＝db140b30-1f39-4d64-8bab-4922604a99e8 ＿ 1684470089502.

的。该活动由"户部小侍郎"负责向前来丢垃圾的商户和居民做好解释工作。"吃多少点多少不浪费"活动由"户部小侍郎"在城管路长、市场监管所和商会成员的陪同下开展，他们深入户部巷街区店铺，宣传光盘行动，提倡大家践行"吃多少点多少，吃不完打包带走"的文明低碳理念。"店铺熄灯半天"活动则是邀请"户部小侍郎"向 H 巷老巷的商户发出"周一上午熄灯"的倡议，动员 H 巷老巷的 46 家商户在倡议书上签名，自愿加入"周一上午熄灯"的活动。

三、关注社会角色，开展职业体验活动

W 区中华路街道 H 巷管委会与 Z 小学一年级三班的"户部小侍郎"们在户部巷街区开展了以"文明城市创建·我们在行动"为主题的"小小城管人"职业体验活动①。

活动中，H 巷路长向"户部小侍郎"们讲解了什么是街区管理中的"路长制"，详细介绍了路长一天的工作内容和街区治理中的创新发明，并回答了"户部小侍郎"们的疑惑。在路长的引导和带领下，"户部小侍郎"们还一同参观了 H 街区防下水道堵塞的过滤网，沿着街区历史文化墙了解 W 城老九门的知识。

通过"理论＋实践"的模式，"户部小侍郎"们还了解了城市管理工作。其中，志愿者负责理论知识的输送，给"户部小侍郎"们上了一节别开生面的城管工作理论课，路长将有趣的讲解与丰富的图片相结合，让"户部小侍郎"们更容易理解城市管理工作和这一工作的重要性；城管队员们负责实践内容的教授，带领"户部小侍郎"们进行"走街"，向街区商铺经营者宣传"门前三包"知识，并进行出店管理、文

---

① 极目新闻.创建文明城市，武汉武昌"户部小侍郎"在行动［EB/OL］.（2023-03-27）［2024-02-01］.http：//jms.ctdsb.net/jmythshare/＃/news_detail? contentType＝5&contentId＝1699298&cld＝0.

明停车劝导、乱堆乱放整理、"牛皮癣"清理等工作。

此外，该活动还涉及消防安全教育。具体来说，志愿者利用讲故事的形式在消防演练前让"户部小侍郎"们学习消防安全知识和火灾逃生技能；培训教官结合近期发生的火灾实例，讲解了如何进行逃生自救和注意事项，现场演示灭火器的使用方法，帮助大家掌握自救、逃生和自我保护的技能，并对"户部小侍郎"们开展了消防演练。通过从"理论"到"实践"，从"课堂"到"战场"的体验方式，有效增强了"户部小侍郎"们的消防安全意识，提高了他们快速应对突发火灾的心理素质与能力。

四、注重社区安全，开展安全教育活动

H 巷管委会联合 W 区城管局燃管办、W 燃气有限公司、H 社区、"户部小侍郎"志愿服务队开展了"燃气安全教育暨家庭、非居燃气设备检测活动"。该活动的目的是给"户部小侍郎"普及燃气安全使用知识，逐步提高社区内未成年人及家长对燃气安全的认识，有效预防和减少燃气事故的发生，切实保障广大燃气用户生命、财产及公共安全。

在活动过程中，W 燃气公司的工作人员借助 PPT 课件讲解、实物演示、现场问答等形式，结合自身的工作经历和具体的生活事例，向"户部小侍郎"们介绍了天然气与煤气的特点、如何正确使用燃气设备、如何发现燃气隐患、如何正确处理燃气泄漏等基础常识，同时传授燃气安全避险技能，引导"户部小侍郎"们思考面对燃气泄漏等突发情况时的自救措施，并回答"户部小侍郎"们的疑惑。随后，"户部小侍郎"们将学到的知识运用到实践中。

在 W 区城管局燃管办、W 燃气公司、H 综合执法队的工作人员的带领下，"户部小侍郎"们到居民家中、到商户店里检测燃气管道和设

备，同时向居民、商户讲解燃气设备操作要领、示范设备故障处置流程。^①

五、推崇品德教育，开展利民活动

"户部小侍郎"志愿服务队带领新就业人员子女打卡武昌 H 巷，帮助其熟悉 H 巷；通过美食义卖活动助力残疾人实现微心愿；通过为户外工作者提供爱心绿豆汤和爱心矿泉水的方式帮户外工作者度过高温天气；还在临近中考、高考之际进行了考试"降噪"活动。这些活动的成功举行都体现着对"户部小侍郎"们的道德教育。

一是"户部小侍郎"们带领新就业人员子女打卡武昌 H 巷。^②活动中，"户部小侍郎"们向新就业群体子女讲解了 H 巷街区的历史，为新就业群体人员的子女拍下了一张张带有故事、回忆的照片。回到社区后，"户部小侍郎"和新就业群体人员的子女一起分享了自己眼中最美的古巷。新就业群体子女和"户部小侍郎"们还一起学习了汉味美食铫子煨藕汤的制作方式，通过识藕让大家了解藕的知识；通过挖藕让大家了解到藕的生长环境和湖北为什么盛产藕；通过做藕汤掌握新的汉味美食制作方式，让汉味美食文化得到传承；通过品尝藕汤让大家感受到"家"的味道。^③

二是在汉味厨房第五期活动中，"户部小侍郎"们学习了美食的制作方式，并向前来参与"汉马"（武汉马拉松）的游客推介武汉美食，

---

① 长江云社区. 小小"燃气安全科普员"，上岗了！［EB/OL］. （2023-07-04）［2024-02-01］. https：//m. hbtv. com. cn/cmdetail/330223.

② 极目新闻. 铫子藕汤汉味早餐，"户部小侍郎"带领新就业人员子女打卡武昌户部巷［EB/OL］. （2023-04-10）［2024-02-01］. http：//jms. ctdsb. net/jmythshare/♯/news_detail? contentType＝5&contentld＝1713742&cld＝0.

③ 武昌城管. 小行大爱｜户部（巷）来了一群"小侍郎"［EB/OL］. （2023-04-21）［2024-02-01］. https：//mp. weixin. qq. com/s/J71yEisUNkC_TlOf_-02oA.

并将通过美食义卖赚到的钱捐给了 Z 街道阳光家园，帮助残疾人实现他们的微心愿。该活动不仅锻炼了"户部小侍郎"们的语言沟通能力，也增强了他们的自信，还教会了他们要拥有一颗善良的心，关心、帮助他人。①

三是"户部小侍郎"们用矿泉水和绿豆汤在夏日随机慰问户外工作者。"户部小侍郎"们拿出自己的零用钱购买"爱心矿泉水"，并将其捐赠给"爱心冰箱"项目。而后更有 37 家爱心企业被"户部小侍郎"志愿服务队所感染，捐赠了 43200 瓶爱心矿泉水。爱心矿泉水让 1000 多名户外工作者平安、幸福地度过了高温天气。此外，"户部小侍郎"们还在爱心商户的指导下制作绿豆汤，并将其送给户外工作者。为了方便绿豆汤赠送，"户部小侍郎"们将三大锅绿豆汤分装在 350 个杯子里，用拖车运输，沿着 M 路、Z 路、J 路、L 大道等徒步近 2 千米，随机慰问执勤警察、文明劝导员、环卫工人、快递小哥、建筑工人等户外工作者，为其送上清甜可口的绿豆汤。②

四是"户部小侍郎"志愿服务队来到 H 巷特色街区开展了"降噪"主题宣传活动③，以给广大参与中考和高考的考生创造安静的考试环境。在 H 巷路长的带领下，"户部小侍郎"们举着"哥哥姐姐忙备考·店家喇叭勿打扰"的宣传牌，向街区商户、居民及工地发放相关倡议书，倡导广大市民在中高考期间减音降噪。收到倡议书后，商户们纷纷肯定了在考试期间降噪的必要性，同时表示他们将全力支持此倡议，以自己的实际行动为广大考生打气加油。为感谢商户和工地的配合，"户部小侍郎"们还送上了他们亲手熬制的爱心绿豆汤。

---

① 武昌城管. 小行大爱丨户部（巷）来了一群"小侍郎"[EB/OL]. （2023-04-21）[2024-02-01]. https：//mp. weixin. qq. com/s/J71yEisUNkC_TlOf_-02oA.

② 极目新闻. 铫子藕汤汉味早餐，"户部小侍郎"带领新就业人员子女打卡武昌户部巷 [EB/OL]. （2023-04-10）［2024-02-01］. http：//jms. ctdsb. net/jmythshare/#/news_detail? contentType＝5&contentld＝1713742&cld＝0.

③ 极目新闻. 高考在即店家喇叭勿打扰！武汉户部巷小志愿者上街"降噪"[EB/OL]. （2023-06-04）［2024-02-01］. http：//jms. ctdsb. net/jmythshare/#/news_detail? contentType＝5&contentld＝1778271&cld＝0.

六、培养爱国情怀，开展主题教育活动

W 区关工委联合 H 巷管委会、守桥中队开展"我和祖国共成长，守桥精神我来学"爱国拥军教育主题活动，以帮助青少年坚定信念、树立理想，让爱国主义精神在每一个孩子心中牢牢扎根，为祖国伟大事业贡献青春力量。

简单的欢迎仪式后，"户部小侍郎"们在郭班长的带领下了解该部队与武汉长江大桥的历史：自 1957 年 10 月 15 日武汉长江大桥建成通车之日起，守桥部队就开始承担大桥守护任务，60 多年以来，守桥官兵先后成功处置了"孔明灯"引燃枕木、钢坯掉落在铁轨上等突发事件，担负了奥运火炬传递、"汉马"执勤等安保任务，其间无数次帮助迷路、江中遇险群众。站在武汉长江大桥纪念碑下，"户部小侍郎"们感受这些年来的光辉岁月，惊叹于祖国的飞速发展以及武汉这座城市的巨大变化，了解武汉长江大桥建设的重要意义。随后，在教官的带领下，"户部小侍郎"们分成 2 队，身着整齐漂亮的迷彩服，依次进行了列队、敬礼、站军姿以及格斗术训练。军训之后，"户部小侍郎"们列队走上武汉长江大桥，在高温下体会守桥官兵们巡桥、守桥的责任和辛苦。最后，大家一同来到武汉长江大桥纪念馆，郭班长带领"户部小侍郎"们以洪亮的声音进行宣誓后，由"户部小侍郎"代表为守桥官兵献上鲜花，表达内心的崇敬之情。[1]

---

① 荆楚网. 在守桥卫士的身边 出现了一支萌娃护桥队［EB/OL］. （2023-05-29）［2024-02-01］. http：//m. cnhubei. com/content/2023-05/29/content _ 15909494. html.

第六章　企事业单位支持的家校社协同教育

企事业单位对于家校社协同教育的支持包括但不限于以下几点：一是提供资金、物资等资源，例如为学生提供奖学金、赞助学校建设、捐赠图书等，以支持学校和社区开展教育活动；二是提供专业知识和技能支持，为学校和社区提供培训、讲座、咨询等服务，帮助他们改善教育质量和管理水平；三是提供实践机会，让学生在实践中学习，提升自己的能力；四是积极参与学校和社区组织的教育活动，如志愿服务、义务劳动等；五是与学校、社区、政府等建立合作关系，共同开展教育项目和活动，实现资源共享、互利共赢。S企业支持的家校协同教育和H大学支持的家校社协同教育是企事业单位支持家校社协同教育的典型案例。

一、　S企业支持的家社协同教育

S集团有限公司是Z市人民政府全资拥有、Z市国资委直管的大型综合性企业。该集团致力于"打造多层次协同的创新生态和幸福城市业务组合"，聚焦于六大核心业务——地产、园区、运营、幸福、资本、数字化，下辖 14 家二级企业。

　　S 幸福健康集团是 S 集团旗下的企业之一。该集团成立于 2021 年 1 月，以"全面探索中国特色社会主义先行示范区'一老一小'整体解决方案"为使命，是国家发展和改革委员会、商务部赋予 S 市在优化养老托育市场发展环境方面改革试点的唯一平台，是国内大中城市中首个成立的国有养老托育平台，也是目前国内大中城市国有企业中唯一集养老、托育、医疗业务于一体的养老托育平台。S 幸福健康集团在托育的发展中坚持"规模化、专业化、标准化"的发展思路，发力高质量、多层次的托育园建设，目前已在全市运营了 21 家"S 幸福家"托育园。S 幸福健康集团旗下的运营主体主要包括 S 健康产业投资运营（Z）有限公司、S 托育（Z）有限公司、S 颐居养老运营（Z）有限公司、S 康复医院（定位为二级康复专科医院）和 S 医院（定位为社区医院，下辖多家社康中心）。目前，S 幸福健康集团已经打造了国有居家社区养老品牌"S 健康家"、国有托育品牌"S 幸福家"、国有养老服务品牌"S 颐居"等。其中，"S 健康家"品牌主要围绕智慧养老"907"服务系统建设展开工作，建有智慧养老服务系统、多家长者中心或长者服务站等；"S 幸福家"品牌重点围绕幼儿托育园的建设及拓展、自主托育体系搭建、行业协会设立和智慧托育信息化平台建设四个方面展开工作，建有智慧托育服务系统、多家托育服务中心或托育园等。

　　S 幸福健康集团积极发挥国企在民生领域的示范引领和基础支撑作用，从"服务大局、服务城市、服务产业、服务民生"的角度布局托育行业，在全国率先组建了市级国有养老托育平台。

　　在组建市级国有养老托育平台的过程中，S 幸福健康集团获得了市级、省级和国家政府部门不同程度的支持。在市级，S 市卫生健康委员会全过程指导平台的组建工作，支持平台担负市托育服务协会会长单位职责，并在全市范围内推广该集团的发展经验；S 市国有资产监督委员会在场地、资金、考核等方面对养老托育平台建设予以全力支持。在省级，S 幸福健康集团所在省的省卫生健康委员会积极开展经验推广的工作，将该集团的发展经验推向全省。在国家级，国家发展和改革委员会体改司多次调研指导 S 幸福健康集团托育平台的发展，听取工作进展情况汇报，并在推进会上向各地发展和改革委员会推广 S 幸福健康集团发展养老托育的先进经验；国家卫生健康委员会人口家庭司、中国人口学会托育服务分会领导也多次到该集团调研，鼓励将 S 幸福健康集团的国有养老托育平台做大做强、走向全国。

得益于政府的支持以及国内外高校托育人才、企业、医院、出版社等社会力量的共同努力，S 幸福健康集团积极招揽托育人才、拓宽并建设标准化老幼复合融合场地、打造老幼复合融合场景、推动老幼服务共融、推出系列科研实践成果、不断夯实运营体系，在全国走出了一条国企支持家社协同教育的新路。

（一）广纳英才，注重人才培育

S 幸福健康集团对标国际一流团队，广纳托育人才，积极组建托育核心团队，吸引了大量毕业于国内外知名高校的国际化托育人才，同时招聘了一批来自国内外早、幼教行业的专业人员转型托育行业，目前已组建了总体规模达 320 人的专业化托育团队。此外，S 幸福健康集团还聘请了国内外优秀的专家学者对"一老一小"项目师资培训、保教体系研发、儿童发展、膳食营养等进行全程指导。

除了积极"引才"，S 幸福健康集团也特别重视托育人才的培育工作。其具体做法包括：一是自主研发了保育人才课程体系，并根据个人能力和工作岗位要求开展针对性培训；二是建立多通道的托育人才发展体系，通过轮训等方式培养综合型管理人才，实现管理人员和专业人员互通发展；三是广泛推动产教融合，与 9 所院校建立校企合作，积极参与高校专业设置和建设，为高校提供学生专业培训并建设专业题库，促进课程内容和职业资格标准融通，搭建实习实训平台，实现人才培养前置。

（二）多路并进，拓宽并建设标准化老幼复合融合场地

S幸福健康集团推动托育规模化发展。相关措施包括如下四点：一是动员母公司S集团系统内的企业提供了9处物业；二是积极参与各区普惠公建项目建设运营，拓展选址17处；三是争取S市国有资产监督委员会的支持，S市国有资产监督委员会积极推动市属国有企业提供优惠场地，拓展S幸福健康集团的物业60多处；四是学习美国光明地平线模式，与包括W银行、O集团、S医院、N妇幼保健院等企业医院合办园所，拓展了4个项目。

除此之外，S幸福健康集团还致力于实现老幼复合融合场所建设的标准化。该集团建立了涵盖选址拓展、设计、建设、验收移交在内的全过程园所设计、工程、成本的标准化体系。在建设这一标准化体系的过程中，S幸福健康集团始终坚持绿色发展理念，在B园区与S建科院共创了绿色建筑实验基地，对园所设计、建设，园所环境进行全过程监控，其质量检测结果远超我国国家标准和S市地方标准，已达到美国、欧盟等国际主流标准。

（三）立足实际，打造老幼复合融合场景、促进老幼服务共融

S幸福健康集团采用"长者服务站＋普惠型托育园""长者服务中心＋普惠型托育园＋社康中心"或"养老院＋托育园"的方式打造"一老一小，代际融合"项目①，并以此助力学龄前儿童（主要是6个月～3岁的婴幼儿）的家社协同教育。

"一老一小，代际融合"项目以学龄前阶段的儿童及儿童祖辈家庭成员作为服务主体，以家庭为单位解决老人和婴幼儿的问题，进而帮助

---

① https：//www.sz-xingfu.com/groupprofile？navindex＝1&menu＝0&head＝true。

家庭中的中青年人以更佳的状态投入工作。以 S 市 B 区 H 街道 N 花园"一老一小"融合项目为例，其采用"长者服务站＋普惠型托育园"① 的方式开展活动，综合利用 B 区 H 街道 M 党群服务中心，内设 1500 平方米长者服务站和 506 平方米普惠型托育园，通过打造老幼复合融合场景、推动老幼服务共融来促进学龄前儿童的家社协同教育。

1. 因地制宜，打造老幼复合融合场景

S 市 B 区 H 街道 N 花园"一老一小"融合项目以"党建引领、老幼共托"为特色，其在空间设计上因地制宜，让一栋建筑同时兼顾长者和幼儿两个不同群体，同时又让两个空间相通相融，设计交融式"一老一小"的活动空间，实现长者服务站空间与普惠型托育园空间之间的共融。尤其在益智活动空间的设计上，包括蒙台梭利教具、桌游、益智游戏空间体验、场景化模拟空间、益智类智慧科技产品体验空间等。

长者服务站与普惠型托育园在空间设计上的共融，有效缓解了祖辈和孙辈的担忧或焦虑，同时也有利于提高幼儿家庭对于园区托育服务的认可程度。一方面，由于托育园与长者服务中心的空间相互融合，祖辈可通过二楼的玻璃观察窗口直观地看到托育园里面孙辈的情况，这有利于使祖辈知悉孙辈在托育园的成长状况，缓解自己对于孙辈的担忧，使其对园区的送托服务更加放心、安心。比如在长者服务中心二楼，往往能够看到很多家长（包括祖辈们）透过玻璃观察窗口观看幼儿们做早操，并会与幼儿进行互动。正如园长所言："如果他（指儿童的祖辈）完全不知道孩子在园区做什么，心里也会焦虑，而且现在很多长辈会觉得他来这里是为了带孩子，不让他带，他心里多少会有一些失落。有这样的一个空间，他在里边放松自己的心情、做一些活动，又可以看到孩

---

① 托育园内设有乳儿班（6～12 个月）、托小班（12～24 个月）、托大班（24～36 个月）三种班型。

子的一些情况，自然心里就舒服一些。很多家长到后期都会跟我们讲，当时还好送托了，托育园真的是非常棒的一个行业。"另一方面，孩子知道家长就在附近，也会降低其分离焦虑。

此外，S 市 B 区 H 街道 N 花园"一老一小"融合项目在空间设计方面重视幼儿的健康安全。在平时的托育中，园区在每个班级均安装有全方位、无死角的实时监控设备，也拥有幼儿医务室，每位托育园的老师都需考取急救证书，以保障幼儿的安全。

2. 多措并举，推动老幼服务共融

S 市 B 区 H 街道 N 花园"一老一小"融合项目多措并举，以推动老幼服务共融，支持家社协同育人。其具体举措包括以下几个方面。

一是搭建自主知识产权的保教体系——幸福 WE 保教体系，结合中国传统文化，开发食育、ECSTEM、体能韵律等特色课程，将研发与实践高度融合，并且以基本每个月举行一次的频率开展祖孙课堂，如开展以二十四个节气为主题的祖孙课堂。祖孙课堂会邀请居住在 N 花园的幼儿及其祖辈一起参与活动，通过社区及街道的宣传、长者服务中心的推介支持园区。比如在元宵节包汤圆，在冬至日包饺子、做五彩面，在重阳节做重阳糕。祖孙课堂能够让祖辈真正走进课堂，在园区的祖辈老人群体中得到了极高的评价，反馈效果极好。

二是以祖辈为主体开展教研会。教研会的内容包括告知祖辈上课的具体事宜、课程目的，祖辈引导孙辈的方法，祖辈的分工等。在活动之前，园区老师会邀请幼儿的祖辈提前到园区一起与自己进行教研。教研过程中，双方可各抒己见，共同讨论活动如何开展、大家如何分工等事宜，并就此达成一致意见。教研会的存在，能够帮助祖辈参与和知悉园区老师对于幼儿活动内容的安排，为其接受科学育儿观念提供了契机，促进其育儿技巧的习得和活动的顺利进行；亦能够为园区老师借鉴老人生活经验、办好祖孙课堂提供平台。

三是开展老幼代际融合活动。在周末，园区会邀请住在 N 花园附近或周边的儿童带着祖辈一起参加以艺术、绘本、运动等为主题的主题性亲子活动，该活动通常在周末举行（有时也会在周内举行），包括线上和线下两种形式。在线上，园区会将亲子活动进行直播，并以视频记录，将这些内容传达给祖辈；在线下，园区会为孙辈和祖辈额外开展活动，比如在母亲节拍摄特定的有仪式感的照片等。此外，园区还定期开展了祖辈隔代教育沙龙、老幼心理知识学习、系列主题互动活动、户外郊游等，通过祖孙共同体验，增强两辈感情。该活动赢得了老人的称赞，老人表示该活动增加了他们与孙辈亲子互动的机会，促进了"祖孙情"。

四是建设智慧托育服务系统。智慧托育平台系统包括三种：托育机构运营管理平台、科学育儿指导服务平台、托育管理平台。其中，托育机构运营管理平台包括托育后台管理系统、家长端和老师端小程序、线上园区日常管理工具；科学育儿指导服务平台则是通过线上科学育儿指导平台与线下科学育儿指导站的联动来开展服务，包括研发科学育儿指导体系，提供儿童测评、临时托、半日托、计时托、亲子课堂、隔代养育、入户指导等服务，以促进幼儿父母和祖辈科学带养；托育管理平台则可进行政务办理，也能帮助政府实现对托育行业的实时监管。

（四）参与科研，重视科研实践成果转化

S 幸福健康集团深度参与国家、S 市课题研究及标准建设，现已完成《S 市托育机构一日生活指引》《S 市托育机构餐饮服务食品安全操作规范》等 7 个市级课题和标准的研究。目前，S 幸福健康集团还参与了 2 个国家课题的研究——《托育机构生活活动中的回应性照护对 12～36 月龄幼儿情感与社会性发展支持策略的研究》和《儿童友好学前教育设施评价标准》。

S 幸福健康集团在汲取英、美、日、澳等国家及中国香港、中国台湾地区丰富托育经验的基础上，通过总结本地托育园保教实践成果，精心研发了历时四年完成的《0～3 岁托育园保育系列丛书》。该系列丛书是全国首套来源于一线实践单位系统输出的托育园所保教实践丛书，由《托育园保教评估体系》《托育园医育特色活动》《托育园婴幼儿照护标准流程及医育指导》《托育园中的活教育实践》《0～3 岁婴幼儿科学育儿活动》《托育园 ECSTEM 特色活动》《托育园二十四节气食育特色活动》七册组成，能够从评估、医育、科学、活教育四个维度为托育园的保育实践提供清晰指导，以提升托育机构保教质量，并助力托育行业人才培养。该丛书兼具科学性、系统性、实践性和可读性，获得了国内诸多专家学者的好评。

（五）规范运营，实现园所安全规范管理

S 幸福健康集团规范运营、夯实运营体系，在运营、人力、保教、财务、综合五个方面建立了标准化管理手册，并通过了 ISO9001 质量管理体系认证。同时，为实现园区标准化的安全运营，S 幸福健康集团将这些标准细化为 116 项制度文件、163 项流程、39 项检查文件、379 项记录文件，并开展与日本 K 集团的战略合作，积极学习其规模化发展中的保育方法、一日流程、环境创设、安全管理等运营经验。

二、 H 大学支持的家校社协同教育

H 大学位于湖北省武汉市，是教育部直属重点综合性大学。按照党中央《关于在全党大兴调查研究的工作方案》部署安排、教育部关于开展直属高校定点帮扶工作调研的具体要求，H 大学以"直属高校高质量开展定点帮扶，提升服务乡村振兴能力水平"为主题，开展对 N 省 L 市 L 区的定点帮扶工作，促进 L 区的产业振兴、人才振兴、文化振兴、生

态振兴、组织振兴、教育振兴和健康振兴，与西南边陲人民共同谱写乡村振兴的新篇章。

教育是民族振兴、社会进步之基石，是国之大计、党之大计。自2013年定点帮扶L区以来，在教育振兴方面，H大学建立了覆盖学前教育、基础教育、高中教育、高等教育、成人教育的长期合作交流机制。

在家校社协同教育方面，H大学重点聚焦基础教育，对L区的X小学、N小学、M小学、M中学以及L区一中、L区二中等学校开展帮扶工作，积极与帮扶单位、村党总支、地方教育系统、社会力量等进行联动，多措并举，构建家校社"教育共同体"。

（一）整合多种资源，多途径支持学生教育

H大学整合了学生资源、教师资源、校友资源及其他社会资源等，多途径支持学生的教育。通过建立多样化的教育帮扶机制，培养培训干部、校长、医护工作者等人员，派遣支教队伍，响应教育部"银龄教师行动计划"来提升学校的育人质量；通过为困境学生家庭提供经济支持来减轻其负担；通过为L区高中生提供政策支持等来助力教育公平的实现。[①]

一是H大学建立了点面结合、结对帮扶的多样化教育帮扶机制。在基础教育方面，H大学附属中学、H大学附属小学分别与L区一中、M小学及X小学等进行结对帮扶，为扶贫地区学校提供人才支持。如H大学派遣本校若干名支教生到L区中小学任教、选派H大学附属中学的教师和信息化专业干部分别挂职L区第一中学副校长和L区教体局副局长、选派H大学附属小学优秀骨干挂职L区M小学的校长、选派H大学附属小学高级教师到L区小学任教，组织H大学附属小学和H

---

① 云南网.华中科技大学跨越千里　倾情帮扶临翔区［EB/OL］．（2019-03-27）．https：//m.yunnan.cn/system/2019/03/27/030238033.shtml.

大学附属中学教师赴 L 区对应的结对帮扶学校开展"课堂教学诊断"。派遣到 L 区学校的教师、干部等会与被帮扶的学校开展关于办学理念及思路、教师培训、教学互动、公开课、研讨课等方面的交流，以提升当地的教学水平。①②

二是 H 大学积极培训 L 区小学、中学和高中的干部、教师、医护工作者等人员。H 大学设立百人计划，发挥学校师资优势，通过现场培训、远程指导等多种方式组织开展党政干部培训班和各类专业技术培训，对干部、教师、医护人员等进行培训。在教师培训方面，H 大学坚持"走进来＋走出去"的培训策略。H 大学派出多批学校的专家团队"走进来"，走进 L 区开展教育教学研讨活动、举行教育教学专题讲座、进行覆盖城乡的示范课教学等；同时，L 区教师队伍也需"走出去"，即走出 L 区接受 H 大学的专家培训。③ 如，H 大学附小专家多次深入 L 区的 M 小学、N 小学等学校，开展课堂指导、集体教研和教学专题讲座等教育教学帮扶活动，并实行"3 对 1"互动服务，即安排 H 大学附属小学的 3 名教师对接帮扶 L 区 M 小学同年级段的教师；同时，L 区也先后派出多名教师参加国培计划——H 省乡村教师访名校 H 大学小学语文培训班。④ 此种培训切实促进了 L 区学校教学理念的更新、教学质量和教学管理水平的提高。正如 L 区一中的学生所说："H 大学的老师，教学方式很灵活，思维很独特，给我带来了不少的触动。这种触动，不仅会对当下的学习产生积极意义，而且也会对以后的学习、生活和工作产生

---

① 华中科技大学新闻网.【助力乡村振兴】心手相牵　华翔情深——我校图书馆、附属学校与临翔开展结对帮扶记实［EB/OL］.（2023-06-07）. https：//news. hust. edu. cn/info/1003/48978. htm.

② 今日临沧. 精准扶贫在临沧｜定点帮扶成效显！华中科技大学：斩断穷源先扶智（一）［EB/OL］.（2018-05-31）. https：//www. sohu. com/a/233644187_100021362.

③ 云南网. 华中科技大学跨越千里　倾情帮扶临翔区［EB/OL］.（2019-03-27）. https：//m. yunnan. cn/system/2019/03/27/030238033. shtml.

④ 今日临沧. 精准扶贫在临沧｜定点帮扶成效显！华中科技大学：斩断穷源先扶智（一）［EB/OL］.（2018-05-31）. https：//www. sohu. com/a/233644187_100021362.

深远影响。总之，就是一句话，很受用、很实在。"① L区一中的教师同样说道："他们（指支教人员）不远万里，来到这里支教，带来了许多新的思想、新的理念，促进了我们的进步和提高。"②

三是 H 大学积极派遣支教队开展帮扶活动，除了要求被派的志愿者们对学校孩子进行常规的作业辅导、集体劳动指导，还鼓励志愿者们开发和实施各式各样的特色课程、设计和开展特色活动。在诸多课程和活动中，民族融合的相关课程最为典型。在民族融合方面，H 大学支教队志愿者们在支教活动前的筹备期间，就 L区的经济、社会和文化等方面信息做了充分的调研，并主动与 N 大学石榴花开社会实践队合作，进行系列课程的开发和设计，开发了包括"指尖上的瑰宝——彝族刺绣"课堂、"中国史——一部民族交融汇聚成多元一体中华民族的历史"等民族融合课程，并承担课程的讲授和相关活动的开展工作。志愿者们以讲故事、游戏互动等形式带领孩子们深入了解彝族的传统、语言和生活方式，鼓励孩子们积极分享家乡的节日、服饰和美食。他们还向孩子们讲述了中华民族的疆域版图、悠久历史、灿烂文化和伟大精神，以增强孩子们的民族团结意识，促进不同民族的学生埋下中华民族共同体意识的种子。课堂之外，志愿者们组织了民族团结主题的合唱和诗歌朗诵活动，如开展"爱我中华"合唱活动和"石榴籽"主题朗诵等，让不同民族的孩子们在歌声和朗诵中感受到中华民族大家庭的温暖。③

四是 H 大学积极响应《国家银龄教师行动计划》。该计划是由教育部、财政部等十部门在 2023 年启动的帮扶政策，旨在进一步加强西部

---

① 今日临沧. 精准扶贫在临沧｜定点帮扶成效显！华中科技大学：斩断穷源先扶智（一）［EB/OL］.（2018-05-31）. https：//www. sohu. com/a/233644187_100021362.

② 今日临沧. 精准扶贫在临沧｜定点帮扶成效显！华中科技大学：斩断穷源先扶智（一）［EB/OL］.（2018-05-31）. https：//www. sohu. com/a/233644187_100021362.

③ 华翔领航. 江城浪花奔涌筑梦在临沧，点点星光照亮边疆教育之光 ——华中科技大学学子赴临支教助力乡村教育振兴［EB/OL］.（2024-08-05）. https：//mp. weixin. qq. com/s/6kGib4fn8URbTOK0CIUATg.

地区教师队伍建设，充分利用退休教师优势资源，促进教育均衡发展。[①] 目前 H 大学共派出 7 位退休教师在 L 区 D 学院任教，教师专业涵盖理工经管文，具有丰富的教学和科研经验，为 D 学院学风、教风建设提供了强大助力。[②] 如，来自 H 大学的退休教授面向 200 余位 M 小学 4～6 年级学生开展"励志"、数学、科学等课堂，并参与学校英语公开课的授课、评课。其中，H 大学能源与动力工程学院退休教授从何谓励志、何以励志、励志目标的制定、励志的要素等 8 个方面为六年级学生讲授了课程"'励志'趣谈"，并教育学生要从小立大志、明大德，将来报效祖国和社会、服务人民；H 大学数学与统计学院退休教授以亲切温柔的语调、易于理解的语言为六年级同学讲授了"'一笔画'的思考"课程，在课堂上鼓励学生开动脑筋、探索"一笔画"图形的规律；H 大学能源与动力工程学院退休教授以互动式交流学习的方式为五年级学生带来课程"空气、水与电"，在讲解完空气、水、电等基础科学知识后，老师还借助亲手制作的实验器材为学生实际操作展示；H 大学外国语学院退休教授分别听了 H 大学研究生支教团两位英语授课老师的两节英语课，并在课程结束后指出了两位授课老师各自的优点，同时也给出了中肯的建议。[③] 四位教授的到来、授课和指导，丰富了 M 小学的教育资源。[④]

五是 H 大学积极凝聚爱心资源，帮扶困境学生家庭。H 大学连接校友爱心资源和其他社会爱心资源，帮助困境学生家庭得到一对一结对

① 华翔领航．华中科技大学临沧银龄计划教师调研蚂蚁堆村［EB/OL］．（2023-05-10）．https：//mp．weixin．qq．com/s/Vlvp7Ym6R7bSitMNwSnuiA.

② 华翔领航．华中科技大学临沧银龄计划教师调研蚂蚁堆村［EB/OL］．（2013-05-10）．https：//mp．weixin．qq．com/s/Vlvp7Ym6R7bSitMNwSnuiA.

③ 微享蚂蚁堆．"银龄"童心在，"小"课"大"起来｜华中科技大学"银龄行动"教师走进蚂蚁堆中心完小课堂活动［EB/OL］．（2024-04-28）．https：//mp．weixin．qq．com/s/vWAN2lHcp2okCBUojF54EA.

④ 微享蚂蚁堆．"银龄"童心在，"小"课"大"起来｜华中科技大学"银龄行动"教师走进蚂蚁堆中心完小课堂活动［EB/OL］．（2024-04-28）．https：//mp．weixin．qq．com/s/vWAN2lHcp2okCBUojF54EA.

帮扶，设立奖助学金，并通过"心手相牵、爱心行动计划"资助贫困学生，现已资助70多名贫困学生。

六是 H 大学积极开展政策帮扶，优先录取 L 区高考优秀生。H 大学将 L 区一中确定为 H 大学船舶与海洋工程学院"社会实践基地"，设立"优质生源基地"并给予相关优惠政策，增加专项招生名额。

（二）践行五育并举，创新乡村教育育人模式

为促进学生全面健康发展，H 大学各单位和众多学院发挥各自优势、共同参与育人过程，全面践行德育、智育、体育、美育和劳育，创新乡村教育的育人模式。

1. 德育

H 大学注重培养学生的爱国主义精神。除了上文提到的在民族融合方面的努力，H 大学还通过开展"队旗领航工程"、打造"党旗领航、队旗伴我飞翔"少先队工作体系、成立 L 区首个乡村小学国旗仪仗队、组建红领巾广播站、坚持开展正规化升旗仪式和国旗下讲话等活动来培养学生的爱国主义精神。[①]

H 大学还关注学生的心理健康。H 大学派驻了 6 名来自社会学院的社会工作博士生长期驻点开展教育社工服务，还开展房树人心理投射性绘画测验、制定房树人心理测评手册，并联合 M 小学红领巾广播站开设"心时光"心理广播栏目，以促进学生成长发展和心理健康。

其中，房树人心理投射性绘画测验、房树人心理测评手册和"心时光"心理广播栏目主要由 H 大学教育科学研究院承办。房树人心理投

---

① 中华人民共和国教育部. 华中科技大学坚持"五育并举"打造乡村教育帮扶新亮点［EB/OL］.（2023-06-26）. http：//www. moe. gov. cn/jyb_xwfb/xw_zt/moe_357/jjyzt_2022/2022_zt04/dongtai/gaoxiao/202306/t20230626_1065775. html.

射性绘画测验是教育心理学研究生党支部书记在 M 小学进行调研工作时开展的。① 该活动面向 M 小学 8 个班级 400 余人开展。在同学们绘画完毕后，H 大学教育心理学研究生党支部书记向大家解读了学生们绘画作品中蕴含的情绪、动机、焦虑、价值观、愿望等信息。为帮助 M 小学教师进一步掌握心理学实用技能、储备心理健康专业知识，H 大学教育心理学党支部还制定了涵盖理论基础、实施流程、心理分析、真实案例、危机干预五个部分的房树人心理测评手册，以帮助老师们从更加专业的视角了解学生情况，提升其心理健康指导的技能，从而更好地为学生心理健康保驾护航。② "心时光"心理广播栏目聚焦于学会赞美、情绪管理、学会沟通、拒绝校园欺凌、学习压力、人际交往、自我认知等既通俗易懂又与生活息息相关的课题，由 H 大学教育心理学研究生党支部的学生充分发挥自身专业优势，精心策划，于每周二播报。在播报过程中 M 小学的学生们认真聆听，并积极参与互动，受益匪浅。③他们也会将自己的困扰与收获等投入"阳光信箱"，H 大学教育科学研究院的研究生们会定期阅读这些信件，为其提供有针对性的指导和建议。④

此外，H 大学还组织大学生与 M 小学的学生开展"见字如晤"书信交流活动，以激发 M 小学学生的内生奋斗动力，并组织 H 大学附属

---

① 青春临沧 . 远方的云知道 ｜"从'心'开始，遇见美好"华科大教育心理学学子为临沧孩童带来心理健康服务［EB/OL］. （2024-05-24）. https：//mp. weixin. qq. com/s/j_bMsgkucSwQ1U6WNoURUg.

② 青春临沧 . 远方的云知道 ｜"从'心'开始，遇见美好"华科大教育心理学学子为临沧孩童带来心理健康服务［EB/OL］. （2024-05-24）. https：//mp. weixin. qq. com/s/j_bMsgkucSwQ1U6WNoURUg.

③ HUST 研工小站 . 【院系风采】教育科学研究院教学心理学研究生党支部深入蚂蚁堆完小开展心理广播活动［EB/OL］. （2024-05-26）. https：//mp. weixin. qq. com/s/uI_EYsUTOvZYoJS3B_8jNg.

④ HUST 研工小站 . 【院系风采】教育科学研究院教学心理学研究生党支部深入蚂蚁堆完小开展心理广播活动［EB/OL］. （2024-05-26）. https：//mp. weixin. qq. com/s/uI_EYsUTOvZYoJS3B_8jNg.

小学与 M 小学全部班级建立"手拉手"长效共建机制，促进形成共育共进良好局面。①

2. 智育

在智育方面，H 大学输送人才强师资，大幅增加教师人力，选派 2 名骨干教师和 15 名研究生支教团成员补充教学力量，开展了"课堂教学诊断""线上共享课堂""培优补差"课外教学，在 L 区乡村小学中首开英语课，课余开展科学小实验等"乐知课堂"②，进行"你画我猜""成语接龙""逛三园"等开动脑筋的趣味游戏或活动课③，帮助同学们在放松身心的同时增长知识。

此外，H 大学还通过举办"走出大山看世界"研学活动和科技夏令营活动、科普教育和兴趣活动、"共读一本书"系列活动等来进行智育。以下重点对 H 大学开展的相关研学活动、读书活动和科普教育活动进行阐述。

（1）注重开阔学生视野，开展研学活动。

经帮扶干部牵线搭桥，H 大学 Y 省校友会向 M 小学捐赠 15 万元，用于支持 M 小学师生教育发展与开展"走出大山看世界"活动（该活动已进行多期）。其中，在第二期活动中，在 H 大学 Y 省校友会的资助下和 H 大学援 L 区干部的精心策划下，Y 省 L 市 M 小学的优秀教师和 H 大学研究生支教团的老师携手带领 M 小学 3～6 年级共 8 名学生乘飞

---

① 中华人民共和国教育部．华中科技大学坚持"五育并举"打造乡村教育帮扶新亮点［EB/OL］．（2023-06-26）．http：//www.moe.gov.cn/jyb_xwfb/xw_zt/moe_357/jjyzt_2022/2022_zt04/dongtai/gaoxiao/202306/t20230626_1065775.html.

② 中华人民共和国教育部．华中科技大学坚持"五育并举"打造乡村教育帮扶新亮点［EB/OL］．（2023-06-26）．http：//www.moe.gov.cn/jyb_xwfb/xw_zt/moe_357/jjyzt_2022/2022_zt04/dongtai/gaoxiao/202306/t20230626_1065775.html.

③ HUST 学工在线．【院系风采】学子实践感悟 ｜ 当江城浪花，遇上了在临沧的点点星光——管院学子邢钦月临沧支教实践感悟［EB/OL］．（2024-08-12）．https：//mp.weixin.qq.com/s/62quLVYKdsH2b76LqpqkWQ.

机来到 H 大学所在城市武汉，开展了以"激发山区学子学习热情、点燃山区孩子走出大山的梦想"为目的、历时 8 天的"走出大山看世界"研学活动。在该活动中，M 小学师生到达 H 大学附属小学，并与 H 大学附属小学的 10 位学生同吃、同学、同住、同游，具体活动内容包括以下三个方面。

一是两位带队老师带领 M 小学学生走进 H 大学附属小学，参与其课堂，并与 H 大学附属小学的老师相互交流。具体而言，H 大学附属小学为迎接研学团举办了热烈的欢迎仪式，H 大学附属小学校长亲自带领研学师生参观校园，促进其熟悉校园，并与 M 小学的学生进行深入交流、与两位带队老师对话谈心，最后与研学师生共进午餐。研学师生感受到了来自 H 大学附属小学的亲切与温暖。此外，H 大学附属小学的 10 名学生与 M 小学的 8 名学生进行"手拉手，结对子"交流学习，一起上课学习一周；两位带队老师也走进 H 大学附属小学优秀教师的课堂进行听课、学习，并与优秀教师进行交流、参与教研活动。[①] 活动使得 8 名来校学生汲取了丰富的课内外知识，也使得两位研学老师学习到了 H 大学附属小学的办学理念与该校老师的授课技巧。并且，研学老师在活动结束后将其所学所感带回 M 小学进行经验分享，也在一定程度上促进了 M 小学办学质量的提升。

二是研学师生及 H 大学附属小学的 10 名学生利用课余时间走进 H 大学，沉浸式体验大学校园的学习、生活氛围。他们参观了 H 大学图书馆和校史馆，并且来到 H 大学物理学院引力中心、环境学院科普基地参观学习，还体验了电信学院电工电子国家级示范中心的科学电子实验课程。其中，在科学电子实验课程中，孩子们和老师们通过实地观摩和互动学习，认识了形态各异的实验仪器，了解了电子线路测试实验的

---

① 临翔青年 . 梦想，飞越 2057 公里！| 蚂蚁堆中心完小"走出大山看世界"研学活动圆满结束［EB/OL］．（2024-04-23）. https：//mp. weixin. qq. com/s/OHfZqyUDU9l3PJjClIcUjQ.

基本元件和简单原理，构建起了导线连通电流、电流电压驱动元器件的基本概念，观看了数字钟和篮球 24 秒计时器的实验演示，以直观的方式了解了神奇的"电学"。① 这一科学电子实验课程，帮助孩子们更加深入地理解了科技知识，也激发了他们对电子科学实验的兴趣。②

三是打卡 H 大学所在城市的地标，体验当地生活。M 小学的 10 名师生、H 大学附属小学老师和 M 乡驻村支部书记参观了 H 省博物馆、辛亥革命博物馆、东湖风景区、黄鹤楼。在 H 省博物馆，亲眼见到了"越王勾践剑"与"曾侯乙编钟"，品鉴荆楚文化的起源与传承；在辛亥革命博物馆，回顾历史，学习革命先辈不畏牺牲的精神；在东湖风景区，感受自然之美；在黄鹤楼，登上其最高层，极目远眺。③

此次研学活动是 M 小学小朋友们一次难得的人生经历，拓宽了他们的视野，增强了他们的动手能力与实践能力，对于其树立远大理想并为理想而奋斗也起到了积极作用，是他们追逐梦想的新起点。④ 一名在活动中表现出色的学生表示，"我很喜欢这次旅行，看到了很多以前只在书本上见过的地方。我将来也要像杜老师一样，去大城市上大学，然后回来教更多的孩子。"⑤

---

① 临翔青年. 梦想，飞越 2057 公里！| 蚂蚁堆中心完小 "走出大山看世界" 研学活动圆满结束 ［EB/OL］.（2024-04-23）. https：//mp. weixin. qq. com/s/OHfZqyUDU9l3PJjClIcUjQ.

② 临翔青年. 梦想，飞越 2057 公里！| 蚂蚁堆中心完小 "走出大山看世界" 研学活动圆满结束 ［EB/OL］.（2024-04-23）. https：//mp. weixin. qq. com/s/OHfZqyUDU9l3PJjClIcUjQ.

③ 临翔青年. 梦想，飞越 2057 公里！| 蚂蚁堆中心完小 "走出大山看世界" 研学活动圆满结束 ［EB/OL］.（2024-04-23）. https：//mp. weixin. qq. com/s/OHfZqyUDU9l3PJjClIcUjQ.

④ 华中科技大学电子信息与通信学院. 云南省蚂蚁堆完小、华科附小学子赴华科大电信学院电工电子国家级教学示范中心参观学习 ［EB/OL］.（2024-04-19）. https：//mp. weixin. qq. com/s/EabJx-LMdKJvCtHCdNUa2g.

⑤ 华中科技大学附小. 我校与云南临沧蚂蚁堆中小完小开展手拉手研学活动 ［EB/OL］.（2024-04-30）. https：//mp. weixin. qq. com/s/FN3glfw8AI9w7d8HvILEIQ.

（2）宣传正确读书理念，开展"共读一本书"系列活动。

在 H 大学公共管理学院研究生党建工作中心、各研究生党支部、H 大学本科生资助助理委员会和 H 大学研究生支教团 L 区分队的协力合作下，"共读一本书"系列活动在 L 区 M 小学开展了。该活动旨在贯彻习近平总书记关于推进全民阅读的重要指示精神，进一步实现资源共享和爱心传递。

在活动筹备期，H 大学公共管理学院研究生党建工作中心以爱心义卖的方式，将义卖所得用于购买《三字经》《成语故事》《安徒生童话》等经典儿童文学作品，并将其捐赠给 M 小学，同时联合各研究生党支部参与读书相关的明信片、寄语视频的制作。明信片与寄语视频的内容多与"多读书、读好书，让阅读成为习惯"相关。

此外，H 大学公共管理学院的研究生党支部也积极联系 H 大学研究生支教团 L 区分队，与 M 小学的学生开展读书交流会。如，在第 29 个世界读书日到来之际，H 大学公共管理学院城市管理系研究生第一党支部与 M 小学 80 余名学生，通过云端连线开展读书交流会。在会上，支部纪检委员和组织委员用生动的语言为 M 小学学生们讲述了《猜猜我有多爱你》和《男孩、鼹鼠、狐狸和马》，并引导其理解爱的意义，鼓励其学会传递爱、表达爱，成为一个善良正直的人。随后，M 小学学生们与 H 大学公共管理学院城市管理系研究生第一党支部的成员进行了互动交流，并积极分享自己的感悟和体会。有学生表示"听了这两个故事，我更加明白了爱的力量，我要去关心身边的人，去表达爱"；亦有学生表示"我要努力成为一个像故事中那样善良正直的人"。总的来说，"这次云端读书交流会不仅使小朋友们沉浸于阅读的愉悦之中，更深刻地启迪了他们对爱的真谛的探索"。①

---

① 华中科技大学公共管理学院. 跨越 2000 公里，公管学子与临沧儿童"共读一本书"［EB/OL］.（2024-04-23）. https：//mp. weixin. qq. com/s/nzhp6DKk0gjLjg5FVtvLxg.

（3）重视学生科学素养，开展科普教育。

H大学每年都会组织大学生或专家团队赴M小学开展科普教育和兴趣活动，以提升L区学校学生的科学素养、填补学生家庭教育乏力的短板。其科普教育和兴趣活动涉及多个方面。就科普教育而言，涉及生态、物理、生物等多个方面。

在生态方面，如，H大学支教队与同样来自该大学的"喻竹计划"社会实践队进行合作，开展暑期防汛安全教育，为孩子们的假期安全保驾护航。实践队成员结合当地山区、河流的具体情况和雨季的防汛情况，以暴雨、山洪等几种灾害情况为重点，让M小学4～6年级的学生们了解包括汛期发生自然灾害时的不同应对方式等内容在内的防汛减灾的知识，邀请学生们分享自己对自然灾害和环境破坏之间关系的理解，并叮嘱他们积极学习、做好防汛准备、储备逃生知识，鼓励他们从自身做起、保护环境，以助力减少极端天气和自然灾害的发生。① 此外，在能源科普和垃圾分类方面，H大学支教队主动与"筑梦基层团"政务实习成员合作，共同为课程的开发和实践出谋划策。支教队的到来完善和丰富了学校的课程内容，也培养了孩子们对家乡的热爱，激发了孩子们为家乡发展作贡献的决心。②

在物理方面，H大学物理学院从事科研、教学的老师会亲自赶往L区，为L区学校的学生开展物理科普教育。如，来自H大学物理学院的专家、Z科学院院士——叶老师来到L区一中，为400余名高中生们作了题为"操控原子核自旋，探索生命奥秘——核磁共振造福人类健康"

---

① 华中科技大学研究生．喻竹·研学｜喻见竹"临"，梦启云"沧"——云南临沧实践队前往蚂蚁堆村开展调研［EB/OL］．（2024-08-20）．https：//mp.weixin.qq.com/s/XKLSl5fYFA0CC3ki4Adxeg.

② 华翔领航．江城浪花奔涌筑梦在临沧，点点星光照亮边疆教育之光——华中科技大学学子赴临支教助力乡村教育振兴［EB/OL］．（2024-08-05）．https：//mp.weixin.qq.com/s/6kGib4fn8URbTOK0CIUATg.

的科普报告。叶老师讲解了核磁共振（NMR）对科学的贡献和未来发展趋势，指出多学科的广泛应用给 NMR 提供了持续发展的基础，并通过讲解核磁共振在日常生活的运用案例，将深奥的物理学知识与学生们的日常生活联系起来，激发了学生们对科技创新和运用的探索欲、求知欲。在总结过后，叶老师积极为学生们答疑。由于恰逢全民阅读日，讲座结束后，叶老师为提问的学生赠送了科普读物《量子科技公开课》，并为学生们写下寄语，鼓励他们好好学习，在国家科学技术创新进步方面发光发热。[①]

　　在生物方面，来自 H 大学的援 L 区成员发现当地青春期女孩存在"月经羞耻"现象，并且许多女孩都在使用没有安全保障的卫生巾，为解决这些问题，H 大学研支团 Y 省分队积极与 J 公益课堂项目负责人进行联系。在了解到 H 大学研支团 Y 省分队队员们的请求，并进行线上沟通对接后，J 公益课堂项目负责人将 H 大学研究生支教团支教的 L 区 M 中学、X 小学、M 小学、L 区一中 4 所学校全部纳入公益课堂项目。该项目主要是通过为青春期女生讲解女性月经知识、个人卫生和自我保健方法等来助力青春期女生更健康地成长。J 公益课堂的讲师们以"乐观面对成长烦恼"为主题，设计出各种小故事，生动形象地为这 4 所学校的女生们讲述月经的由来，从而让她们接纳这一正常的生理现象，并讲述了个人卫生和自我保健方法。课程一共进行了 3 天，结束后，很多女生表示，公益课堂上讲到的很多生理期应对办法是妈妈或奶奶都没教过的。她们纷纷在心愿卡上写下自己的心声："妈妈，我成大姑娘了。""希望卫生巾可以像卫生纸一样大大方方地拿出来。"[②] 此次公益课堂，传播了健康科学的理念，提高了女生们对青

---

　　① 华中科技大学物理学院. 科普服务 ｜ 叶朝辉院士赴云南临沧临翔并为高中学子讲授科普报告［EB/OL］.（2024-04-24）. https：// mp. weixin. qq. com/s/G3Qa＿3＿ajG0IBLxEfypysQ.

　　② 微博临翔. 这个叫"蚂蚁堆"的地方，有很多蚂蚁吗？［EB/OL］.（2023-12-19）. https：// mp. weixin. qq. com/s/7w9RcMUIyUApfQWb6t1M2Q.

春期生理、心理知识的认知能力，增加了她们的安全防患意识，让她们懂得了如何在青春期保护自己，为她们今后更加快乐、健康地成长奠定了良好的心理基础。① 此外，该项目也为这些学校每位青春期女生准备了一份精美的成长礼包，其中包括 1013 个女孩专属生理包、乐观面对成长烦恼白皮书等。②

3. 美育

在美育方面，H 大学尤其注重对被援学校学生进行美术教育，并注重对学校美育环境的打造。

一是 H 大学选派 H 省优秀美术教师驻点支教，开展美术教育，在美术课堂设置上增加了陶土、泥塑、流体画等新型美术创作形式，并助力"中小幼美术学科工作室"的成立，建设"乡村美育示范工作室"。其中，M 小学乡村美育教育示范工作室是以"中国风"为主题进行环创设计的，其室内以暖色调为主，多采用中式风格，包括信息栏、荣誉榜、作品展示区等部分。③ 学生的课桌桌面还附有王希孟的《千里江山图》和张择端的《清明上河图》。④

二是 H 大学图书馆、社会学院、出版社等单位共同发起了"七彩育苗计划"。该计划以 L 区 M 学区公益画作展为活动核心，延展策划传统文化现场体验、图书转赠等系列活动。活动中，所有画作、图书、文创产品均参与义卖，各渠道筹集到的善款将全部用于为 M 学区购置

---

① 微博临翔. 这个叫"蚂蚁堆"的地方，有很多蚂蚁吗？［EB/OL］.（2023-12-19）. https：//mp. weixin. qq. com/s/7w9RcMUIyUApfQWb6t1M2Q.

② 微博临翔. 这个叫"蚂蚁堆"的地方，有很多蚂蚁吗？［EB/OL］.（2023-12-19）. https：//mp. weixin. qq. com/s/7w9RcMUIyUApfQWb6t1M2Q.

③ 南方在左. 蚂蚁堆完小"美育＋环境"美术室环境创设［EB/OL］.（2022-07-17）. https：//mp. weixin. qq. com/s/5Jrs84WrDu1-6Q3msgL6fw.

④ 南方在左. 蚂蚁堆完小"美育＋环境"美术室环境创设［EB/OL］.（2022-07-17）. https：//mp. weixin. qq. com/s/5Jrs84WrDu1-6Q3msgL6fw.

"七彩盒子"美术绘画包。① H 大学与 L 区 M 学区联合策划的公益画作展至今已举行多次。H 校园内举办过多届"大山里的小画家"公益画作展，画作展的作品多围绕着"小画家"对日常学习生活场景、对新时代中国的美好想象进行描绘，活动通过拍卖展出的书画作品，将募集资金用于反哺 M 学区的美育建设。其中，第一届"大山里的小画家"公益画作展经 H 大学图书馆、社会学院、出版社等单位联合 M 学区多方策划，陈列了 112 幅来自 M 学区的作品。展出作品主要包括山水画、水墨人物画、漫画、花鸟画、儿童画等，描绘了在 H 大学和 L 区党委政府的共同努力下，曾经的贫困地区深度贫困村实现了翻天覆地、脱贫振兴的巨大变化。观展者们络绎不绝，认购者众多。② 许多人将感动和祝福书写在寄语卡上，208 份寄语卡也跨越千里送到了 M 小学孩子的手中。③画作展募集的爱心善款，完成了 600 份"七彩盒子"绘画包的购置，并帮助 M 小学建成了 1 个专门的美术室。④

　　三是 H 大学积极推动校地教育合作，捐资建设"校园文化墙"和书画作品展区，并助力 M 小学成功获评首批省级"绿美校园"称号。⑤

---

　　① 华中大社会学院. 定点帮扶在行动　"七彩育苗计划"系列活动助蚂蚁堆学区孩童苗壮成长〔EB/OL〕. （2021-04-30）. https：//mp. weixin. qq. com/s/X-1KHhU6 _ xjH6j grWqrq-w.
　　② 华中大社会学院. 定点帮扶在行动　"七彩育苗计划"系列活动助蚂蚁堆学区孩童苗壮成长〔EB/OL〕. （2021-04-30）. https：//mp. weixin. qq. com/s/X-1KHhU6 _ xjH6j grWqrq-w.
　　③ 华中大社会学院. 定点帮扶在行动　"七彩育苗计划"系列活动助蚂蚁堆学区孩童苗壮成长〔EB/OL〕. （2021-04-30）. https：//mp. weixin. qq. com/s/X-1KHhU6 _ xjH6j grWqrq-w.
　　④ 华中大社会学院. 定点帮扶在行动　"七彩育苗计划"系列活动助蚂蚁堆学区孩童苗壮成长〔EB/OL〕. （2021-04-30）. https：//mp. weixin. qq. com/s/X-1KHhU6 _ xjH6j grWqrq-w.
　　⑤ 中华人民共和国教育部. 华中科技大学坚持"五育并举"打造乡村教育帮扶新亮点〔EB/OL〕. （2023-06-26）. http：//www. moe. gov. cn/jyb _ xwfb/xw _ zt/moe _ 357/jjyzt _ 2022/2022 _ zt04/dongtai/gaoxiao/202306/t20230626 _ 1065775. html.

除了推广"童画"，H大学也注重推广"童声"，在被援学校成立"云之声"童声合唱团，以助力受援学校的音乐教育。①

4. 体育及劳育

H大学同样重视体育和劳育。在体育方面，H大学致力于提升L区学校的体育硬件条件、丰富L区学校学生的体育锻炼内容。H大学累计投入200余万元改造M小学的操场②，增加学校的教学设施和体育器材，并通过科学的体育训练、开展体育活动来增加对学生的"锻炼"。如，H大学合理调整L区学生的作息时间，在两操（早操、课间操）与体育课外增设每日课外活动，同时组织学生建立多个体育兴趣队伍（如篮球队、足球队、乒乓球队、啦啦操队等），定期开展体能训练，定期举办体育节活动。③

在劳育方面，H大学指导L区小学设置劳育规划，并将劳动教育融入学生的校园生活。一方面，H大学指导M小学将2023年定为学生"好习惯养成年"，把学生的各类行为归纳成正面清单和负面清单，建立日常行为习惯的红、黄榜公示制度。另一方面，H大学推动M小学将劳动教育融入日常生活，组织开展校园卫生清扫、月末集中大扫除等校舍卫生保洁活动、绿美校园建设活动等，并于每月开展卫生班级流动红旗评比活动，使学生尊重和热爱劳动，树立正确的劳动观念。④

---

① 华中科技大学新闻网.【助力乡村振兴】心手相牵　华翔情深——我校图书馆、附属学校与临翔开展结对帮扶记实［EB/OL］.（2023-06-07）. https：//news. hust. edu. cn/info/1003/48978. htm.

② 中华人民共和国教育部. 华中科技大学定点帮扶十年成果［EB/OL］.（2022-09-01）. http：//www. moe. gov. cn/jyb＿xwfb/xw＿zt/moe＿357/jjyzt＿2022/2022＿zt04/dongtai/dingdian/202209/t20220901＿657161. html.

③ 中华人民共和国教育部. 华中科技大学坚持"五育并举"打造乡村教育帮扶新亮点［EB/OL］.（2023-06-26）. http：//www. moe. gov. cn/jyb＿xwfb/xw＿zt/moe＿357/jjyzt＿2022/2022＿zt04/dongtai/gaoxiao/202306/t20230626＿1065775. html.

④ 中华人民共和国教育部. 华中科技大学坚持"五育并举"打造乡村教育帮扶新亮点［EB/OL］.（2023-06-26）. http：//www. moe. gov. cn/jyb＿xwfb/xw＿zt/moe＿357/jjyzt＿2022/2022＿zt04/dongtai/gaoxiao/202306/t20230626＿1065775. html.

（三）进行多方集资，改善学校教学条件

H 大学与多方协调，通过直接捐资、结对帮扶、引进社会助学等方式筹集资金，改善 L 区学校的教学条件。其措施包括为学校更换课桌椅、安装护眼灯、置办智慧黑板、捐赠其他物品（如校服、被褥、平板电脑、图书）等。

H 大学大规模为 L 区学校置换课桌椅，将老式课桌椅置换为新式课桌椅，提升学校的教学条件。新式课桌椅具有轻巧、承重量高、可升降调节等优点。新式课桌椅的置办获得了各方肯定和赞扬。如，L 区某学校班主任评价道："过去的课桌椅都是老式的，因为使用时间比较长，损坏严重，尺寸都是统一的，不能根据学生身体的差异来进行调节，新更换的可升降桌椅充分考虑学生身高、体重等因素，可根据需要进行适当的高度调整，改变课桌椅与学生身高增长不相适应的状况，桌椅的更换将爱护、关心青少年健康成长的口号落到了实处。"①

H 大学还大规模为 L 区学校安装护眼灯，开展"护眼工程"，以促进教室采光照明的人性化和学生眼部健康的保护。护眼灯与"荧光灯"相比，有无光衰、无噪声、耗电低、寿命长等优点，H 大学积极促进受授学校以"护眼灯"替代"荧光灯"，为 L 区某学校的所有教室安装了 8 盏健康节能护眼灯和 2 盏黑板灯，有效柔和了教室光线，体现了其对师生眼部健康的关注。目前，"护眼工程"已让 530 余名师生受益，受到了学生、家长、教师的一致好评。②此外，H 大学为 L 区学校安装了智慧黑板，以打造智慧教学环境。在智慧黑板全部安装完毕后，为确保智慧黑板的正常投入使用，M 小学积极开展教师智慧黑板应用培训，以提升教师运用智

---

① 华中科技大学新闻网．【助力乡村振兴】华中大真情投入乡村教育振兴〔EB/OL〕．（2023-02-20）．https：//news.hust.edu.cn/info/1002/47710.htm.

② 华中科技大学新闻网．【助力乡村振兴】华中大真情投入乡村教育振兴〔EB/OL〕．（2023-02-20）．https：//news.hust.edu.cn/info/1002/47710.htm.

慧黑板进行备课和上课的水平，提高教师课堂教学与信息化技术整合能力。①

最后，H 大学通过多种方式向 L 区学校的学生提供物资帮助。如，H 大学对 L 区 X 小学先后捐助了校服 565 套、平板电脑 12 台、学生被褥 180 套、图书 3000 多册②，并且联合企业单位的力量为 L 区学校提供更多物资，如 Z 公司向 H 大学对口帮扶的 L 区 M 小学捐赠了包括 600 余件文化衫、61 套合唱团民族服饰和 10 套国旗仪仗队礼服等在内的价值 3 万元的文体用品③；来自 L 区的 3 家公司为学生们捐赠总价值近 8 万元的 2900 本书籍和 567 盒中秋月饼④。

案例 6.1

构建"面向人人"美育普惠机制培育

美育作为一种教育行为，是人们通过对自然、世界的观照，从过程中获得审美经验，进而建立起感性的认识，以致涵养人心，其目的指向道德教育和审美教育，其核心要义在于借助对美的感知，实现美好人格的养成。早在 19 世纪初期，蔡

---

① 华中科技大学新闻网. 【助力乡村振兴】华中大真情投入乡村教育振兴［EB/OL］.（2023-02-20）. https：//news. hust. edu. cn/info/1002/47710. htm.

② 今日临沧. 精准扶贫在临沧｜定点帮扶成效显！华中科技大学：斩断穷源先扶智（一）［EB/OL］.（2018-05-31）. https：//www. sohu. com/a/233644187＿100021362.

③ 临翔青年. 来自两千公里外的儿童节礼物｜中韬华胜工程科技有限公司温暖捐赠蚂蚁堆完小 3 万元文体用品［EB/OL］.（2024-06-04）. https：//mp. weixin. qq. com/s/Aazd4WV9kVWD7etPP1OaFA.

④ 华翔领航. 华中科技大学校务委员会副主任梁茜一行赴蚂蚁堆完小开展调研帮扶工作［EB/OL］.（2023-09-26）. https：//mp. weixin. qq. com/s/Ppz0vBKkprSAlv＿B01RnHA.

元培先生就认为"德育者教意志之应用，美育者教情感之应用是也"，他主张的教育宗旨是"注重道德教育，以实利教育、军国民教育辅之，更以美感教育完成其道德。"

一、当前部分乡村小学美育、德育的缺位

当前，我国的教育方针旨在培养德、智、体、美、劳全面发展的社会主义建设者和接班人。其中，德育与美育既各自独立，又相互依托、共同发展。随着时代的进步、义务教育的不断发展，德育和美育的地位和重要性在不断彰显，然而，部分乡村小学德育和美育发展仍存在一定程度的缺位。一是美育教育教学资源配置部分缺位。以笔者所在的工作单位为例，学校坐落在云南省临沧市临翔区深度贫困村之一的集镇中心，属于边疆贫困山区乡村小学，目前共开办教学班12个，在校学生580名。学校所在的学区（辖5所小学、1所中心幼儿园），仅中心完小配备有一间美术教室，且教室空间无法容纳整班学生，美术室工具和多媒体课件缺乏，难以满足学生学习需求。学区除中心完小外，其他4所完小均没有专业教师承担美术课程教学。所在地区经济发展落后，教育投入不足、师资力量紧缺、教学软硬件匮乏是学校美育教育发展面对的主要问题，美育教育育人功能的发挥、美育课程体系构建和教育教学的质量提升等，与全面加强和改进新时代学校美育工作的总体要求差距较大。二是重智轻德的现象依然存在。当前，国家大力推进乡村振兴，要实现人才振兴，教育必先振兴。然而，部分乡村学校，为了抓教育教学质量，简单地以主科成绩和升学率为指标，在教育教学过程中，没有处理好立德树人和知识传授的关系，过于强调智育成果，不注重学科融合，没有探索和拓展各个学科的德育内容。此外，在校园文化建设上，理应充分挖掘地方、学校的历史文化底蕴，以德育为主要任务，精心设计、

创设校园环境，营造德育氛围，通过软硬件的设置、改造和美化，实现德育潜移默化地"滴灌"。

二、面向人人可持续美育公益项目的建立

2021年8月，习近平总书记在对云南省临沧市沧源边境村老村支书的回信中提到"脱贫是迈向幸福生活的重要一步，我们要继续抓好乡村振兴、兴边富民，促进各族群众共同富裕，促进边疆繁荣稳定"。在党中央宣布脱贫攻坚战胜利收官，全面推进乡村振兴战略元年，为庆祝中国共产党建党100周年，进一步拉近中央定点帮扶单位华中科技大学和临翔区校地情感联系，传播好心手相牵、携手脱贫振兴的故事，笔者所在的临翔区蚂蚁堆学区与华中科技大学图书馆、出版社、社会学院等单位联合策划，发起了"七彩育苗计划"，用乡村儿童画笔描述家乡脱贫振兴之美，成功在华中科技大学图书馆举办了"临翔蚂蚁堆学区公益画作展"，募集到14万余元爱心资金及物资，有效改善了蚂蚁堆学区美育教育条件。

在策划和实施本次公益项目过程中，我们始终坚持主流价值引领。一是坚持正确教育方向。以美育人、以美化人、以美培元，将美育作为立德树人的重要载体，充分发挥美育教育的育人功能，坚持弘扬社会主义核心价值观，以脱贫攻坚战取得全面胜利为教育契机，面向学区全体学生，组织开展"我眼中的家乡变化""脱贫振兴路上的华翔情"等主题绘画创作活动。二是充分挖掘美育资源。曾经作为深度贫困村的家乡实现了翻天覆地、脱贫振兴的巨大变化，以及华中科技大学定点帮扶校地通力合作与临翔人民结下的深厚情谊成为学生们的创作素材，他们在绘画创作过程中，也进一步了解党和国家在脱贫攻坚战中取得的伟大成绩，深刻感受"党的光辉照边疆，边疆人民心向党"的实践基础和精神内涵。本次公益项目旨在引领学

生树立正确的民族观、国家观，增强道路自信、文化自信，努力让每个学生成为绘画创作活动的参与者和受益者。

通过校地联合举办"公益画作展"的实践尝试，我们面向全体学区学生，初步实现了将美育课堂教学与学生社会主义核心价值观培育引导相结合，与民族观、国家观塑造相结合，面向帮扶单位和社会力量，将发挥美育育人作用与探索美育教育对口帮扶机制相结合，以"三个结合"探索构建了面向人人的美育教育普惠机制，生生参与、人人受益。

三、"美育＋德育"融合模式的实践探索

在"临翔蚂蚁堆学区公益画作展"的实践启发下，笔者及所在单位也积极开展"'美育＋'学科融合发展路径研究"，以美术教研组为基础，研究通过美育课程连接各学科知识和技能以激发创新教学方法，引导学生以多元的、网状的思考模式替代单一的、线性的思考模式，将教学形式多元化，达到激发学生创意、培养学生的创新意识和实践能力、提高学生美术素养的目的，尝试把美育与德育有机融合，从而最终实现知识传授和价值引领的有效结合。

如何充分挖掘音乐、绘画、戏剧等课程中的德育元素，以提高学生审美和人文素养为目标，强化中华优秀传统文化、革命文化、社会主义先进文化教育，引导学生主动践行社会主义核心价值观，是"美育＋德育"实现融合发展并取得实效的关键。一是从学生性格养成上下功夫。教育家陶行知强调"生活即教育"，通过美育课程连接各学科知识和技能以激发创新教学方法，利用多媒体和户外写生开阔学生视野，引导学生观察生活，在生活中学习。结合每个学生不同的生活经历，进行绘画、音乐等美育课程的交流和创作。启发学生道德认知，注重学生的情感体验和道德实践。随着时间、环境的影响，学生会

逐渐塑造自己特有的性格、专注力、观察能力、自我学习的能力等，从而达到激发学生创意、培养学生的创新意识和实践能力、提高学生美术素养的目的。

二是从激发学生学习兴趣上下功夫。在"美育＋"课程探索中，让学生进行自主参与式、发现式、体验式学习，通过与学生的教学互动，把握学生高质量教学反馈的教育时机，辅之以教学方法上必要的媒介引导，如：故事、视频及融合式导入（美术课用音乐导入，音乐课用美术作品导入）。例如，音乐课程第一课"哆来咪"，美术课程融合"音的渐变"和"色彩的渐变"，将二者结合，由曾侯乙编钟演奏导入，编钟大小的变化决定音调的变化，同理可制作水琴：水越多，音调越高；水越少，音调越低。由此及彼，引出色彩渐变，达到课程融合的目的。

三是从教育实践上下功夫。在教学思维上也要进行创新，学科的融合要与学生的生活相联系。杜威说，儿童所关心的事物，由于他的生活所带来的个人的和社会的兴趣的统一性，是结合在一起的。儿童已有的经验更能够提起儿童对事物学习的兴趣。在以往经验结合的情况下，我们才能准确地传达信息和知识。以儿童为中心要重视学生的表达，我们只有通过分析学生的讲述过程，才能知道他到底听懂没有。根据哈佛大学的"学习吸收率金字塔"，听讲吸收率很低，仅5％，立即运用吸收率则高达90％。因此，在"美育＋德育"课程中，应根据受教育对象、教育环境等具体情况来安排课程与活动，通过"以生授课，教师引导"的小规模形式，展开美育和德育的融合教学探索。

（作者：黄丕莎）

【参考文献】

［1］蒋纯焦．教育家陶行知研究［M］．济南：山东人民出版社，2015.

［2］赫尔巴特．普通教育学［M］．李其龙，译．北京：人民教育出版社，2015.

［3］杜威．学校与社会·明日之学校［M］．赵祥麟，任钟印，吴宏志，译．北京：人民教育出版社，2004.

第七章　学校社会工作支持的家校社协同教育

2021 年 3 月，《中华人民共和国国民经济和社会发展第十四个五年规划和 2035 年远景目标纲要》颁布，明确了"建设高质量教育体系"教育发展主题，提出"健全学校家庭社会协同育人机制"。2023 年，中央深化机构改革，成立中央社会工作部，负责统一领导全国社会工作，指导社会工作人才队伍建设等，社会工作的行业管理从政府部门上升到党委部门，这为自上而下做好顶层设计，推动新一轮高质量发展带来了新的机遇。中央社会工作部有关领导在讲话、文章中多次明确，要发展重点领域社会工作，尤其是教育领域。

学校社会工作是社会工作一个重要的实务领域，是将社会工作专业的原则、方法及技巧运用于教育机构及其设施中，通过与家长、学校、社区的互动来解决学生问题，促进学生发展，构筑"教""学""成长"的和谐环境，使学生更好地适应社会。[①]学校社会工作是一项预防性、发展性和补救性的服务，其服务的目标分为三个层面，即协助学生获得价值观、知识和能力，使其人格得到正常发展、潜能得到充分发挥，从而

---

① 文军，易臻真．迷茫与超越：学校社会工作案例研究［M］．上海：华东理工大学出版社，2017.

更好地适应现代生活的需要；协助学校、家庭及社区改善三方之间的关系，以增进各自的及三者综合的教育功能；协助社会实现诸如教育机会均等、社会公正等的社会目标。因此，学校社会工作是家校社协同育人工作中的新力量。[①]

一、学校社会工作的源起与发展

学校社会工作者起源于 20 世纪初的美国，其前身是家庭访问教师，主要工作是督促学生上学，帮助学校保证学生出勤率。1919 年，美国社会工作会议正式确定了学校社会工作在社会福利体系中的地位，学校社会工作开始起步。其后，随着青少年问题在美国呈现多发态势，社区工作者及儿童福利保障人员开始介入学校工作，为学生积极成长努力。学校社会工作通过个人与团体等的咨询、危机干预、家访以及对学生和学校等的倡导服务，对学生的情绪、心理、行为具有积极的影响。

我国的学校社会工作发展可以追溯到 20 世纪 20 年代熊希龄创办的慈幼院。改革开放后，学校社会工作从最初针对残障学生以及农民工子女开展服务，发展到 21 世纪初，四川、上海、北京、广州等社会工作发展先行地区开始尝试将专业社会工作引入学校。例如，2002 年，上海浦东新区对 38 所学校进行学校社会工作试点，2021 年已经在全市全面展开了学校社会工作的站点全覆盖建设。2008 年汶川大地震后，中国青少年发展基金会和中国社会工作教育协会联合援助项目进驻灾区学校，并在灾后重建任务完成后，项目转为由当地政府出资，社工的注册机构保留下来，正式成为专门为学校提供社工的一个机构。社会工作者根据我国具体国情，开展学校社会工作专业化和本土化道路的探索。虽然我国学校社会工作起步晚，但是有着深厚的理论基础，且可以借鉴国外的实践经验。

---

① 管向梅. 香港学校社会工作制度及其启示［J］. 社会，2004（4）：47-49.

学校社会工作的研究主要围绕理论探讨、实务模式和发展路径三个层面展开。理论探讨方面，主要关注生态系统理论、社会支持网络理论、赋权理论、交叠影响阈理论等。学校社会工作的理论指导社工在实务中解决问题并整合社会资源进行干预，协助学校开展家校社联动，促进学生的全面发展。

实务模式方面主要包括用内设、外置以及二者相结合的方式将社会工作嵌入学校工作中。所谓内设，就是将社会工作者岗位纳入学校内部编制，社会工作者以学校正式成员的身份为学校师生提供专业服务；所谓外置，就是在学校外部成立服务机构，社会工作者以外派驻校的形式为学校师生提供专业服务。目前，国内大部分的学校社会工作服务都是通过政府购买，以项目化运作的方式进驻学校。事实上，学校社会工作岗位的内设和外置各有利弊。内设有利于社会工作与学校工作的一体化规划与管理；有利于增进社会工作者对学校的归属感和身份认同；有利于社会工作持续、稳定地开展。然而，内设不利于保持社会工作的独立自主性；社会工作者的时间、精力有可能被学校的中心任务占用；与学校利益的一致性不利于其客观地分析、评估学校的问题；无法得到专业团队的支持。外置的利弊得失正好与内设相反。因此，可以采取内设和外置相结合的方式，形成内外协同的学校社会工作格局。[①]例如，四川省广元市利州区采用"教育局专职社工＋社工机构派驻社工＋学校心理专兼职老师＋心理诊疗医院"四合一模式，既解决了外来驻校社工轮换"断档"的问题，也解决了体制内"本土社工"专业化不足、专业价值观难以中立的问题。[②]

在发展路径方面，可以将学校社会工作概括为六种模式：传统模

---

① 史柏年．学校社会工作：从项目试点到制度建设——以四川希望学校社会工作实践为例［J］．学海，2012（1）：90-93．

② 许娓，王思斌，罗观翠，等．发展学校社会工作，难点和症结在哪里（下）［J］．中国社会工作，2021（10）：17-19．

式、社区学校模式、学校变迁模式、社会互动模式、广域临床模式以及分层支持模式。在传统模式中，多从学生个人角度追因，主要侧重于矫正和干预。在社区学校模式中，社工认识到生态系统的影响力，通过改变家庭和优化社区帮助学生。在学校变迁模式中，社工将学校视为影响学生发展的关键生态，积极促进学校制度改革和教育理念转化。在社会互动模式中，社工将学校、家庭和社区进行有机整合，形成家校社协同发展态势。广域临床模式是一种整合融通模式，推动社会互动模式通过融通机制走向整合取向。①广域临床模式强调社会工作者对宏观政策和环境的影响，鼓励其主动参与政策的制定与出台。一方面，学校社会工作者通过学校系统的改变和面向个人或小组的工作，改变学生及其家庭成员，例如开设预防校园霸凌的课程，课程内容包括人际关系能力训练、专注力训练、家庭治疗、危机干预等微观社会工作技术。另一方面，学校社会工作者通过改变环境，促进学生个人、小组、所在家庭以及学校系统发生改变，例如学生领导力的培养，为学生提供伙伴督导，为老师提供督导和咨询，为父母提供支持和咨询，促进家校合作，推进学校教育理念和方法的改变，进行项目评估和传播，建立社区组织等②。不同于广域临床模式，分层支持模式积极开展"家-校-社"多方联动整合，主要是基于预防和发展理念，进行多层预防和干预模式设计③。总体来讲，学校社会工作正在从广域临床模式转向预防发展和家校社整合模式。

① 田国秀. 学校社会工作的模式变迁：美国的经验及启示［J］. 首都师范大学学报（社会科学版），2014（6）：126-132.

② 王思斌. 社会工作硕士专业学位研究生（MSW）教学案例集［M］. 北京：北京大学出版社，2016.

③ BERKELEY S B，SCANLON D，BAILEY T R，et al. A snapshot of RTI implementation a decade later：New picture，same story［J］. Journal of Learning Disabilities，2023，53（5）：332-342.

二、学校社会工作的价值理念和主要服务内容

学校社会工作者（简称学校社工）在学校开展服务的基本前提包括尊重学生的价值、尊严和权利，特别是学习、表达和实现自我的权利，尊重其独特性，相信其具有发展自我的主观愿望和能力；与此同时，承认师生关系是平等的，同学关系是相互的，学校有责任和义务创造有利于学生成长的环境。

基于此，学校社工将学生置于家庭-学校-社区互动的环境中，关注学生发展及外部资源支持。学校社工在学校中的角色主要是协调学校、家庭及社区之间的关系，调整家庭功能，提升家庭关系、亲子关系和师生关系，为学生提供促进其成长的氛围，最终目的是满足学生学业成长和个体成长的需要。所以，学校社会工作者需要从根本上构建一个有利于孩子成长的土壤，从人与环境的双向视角出发，从同伴、学校、家庭、个体内在素养和社会适应方式等多方面开展工作。

学校社会工作具体的服务范围包括所有与学生有关的问题。例如，在个人方面，包括自我了解、行为问题、情绪困扰、身体及精神健康问题；在家庭朋友方面，包括交友技巧、异性相处、家人沟通、子女管教、不良朋辈影响；在学校生活适应方面，包括学习问题、同学与师生关系、处理压力的方法；在环境方面，包括新移民适应、药物滥用、单亲家庭问题。学校社会工作对学生的作用主要包括促进学生学业发展、保障学生基本权益、预防学生问题性行为、矫治学生身心障碍、协助学生链接资源以及促进学生自我成长。从功能上定义，学校社会工作是一项预防性、发展性和补救性的服务。

（1）预防性服务。预防性服务是从预防视角出发，通过直接进行教育宣传，增强学生抵抗风险的能力，消除或减少可能出现的问题；通过环境介入消除或减少其诱发因素；强调通过有效的识别方法提前发现潜

在案主并进行干预，包括协助学生适应学校环境，做好协调人际关系的培训，从而避免问题的发生。[①]预防服务又可以分为一般预防、临界预防和再犯预防。一般预防渗入日常教学体系，面向全校学生开展，目的在于甄别和确定可能导致在校青少年犯罪的自然和社会环境，并通过服务改善环境，以社区活动、主题教育等形式消除引致犯罪行为的隐患；临界预防面向出现违法犯罪倾向但尚未违法犯罪的在校青少年，目的是对有可能发展为犯罪的问题行为进行早期识别和干预，对容易诱发犯罪行为的环境和青少年及时进行矫治；再犯预防面向有过违法犯罪记录，同时存在多重问题或处于危机状态的在校青少年，主要采用个案治疗、危机干预和矫正等干预方法，对已经犯罪的在校生进行教育矫治，使其不再犯罪。[②]

（2）发展性服务。发展性服务是以发展视角强调从学生的发展性需求出发，发掘学生的潜能，引导和培养价值观、培养情感和情绪管理能力、培养人际交往能力、培养劳动意识和劳动能力、提高科学抉择和生涯规划能力以及培养行动力，提升学生综合素质。例如，学校社工可以通过小组工作及各种综合活动，激发学生的潜质和成长动机，完善自我的积极性和创造性。社工全职驻校可以改善辅导服务的质量，加强与学校、社区及家长的合作和沟通，以便发挥团队精神和更全面地照顾学生。在这个体系中，社工可以作为学生、家长和老师之间的枢纽，整合有效资源，为学生的成长提供服务，促进学生参与学校建设以及社区和社会的建设和发展。

（3）补救性服务。学生处于不同阶段，其身体、心理、社会性以及道德发展有不同需求。例如，青春期是学生各方面飞速变化的成长期，

---

① 文军，易臻真．迷茫与超越：学校社会工作案例研究［M］．上海：华东理工大学出版社，2017.

② 黄晨熹，王天童，张瑾瑜．基于预防发展视角的上海学校社会工作：现实困境与对策建议［J］．华东师范大学学报（哲学社会科学版），2023（6）：80-92.

学生的生理渐趋成熟，需要建立自我认知能力，在此过程中，同伴关系和社交圈的建立是重要因素。同时，在成长过程中，他们渴望寻找在社会中的角色定位，个体的成长和社会角色的塑造是至关重要的。青春期青少年的心理社会发展水平高，其自我同一性和自主性是重要指标。然而，学校往往只关注学业，忽略了学生心理社会发展的需求。学校社工应承担起弥补学校缺失的工作的任务，及时发现学生身、心等方面的问题，运用科学的方法进行有效的治疗和矫正，并尽最大的努力为学生寻找社会支持资源。从优势视角出发，满足困境学生的改善性需要，对其心理困境、学业困境、人际关系困境、偏差行为困境以及家庭困境进行介入，排除其成长障碍；从公正视角出发，满足遭遇伤害学生的保护性需要，对受虐、体罚乃至性侵行为进行介入，维护学生的权益。

三、学校社会工作者在家校社协同教育中的功能

学校是教书育人的主阵地，应充分发挥协同育人的重要作用，及时与家长沟通学生情况，加强家庭教育指导工作，用好社会育人资源。在当代社会，学校的围墙将会不断虚化，学科的边界也会逐步模糊，课程的综合性、实践性要求越来越高，这就需要学校教育与家庭教育和社会教育形成合力。教师是实现家校社协同育人的核心力量，学校需要对其加强系统培训，提升其整体素质，增强其家庭教育指导能力和社会沟通能力，要重点关心和支持班主任、心理健康教育教师、德育干部等骨干队伍建设。与此同时，还需要加强学校社会工作者的相关工作，联动青少年社工、家庭社工、未成年人司法社工等社工人才，培育家长志愿者团队、社区志愿者团队、教师志愿者团队和学生志愿者团队等，在学校方面，营造良好的教学环境、帮助学校树立良好的公众形象；在家庭方面，调和家庭关系，增进亲子沟通，解决家庭教育困惑；在社区方面，促进学生参与社区的建设和发展，疏通家校关系，搭建学校与社区、家

庭的联系与合作平台，共同致力于青少年的健康发展。

2021 年，中国社会工作联合会推出"家校社共育领航计划"①。中国社会工作联合会充分发挥全国性、枢纽性、顶层性社会组织的作用，在全国范围内遴选试点和合作单位，重点从城乡社区和校园场景入手，为家校社协同教育赋能，以系统观念推动家校社协同育人体系建设。例如，中国社会工作联合会在 J 学校建立"家校社共育实践创新基地"，以校园场景为重点，以家委会和家长学校为抓手，引入专家力量，开设科学系统的家庭教育课程，同时，开发一系列家长手册，包括《家长学校必读手册》《家庭教育 20 问》等，引导家长更新观念，更好地履行家庭教育职责。

与此同时，中国社会工作联合会青少年与学校社会工作委员会协助学校开发"家校共育五大胜任力模型"，从家长、家委会、教师、学生个体、学校整体五个层面出发，协助学校提高共育胜任力。一是面向父母的"好父母加油站"。以线上课堂为主，开发父母赋能、亲子关系、常见问题和学习素养四个模块的课程，从观念、知识和技能的角度提升父母家庭教育基本素养。二是面向家委会的"家委会建设指导中心"。由高校专家、学校德育负责人、家长委员会负责人组成家委会建设指导中心的核心团队，从制度建设、人才培养和内容设计三个方面帮助学校建立家委会和完善家委会的运营。同时，发挥家委会骨干家长代表的积极作用，对这类家长进行专业培训，为家长学校培训相应人才，保障后续建设方案的实施和反馈。三是面向教师的"教师家校素养提升营"。围绕教师的素养培训，从教师必备的家校指导能力入手，丰富教师家校社共育相关知识，培育教师在家校社共育过程中需要的领导力、沟通力和问题解决能力，引导教师掌握家校社共育的实践方法。四是面向学生的"第三方心理咨询服务站"。中小学的心理老师受制于专业度、多重

---

① 中国社会工作联合会．关于开展"家校社共育领航计划"的通知［EB/OL］.（2021-08-26）．http：//news. swchina. org/trends/2021/0826/39702. shtml.

关系（同事、上下级、师生、家校）等因素，无法完全站在第三方的角度处理学生的具体问题。同时，一般学校也仅能配备一名心理老师，无法满足实际的心理咨询需求。在这样的背景下设置第三方心理咨询服务站，主要承担家庭教育咨询及辅导、休学回访、针对教师的心理健康技能培训等职能，服务于重点学生群体。五是面向学校的"测评数据库平台"。协助学校建设测评数据库平台，整合面向学校各个层级的各类测评，形成"证据—决策"链条，通过对各项数据的整合处理来帮助学校德育负责人、家委会负责人和教师制定学校发展决策或方案，解决家校社共育的突出难题。以此对家校社共育工作的整体成效和问题开展动态跟踪、客观评价①。

案例分享 7.1

四川广元希望社工服务中心
——社工课堂之《家庭、学校与社会》②

"希望社工服务中心"是目前为止全国首家教育系统内成立的为学校提供社会工作专业服务的非营利性机构，同时也是国内第一家全国性的高校社会工作专业实习基地。在实践工作中，希望社工服务中心的社工总结出常规服务十法并进行推广，主要包括如下各项。

（1）社工信箱。社工信箱服务模式为社工的一种个案延伸服务形式，社工通过信箱帮助学生从容面对成长中遇到的困

---

① 宋万召，张驰，苏曲光．家校社协作构建良好育人生态［EB/OL］．（2023-07-12）．http：//news. swchina. org/voice/2023/0712/43323. shtml.

② 史柏年，希望社工常规服务十法［M］．北京：社会科学文献出版社，2011.

感、困难抑或问题，并针对具体情况，秉持社工理念和价值观，运用同感、共情、尊重、真诚等专业服务原则和技巧挖掘学生自身潜力，帮助学生厘清其遇到的问题，并提出建议，由学生充分发挥其自助能力，自主决定采取何种形式解决问题。在这个过程中，社工扮演了倾听者、陪伴者的角色，陪伴着学生，与其共同成长。

（2）社工小屋。社工小屋是学校社工在驻点服务学校中，向服务对象提供个案、小信箱、咨询、书屋、活动天地等多种服务的，一个固定、具体、软硬件设施齐全的地点或场所。

（3）社工课堂。针对中国学校作息时间统一，班级整体活动时间多、课余可自由支配空间小的特点，将小组工作的方法延伸到班级课堂上，发展出有中国特色的小组工作方法——社工课堂，并形成了具有系统性内容的社工课堂教程。

（4）团队活动。团队活动作为个案、社区等方法的重要补充，在促进青少年身心健康发展方面发挥了十分关键的作用。对于青少年来说，同辈群体在他们的成长过程中扮演着重要的角色，以群体为单位的团队活动是学校社工开展服务的常规服务方法。

（5）生命教育。生命教育是近年来一个日益受到国内外关注的研究领域。生命教育源于死亡教育，进而发展至生的教育、死亡教育、人与自己、人与人、人与社会、人与自然六个向度，其宗旨在于捍卫生命尊严、激发生命潜质、提升生命品质、实现生命价值。

（6）社区服务。社区学校模式认为学生发生困扰的原因主要在于学校与社区未能密切配合，社区居民不了解学校的政策、不支持学校的方案，而学校人员也未能了解学生所处的社会背景。学校社工采取社区取向，促进学校与社区的沟通，利用社区资源，既为社区提供切实的服务，又促进学生和家庭的成长。

（7）家长学校。针对学校与家庭在学生教育职责分工上的模糊和家校矛盾突出的特点，在学生家长会的基础上，发展出有中国特色的社区工作方法——家长学校，提供以促进"家校合作"为框架的相关服务，包括家长培训、个别辅导、家访、阅读推荐、亲子园活动等，目的是提升家长的意识与能力，引导家长参与学校的事务，改善家校关系。

（8）教工服务。教工服务源于教工的诸多需求，包括多种服务形式，诸如户外历奇减压、团队建设、讲座培训、个案或团队辅导、咨询等形式，而多种服务形式的结合为教工的需求提供了多种解决途径，对教工的成长、学校的发展具有积极意义。

（9）留守学生服务。留守学生由于缺少父母的陪伴，家庭教育有所欠缺，在学校老师眼中，留守学生在行为习惯、学习等方面存在着比较多的问题；在社会工作者眼中，留守学生属于学校和社会中的弱势群体，是应该被重点关注并给予支持的一个特殊群体。

（10）志愿者培养。社会工作者在"助人自助"专业理念的指导下"培养助人者"，发动全校师生开展"社区公益行"服务，学生和老师以志愿者的身份进入社区，以自己的实际行动向社区居民宣传关爱、环保等观念，为社区居民提供服务。通过对志愿者的培训，使其能为他人提供更优质的服务，同时也能培养其社会责任感及社区归属感。师生的参与热情也会带动一些学生家长及退休老教师的参与，家长照顾社区的学生，而退休教师发挥自己的专业特长，为社区的学生辅导功课。

以下摘录自《希望社工常规服务十法》中的社工课堂之《家庭、学校与社会》部分，供学校社会工作者参阅。

第一章　家庭

第一节　家庭中需要沟通

一、活动理念

初中阶段，学生们逐渐产生了较明显的逆反心理，易与父母发生误解、矛盾，甚至冲突，导致双方关系疏远或紧张。若不及时加以妥善的引导和解决，将不利于他们的成长。本节的主要内容就是讲授学生应如何与家长沟通、商量，以及沟通的要领，进而讲与父母交往的艺术。这对化解父母、孩子之间的冲突有着相当重要的作用。

二、活动目标

知识目标：通过教学使学生掌握与父母沟通的基本要领、与父母交往的主要策略。

能力目标：提高学生与父母沟通的能力，以及对多种可能解决问题的方式进行选择的能力。

情感目标：让学生学会爱，学会理解，学会与父母沟通，更好地改善与父母的关系。

三、注意事项

活动重点：与父母沟通的基本要领。

活动难点：真正从内心理解父母，主动化解与父母的矛盾。

四、活动准备

心语信箱。

五、活动方法

情感体验法、互助合作法。

六、活动过程

（一）心语信箱

工作员引导：同学们，你们在与父母相处时有什么冲突和矛盾呢，大胆地把它写出来吧，可以不写名字，然后投入心语信箱，我们会帮你解决问题的！

（注：工作员将收集到的信件分类，并有重点地回复。）

（二）分享沟通技巧

工作员引导：对于家庭中的沟通问题，哪位同学有什么好的办法，与大家一同分享？

工作员将学生分享的方法归类列到黑板上。

（三）工作员介绍与父母沟通的几种方法

招式一：主动交流。每天找一点时间，比如饭前或饭后，和爸爸妈妈主动谈谈自己的学校、老师和朋友，高兴的事或不高兴的事，与家人一起分享你的喜怒哀乐。

招式二：创造机会。每周至少跟爸妈一起做一件事，比如做饭、打球、逛街、看电视，边做事情、边交流。

招式三：认真倾听。当被父母批评或责骂时，不要急着反驳，试着平心静气地先听完父母的想法，说不定你会了解父母大发雷霆背后的理由。

招式四：主动道歉。如果你做得不对，不要逃避，不要沉默不理，主动道歉，往往会得到父母的理解。

招式五：善于体谅。有的事情可能错不在你，你有很大的委屈，但是先不去争辩。也许是父母过于劳累或在工作生活中遇到了麻烦。换个时间和地点，再与父母沟通，会有意想不到的效果。

招式六：控制情绪。与父母沟通不畅时，不随意发脾气、顶嘴，避免不小心说出或做出伤害别人的事。想要动怒时，可以深呼吸、离开一会，或用凉水先洗把脸。

招式七：承担责任。在做好自己事情的同时，主动分担家庭的一些责任，比如洗碗、倒垃圾、擦窗等。趁机还可以跟老爸老妈聊聊天。

招式八：讨论问题，达成协议。学会遇事多与父母讨论，并就如何行动达成协议。例如父母会担心子女沉迷于计算机而荒废学业，如果能就玩计算机的时间和学业的平衡进行讨论并达成协议，问题和分歧便能解决了。

工作员总结：心动不如行动！与父母建立良好的沟通是需要时间的。从自己做起，慢慢学习，不轻言放弃。如果你还有什么新的招式，千万别忘了与我们大家分享。

第二节　化解矛盾

一、活动理念

与父母发生矛盾几乎在每个初中生身上都有发生，但不是每个初中生都能够积极地处理这种情绪。本节内容主要向孩子们教授如何处理与父母的矛盾，如何在矛盾中实现与父母的有效沟通。

二、活动目标

引导学生思考自己与父母沟通时存在的问题；协助学生找出自己与父母沟通中遇到的困惑和矛盾；协助学生了解与父母有效沟通、化解矛盾的方法；检验学生与父母的熟悉程度。

三、注意事项

活动重点：协助学生了解与父母有效沟通、化解矛盾的方法。

活动难点：协助学生找出自己与父母沟通中遇到的困惑和矛盾。

四、活动方法

情感体验法、互助合作法。

五、活动准备

A4 纸、"魔盒"。

六、课程设计

（一）热身游戏——快乐传真

工作员给全班每纵排小组第一位同学一张写有一句简短话语的纸条，等该名同学看完后，工作员收回纸条。这时，第一位同学需告诉后面的同学这句话的内容，并依次往后传，每组最后一位同学需上台告诉大家他听到的那句话的完整版。工作员检验这句话的准确性。

（二）引导分享

工作员引导分享，引出本次活动主题。

（三）"魔盒"寻真情

每一位同学在工作员所发的纸上写下自己曾经与父母发生过的矛盾，并把写完的纸放在工作员事先准备好的"魔盒"中。

（四）"天使"来帮忙

工作员邀请班级中的同学作为"天使"，"天使"上台后随机抽出"魔盒"中同学的烦恼，并提供化解同学与父母矛盾的方法。

工作员总结归纳同学们提出的化解矛盾的方法。

（五）心心互换

每位同学填写有关自己父母信息的卡片。

你是否了解你的父母？

信息卡片

内容	父母知道我的	我知道父母的
生日		
兴趣爱好		
身体状况		
好朋友		
压力		
最近的苦恼		

（六）亲情计划

在工作员的引导下，为自己制订一个可以实现的"亲情计划"。例如：

父母最希望我做出的改变：

通过努力，我能做到的：

我暂时不能做到的：

以后与父母发生误解或冲突时，我的反应：

我最想对父母说的一句话：

第二章　学校

第一节　集体合作

一、活动理念

在社会中，工作离不开团队协作。学校是一个小社会，学习生活让孩子们习惯了独立，在社工课堂上创造特定场景，从而让孩子们体验团队协作所带来的快乐和成就。

二、活动目的

强化集体合作的意义，实践如何合作。通过"完成任务"的过程，让学生学习如何通过团队思考、互助合作来完成任务；学习如何在团队中贡献自己的能力，正确地表达自己的意见，尊重别人的想法，进行有效沟通；学习服从团队决定，同心尽力完成任务。

三、注意事项

控制表演所用的时间。

四、活动准备

笔记本电脑、音响、题目单、马克笔、台词本、纸杯、橡皮筋、棉线、玩偶。

五、活动方法

故事表演、体验、分享。

六、活动过程

（一）故事表演——《符号交响曲》

（1）工作员邀请学生志愿者 8 名，然后抽签决定角色。

（2）给学生志愿者 2 分钟时间熟悉台词本。

（3）学生志愿者表演绘本《符号交响曲》，其余同学观看。

《符号交响曲》

有个很会写故事的作家，故事写了一半，觉得有点累，就坐在椅子上闭上眼睛休息。

文章里的标点符号突然跳了出来。

他们叽叽喳喳讨论谁最重要。

逗号骄傲地说："我最重要，因为我出现的次数最多，如果没有我，小朋友们根本分不清楚句子的结构，也没有办法了解句子真正的意思。"

句号不服气地说："我最重要！逗号最爱表现了，每次都会让小朋友有喘不过气的感觉，好像永远也读不完一个句子。而且逗号长得像蝌蚪，长大后会变成癞蛤蟆。你看我长得圆圆胖胖的，小朋友都很喜欢我，因为我一出现，他们就可以停顿一下，松口气，舒服极了。"

顿号也有话说了："句号最讨厌了！小朋友的话还没有说完就常常跑出来，害他们得停下来；哪像我可以帮助他们把一长串很像的句子断开。也可以让小朋友一直说他们喜欢的东西，就像昨天小明跟他爸爸说'我要吃冰激凌、巧克力、糖果、饼干……'"顿号说个不停。

省略号赶快捂着顿号的嘴说："等等，顿号，你再说下去，大家都要睡着了。其实我最重要。你看，你只要一开口就停不下来了，我可以让小朋友有想象的空间，也不会让他们那么急！而且，小朋友因为有我帮忙，就不用写那么多字了。"

原本在一旁睡觉的引号突然醒了过来，他大声说："我最重要！省略号总是讲得不清不楚，哪像我，把很多字夹住，小朋友就可以清清楚楚知道重点了！我才最重要！"

问号也插嘴了："引号好像警察，把人家抓住，不准别人逃跑，又把别的字分开。我可以帮小朋友问问题，让他们自由自在地学习。"

感叹号趁大家没注意时跳了出来说："我最重要，如果没有我，一篇故事就没有什么感情。我每天都在帮助别人，有了我，不快乐的事，就更不快乐；高兴的事，就变得更高兴。"

标点符号吵成一团时，作家醒了。他哈哈大笑一声，把所有的符号吓得纷纷躲回稿纸里。作家把稿纸收起来。

作家对所有的标点符号说："傻小子，你们都是我最好的朋友！对我来说，你们都很重要，没有你们，我就写不出好故事来了。你们就像交响乐团里的乐器，我就是指挥家，让我们一起来演奏小朋友喜欢的音乐吧！"说完，作家把稿纸打开，标点符号都各自归位，跟着作家的指挥，演奏起一首唯美流畅的乐曲。

（二）提问分享

（1）故事里出现了哪些标点符号呢？标点符号们各自的优点是什么呢？

（2）标点符号们各自觉得自己最重要，这种想法对吗？为什么？

（3）为什么作家说"对我来说，你们都很重要"？

（4）在班级中，你觉得自己像哪个标点符号呢？你觉得什么时候你才是最重要的呢？如何才能成为最重要的呢？

（三）故事小结

其实在人生的舞台上，每个人都有自己的角色和定位。有的人可能是逗号，常有机会露脸，虽然没有绝对的影响力，但可以联系大家的关系；有的人像句号，出现的频率没有逗号高，却是一个完整句型的关键元素；有的人像感叹号，表情、动作都充满戏剧效果，为别人的生活添加色彩；有的人则像问号，对人、对事常喜欢探究、细查；有的人像省略号，处理事情总是大而化之，漫不经心，却让人容易卸下包袱，化解生活中的压力。

每个人都不同，却各有特点，只要出现在正确的位置和时候，就可以完成一篇上好的佳作，增添人生舞台的丰富和美好。所以，只要了解自己的特质，发挥自己最大的作用，谁最重要真的就不是那么重要了！

（四）体验活动：步步高升

1. 分组

工作员将全班分为 6 组，每组 10 人左右。发给各组一份"材料"。

2. 宣布游戏规则

（1）由各组自行决定如何运用这些"材料"来制造一个"工具"。

（2）活动中，只能使用这个"工具"来完成任务。

（3）所有人必须手拉棉线尾端，通过"棉线"一起操作"工具"。

3. 布置任务

（1）运用"工具"，将第一个纸杯杯口朝上移动到指定位置。

（2）运用"工具"，将第二个纸杯倒扣在第一个纸杯上，使两个杯子杯口对杯口叠起来。

（3）运用"工具"，将第三个纸杯以杯底对杯底的方式叠在第二个杯子上。

（4）运用"工具"，将一个玩偶放进第三个杯子中，杯子没倒塌的话，任务就算完成。

4. 引导提问

（1）这个"工具"是否好用，是否有可以调整、改进的地方？

（2）使用这个"工具"，需要注意哪些地方？有没有什么诀窍？

（3）刚刚能完成任务的主要原因是什么？

（五）总结升华

总结升华活动内容。

第二节　激发学习动力

一、活动理念

学业不佳的学生并不是因为缺乏学习能力，而是自身的学习潜能没有得到充分的发掘，因此，激发学习动力是非常重要的。

二、活动目标

让同学们了解缺乏学习动力的表现，并反思自身情况；了解同学们缺乏学习动力的原因；帮助同学们提升学习动力，激起学习兴趣，最终提高学习成绩。

三、注意事项

在介绍知识点时注意避免枯燥说教。

四、活动准备

搜集激发学习动力的方法。

五、活动方法

知识分享。

六、活动过程

（一）介绍缺乏学习动力的不良表现

（1）逃避学习：不愿上课，上课无成就感，无抱负和期望，无求知上进的愿望。

（2）过度焦虑：缺乏自尊心、自信心，学习成绩不好觉得丢面子。

（3）注意力分散：学习动力缺乏会使注意力涣散、兴趣转移，易受各种内外因素的干扰，对学习以外的事反而兴致勃勃，不惜花时间，常常喧宾夺主、主次颠倒。

（4）厌倦、冷漠的情绪。

（5）缺乏适宜的学习方法。

（6）学习无目标、无计划。

（二）追寻缺乏学习动力的原因

参考知识点：缺乏学习动力的原因有内因和外因。

内因表现为：① 学习动机不明确；② 对所学专业缺少兴

趣；③ 错误归因。外因是指来自社会、学校和家庭等方面的原因。有的家庭急功近利，什么专业挣钱多、好找工作就让子女学什么专业，而不考虑子女对这些专业是否有兴趣，这些专业是否适合子女学习等，这些因素都会对学生造成不良影响，甚至成为学生中途退学的隐性原因。

（三）介绍有效提高学习动力的方法

1. 在心底对自己说"我行，我能行"

有自卑感的同学评价自己，总认为自己不行。我语文不行，我数学不行，我英语不行，我这不行，那也不行。越认为自己不行就越没信心，越没信心就感觉越没劲，甚至破罐子破摔。

有些同学，自己学习基础较差，快到期末考试时心里总想着"我期中考试就没考好，我不行，这次还是考不好"。反正是考不好，又得受家长的斥骂，就不想复习了。那自然还是考不好。

为了克服自卑心理、树立自信心，要心中默念"我行，我能行"。默念时要果断，要反复念，特别是在遇到困难时更要默念。只要你坚持默念，特别是在早晨起床后反复默念九次，在晚上临睡前默念九次，就会通过自我的积极心理暗示，逐渐树立信心，逐渐有了心理力量。

"天生我材必有用"，别的同学行，我也行。大家智力都差不多。只要努力，方法得当，自己的成绩也能提高。其实即使是学习成绩好的同学，他一放松努力，学习成绩也会下降。只要努力，学习成绩就会提高。

2. 开心事是信心的制造机

每个同学都有自己开心的事，开心的事就是你做得成功的事，那是你信心的制造机、力量的制造机。每个同学都有很多开心的事，你可以多想你最得意、最成功的事。例如你百米比赛获得优异成绩的情景，回想那时你心里的感受。

学习成绩偶尔一次不理想，不要垂头丧气，可以回忆以前的成功，说明并不是我笨，我是能成功的，这样心里就踏实了，就有力量了，就相信我经过努力，还是能行的。

3. 常常微笑

没有信心的人，经常愁眉苦脸，无精打采，眼神呆板。雄心勃勃的人，眼睛闪闪发亮，满面春风。人的面部表情与人的内心体验是一致的。笑是快乐的表现。笑能使人产生信心和力量；笑能使人心情舒畅，振奋精神；笑能使人忘记忧愁，摆脱烦恼。

学会笑，学会微笑，学会在受挫折时笑得出来，就会增强信心。请同学们仔细地体验一下微笑的心理感受，请你对着镜子自然地微笑，体验一下你内心的感受。这个方法看起来很简单，做起来也确实有效果。当你逐渐养成了经常微笑的习惯，你就会觉得内心充满了力量，充满了信心。

4. 不要垂头丧气

人在遭到挫折、气馁的时候，常常垂头丧气。垂头是没有力量的表现，是失败的表现，是丧失信心的表现。成功的人、得意的人、获得胜利的人则昂首挺胸，意气风发。人的姿势与人的内心体验是相适应的，姿势的表现与内心的体验可以相互促进。一个人越有信心，越有力量，就越昂首挺胸。一个人越没有力量，越自卑，就越无精打采、垂头丧气。学会自然地昂首挺胸就会逐步树立信心，增强信心。

5. 主动与人交往

见面主动与人打招呼，主动问候别人。按照常规，你向别人问好，别人也会向你问好，你对别人微笑，别人也会对你微笑。我们几乎很少见到你对别人微笑问候"你好",别人会横眉竖眼对你说"你不好"的情况,这是不符合人之常情的。你和他人在微笑的问候中,双方都会感到人间的温暖、人间的真情。这种温暖与真情就会使人充满力量,就会使人增添信心。

6. 欣赏振奋人心的音乐

人们都会有这样的情绪体验:当听到雄壮激昂的歌曲时,往往因受到激励而热情奔放、斗志昂扬;当听到低沉、悲壮的哀乐时,悲痛、怀念之情就涌上心头。

健康的音乐能调节人的情绪、陶冶人的情操、培养人的意志。当人受到挫折的时候、情绪低沉的时候、缺乏信心的时候,选择适当的音乐来欣赏,能帮助人振奋精神。

第三章　社会

第一节　职业万花筒

一、活动理念

学生只有走出学校,走到社会中,才能真正体会什么是职业,自己的职业倾向是什么。以社区行动的方式,增强学生对职业的探索能力。

二、活动目标

(1) 分享各小组成员所感兴趣的职业信息。

(2) 了解其他职业。

(3) 在了解社区的基础上,拟定调查方向。

（4）给成员布置寒假作业，要求调查社区信息，修改自己的职业访问方案。

三、注意事项

（1）提前两天强调需要查询的信息，并规定范围，在分享的时候要求大家最好能自己动手，不仅分享，还要写下来。

（2）先帮助大家分析社区的环境，引导成员对社区的各种职业有所印象，然后让大家挑选有兴趣的职业，设计职业方案初稿。

四、活动准备

双面胶、大白纸。

五、活动方法

互动分享。

六、活动过程

（一）职业信息分享

将各人搜集的信息在小组内部分享，制作成职业信息册，贴在一起，大家共享。将这些职业信息整理、总结。整理大家所搜集的信息，并进行归类、概括。

（二）收集想法

收集成员对职业采访计划的想法。

（三）制订社区采访的初步方案

引导学生制订社区采访的初步方案，写出可能的困难以及可行的解决措施。

（四）总结升华

总结升华活动内容。

第二节　认知网络

一、活动理念

网络在学校教育中是一个较为敏感、不敢触碰的话题。我们越是不敢面对，孩子对网络的好奇心就越重。在学校教育中应创造条件，引导其认识网络的正面作用。

二、活动目标

激发学生对网络主题的兴趣，引导学生认识网络的正面作用。

三、注意事项

让孩子发散思维的同时，注意维持课堂秩序，保证课程的顺利进行。

四、活动准备

号码贴 10 个、大白纸 1 张、马克笔 2 支、胶带 1 卷。

五、活动方法

游戏、分组讨论。

六、活动过程

（一）热身活动：冰糖葫芦

（1）工作员准备 10 个号码贴，写上 0～9，共 10 个数字。

（2）工作员从号码贴里任意抽取一个号码，决定上台参加热身活动的学生。比如，若抽取的号码为 2，则要抽取的学生学号为 2、12、22、32、42、52、62。

（3）被抽取到号码的学生到讲台上，站成一排，然后发言，比如，第一个同学说"我上网时喜欢聊 QQ"；下一个同学说"我上网时喜欢聊 QQ 和玩游戏"；下一个同学说"我上网时喜欢聊 QQ、玩游戏和……"依次说 10 个。

（二）主题活动 1：网络时尚

介绍网络流行时尚，激发学生兴趣，保证课堂互动性。

网络流行语：

哥玩的不是游戏，是寂寞。

不要迷恋哥，哥只是个传说。

哥不在江湖，江湖都有哥的传说。

世上本没有哥，但迷哥的人多了，就开始出现了哥。

哥不寂寞，因为有寂寞陪着哥。

不要打哥的电话，哥玩的不是寂寞，是哥的手机丢了。

哥有一艘船，船到哪里，哪里就有海，知道的人多了，就有了人海。

网络流行生僻字：

囧 jiǒng：很郁闷、很尴尬的样子。

烎 yín：原义光明，遇强则强，斗志昂扬，热血沸腾，你越厉害我越要挑战，希望在竞争或对抗中一比高下。

砳 lè：石头相撞的象声词。

槑 méi：很傻很天真。

嫑 biáo：不要。

嘦 jiào：只要。

玍 sà：有瑕疵的玉。

孖 mā：双生子、克隆。

夭 tiān：同天。

氼 nì：同"溺"。

（三）主题活动 2：头脑风暴

目的：引导学生充分认识网络的正面作用。

用头脑风暴的方法引导学生积极发言，探索学生心目中对网络正面作用的认知，并将学生的发言记在白纸上。然后与学生一起分析他们说的是否都为网络的正面作用，引导其分辨网络的正面作用和负面作用。

（四）总结升华

总结升华活动内容。

第三节　战胜网络依赖

一、活动理念

成年人面对网络的诱惑有时还不能很好地控制。因此，网络对于青少年的诱惑更要引起社会各界的重视。社区中网吧林立，没有为孩子的成长提供良好的社会环境。对于网络的不良认知，又常常使孩子误入歧途，造成网络依赖。学校应系统地开设网络课程，引导学生合理利用网络。

二、活动目标

通过武器、招式、心法三种途径帮助学生有效预防网络依赖，引导其合理利用网络；回顾正确使用网络的几次课程，强化对网络的全面认识。

三、注意事项

游戏、分组讨论。

四、活动准备

"健康上网四重大礼"、圣诞贺卡 10 个、预防网络依赖方法 70 张、白纸 1 张、名签 70 张。

五、活动方法

游戏、案例分析、知识讲授、情景扮演。

六、活动过程

(一) 热身游戏：红绿灯

红灯——双手抱头。绿灯——原地立正。黄灯——双手抱胸。

(1) 全班起立，当发出信号灯颜色时，学生做对应动作，做错的学生坐下，其余学生继续。

(2) 进行几次后，全班起立，改变规则，增加难度。即黄灯表示交换的意思，当说到黄灯后，绿灯时的动作与红灯时的动作交换进行，直到下一个黄灯信号发出后，才可再度交换动作。

举例：红灯——双手抱头，绿灯——原地立正，黄灯——双手抱胸（接下去红绿灯时的动作将发生交换），红灯——原地立正，绿灯——双手抱头，黄灯——双手抱胸（接下去红绿灯时的动作将发生交换），红灯——双手抱头，绿灯——原地立正……

同样，做错的学生坐下，其余学生继续，坚持到最后的同学获胜。

(二) 案例介绍

案例一：

主角：阿达/11 岁/男/小学六年级

阿达一天上网时间约六个小时，主要打 Online Game（网络游戏），近来还约一群网友外出游玩，他觉得这样很开心。去年起，母亲说阿达因上网而无心向学，成绩一落千丈。社工家访时，阿达通常都在玩网络游戏，不会关电脑，但仍会友善地一边玩电脑游戏一边和社工对话。阿达很怕母亲，母亲一下班回家，骂他几句，他便会关电脑。他亦因此憎恨母亲，希望她离开这个家。当阿达离家到中心参加活动时，会因不能在家玩网络游戏而非常不开心，但他对中心的活动却很投入。

案例二：

主角：阿天/15 岁/男/初中二年级

阿天一天上网时间约八个小时，主要打 Online Game，但不喜欢与网友联络。因学业成绩问题，令家庭关系十分紧张。社工家访时，阿天通常都能离开电脑，坐下来跟社工对话，但说话不多。阿天表示因父母要工作，整天不在家，他不玩网络游戏根本无事可做。阿天近来表示他玩网络游戏已玩到闷，但仍会继续打。阿天完全不肯参加任何社区活动，连一直学的钢琴和乒乓球都已放弃。

学生思考与分享：

选择题：

你觉得谁存在网络依赖症状呢？

A. 阿达   B. 阿天

C. 两者皆是   D. 两者皆不是

答案：在我们的评估问卷（以前已发放）中，他们二人均属于过度上网。

问卷中不会问到其上网时数，在现在的评估问卷中，时数不是判别上网成瘾的要素。

重点思考：

刚才大家用哪个因素去界定"沉迷上网"呢？时数？失去其他兴趣？学业问题？情绪问题？认识网友？父母不在家，生活太沉闷……（把学生的答案写到白纸上）

以上均是我们关注的因素，而除了凭我们的观察，现在亦有一些专家的问卷可做评估之用。

（三）网络依赖的定义及症状

引导学生一起分享网络依赖六大症状。

网络依赖界定（Internet Addiction Disorder）：一种行为依赖或者科技依赖，表现为过度沉溺于网络中，不愿离线，离开网络后很不开心。

网络依赖症状：不愿戒断、不能自拔、占据身心、带来恶果、否定问题、日渐严重。

（四）情景扮演探究网络依赖产生的原因

通过工作员的扮演呈现一个网络依赖的场景，为下一节引导学生讨论网络依赖产生的原因做铺垫；增强课程的趣味性，保证学生的高参与度。

场景：

母亲：阿成，你一回来就想着耍游戏，作业也不做，书也不复习。今天你班主任又打电话来投诉了。（阿成在学她妈说话的嘴型）他说你再这样下去，那你就肯定要留级了。你去年都不是这样的。

儿子：现在学校人人都说我要留级了。反正都留级了，明年再说。

母亲：你这样搞下去我一定同你老爸说。

母亲：喂，阿成，我们约好的，十五分钟之后你要关机出来吃饭。

儿子：啊。

母亲：喂，吃饭啦。

儿子：你先吃啦。

母亲：不行，你明明答应过我，如果十五分钟之前通知你的话，你就关了机出来同我一起吃饭。

儿子：吃就吃，有什么大不了的。吃晚点有什么问题吗？

母亲：饭呢，当然是要趁热吃啦。你看你啊，整天都只知道玩游戏，吃无定时，有时整天都只吃一餐饭，再这样下去，终究会饿坏的。

儿子：又不是不吃，不是现在吃着嘛。

母亲：饭呢，就当然是一家人一起吃的啦。有什么理由自己一个人傻傻地坐在外面先吃？

儿子：哪个说一家人要在一起吃饭？不一起吃就不是一家人？我喜欢一个人吃。

启发学生积极发言，分析网络依赖产生的原因。

（五）介绍有效预防网络依赖的三个途径

1. 第一个途径：日月金光剑——预防网络依赖武器篇

（1）与父母商议，通过网络供应商的上网计划，限制上网时间。

（2）在电脑上安装相关的程序，令电脑定时提醒自己需要休息或定期做伸展运动。

2. 第二个途径：天地阴阳招——预防网络依赖招式篇

（1）制订具体的上网活动时间表，包括不同日子（如上学及假期）的上网时段，以及在该时段内的上网时间怎样分配不同的上网活动。如想减少上网时间，以逐渐减少较佳，如每星期减少 30 分钟。

（2）在电脑旁摆放相关的物品或提醒贴（如家庭照、奖状等），提醒自己沉迷上网会对自己珍惜的东西有坏影响。

（3）定闹钟提醒自己。

（4）注意正确使用电脑的姿势，以及电脑装备摆放位置，保护腰、脊、手肘、眼睛、手腕等。

（5）发掘不同的兴趣。

3. 第三个途径：乾坤大挪移——预防网络依赖心法篇

（1）了解上网对自己的影响。

（2）认识自己的优点并发展自己的潜能，寻找上网之外获得成功感的途径。

（3）找家人、朋友、师长等支持自己健康上网。

（4）寻找不同的方式鼓励自己坚持健康上网。

（5）学习正面处理情绪的方法，避免借上网逃避问题或发泄不快情绪。

（6）平衡上网及其他日常的社交活动。

第八章　总结与展望

2024 年 11 月，教育部、中央宣传部、中央网信办、科学技术部、公安部、民政部、住房和城乡建设部、文化和旅游部、国家卫生健康委员会、市场监管总局、国家文物局、国家消防救援局、国务院妇儿工委、共青团中央、中华全国妇女联合会、中国关心下一代工作委员会、中国科学技术协会十七部门联合印发《家校社协同育人"教联体"工作方案》（以下简称《方案》）。《方案》提出，"教联体"是以中小学生健康快乐成长为目标、以学校为圆心、以区域为主体、以资源为纽带，促进家校社有效协同的一种工作方式。要推动各地全面建立家校社协同育人"教联体"，确保政府统筹、部门协作、学校主导、家庭尽责、社会参与的协同育人工作机制更加完善，促进学生全面发展健康成长的良好氛围更加浓厚。力争到 2025 年，50％的县建立"教联体"，到 2027 年所有县全面建立"教联体"。《方案》明确了"教联体"各主体的职责任务。政府部门加强对家校社协同育人工作统筹领导，指导各部门协同配合，建立家庭教育指导机构，调动各类社会育人资源；教育部门在政府支持下与有关部门、社会资源单位协调联动，引导学校发挥主导作用和专业指导优势，强化学校与家庭、社会的沟通协作；学校因地制宜建立

"教联体"，通过联责任、联资源、联空间，会同家长和社会各方共同研究、推动破解学生成长中面临的新情况、新问题；各相关部门、街道社区、社会资源单位在各自职能范围内落实育人责任，与学校建立工作对接机制，有针对性地推动解决学生成长中的突出问题，为学生参与文化学习、体育锻炼、艺术活动、劳动教育、科学教育、社会实践、课后服务等提供全方位条件保障①。

"教联体"的建设需要从三个层面着手：在政府统筹的宏观层面，通过价值倡导、资源分配、能力建设等宏观调控协调各方利益和行动，共同服务于教育强国建设、高质量教育体系建设与国家治理体系和治理能力现代化建设等；在组织机构的中观层面，通过推动家庭学校社区协同联动，构建有效的协同育人全链条机制；在个体行动者的微观层面，家长、教师及社会（区）工作人员要开展目标一致、经验共享、资源互补的同心、同向、同步与同行的育人活动②。具体而言，《方案》对政府、相关部门、学校、家庭、街道社区、社会资源单位等主体的职责任务作了明确规定③。

一是政府层面。主要负责推动本地区基础教育高质量发展，加强对家校社协同育人工作统筹领导，指导各部门协同配合，建立家庭教育指导机构，调动各类社会育人资源，提供政策支持和条件保障。

二是部门层面。教育部门负责推动各级、各类学校开展协同育人工

---

① 中华人民共和国教育部．教育部第十七部门联合印发《家校社协同育人"教联体"工作方案》［EB/OL］．（2024-11-01）．http：//www.moe.gov.cn/jyb_xwfb/gzdt_gzdt/s5987/202411/t20241101_1160204.html.

② 中华人民共和国教育部．构建协同育人"教联体"共画学生成长"同心圆"——专家解读《家校社协同育人"教联体"工作方案》［EB/OL］．（2024-11-02）．http：//www.moe.gov.cn/jyb_xwfb/s5148/202411/t20241102_1160413.html.

③ 中华人民共和国教育部．共同为孩子们打造健康快乐成长的"大本营"——教育部基础教育司负责人就《家校社协同育人"教联体"工作方案》答记者问［EB/OL］．（2024-11-01）．http：//www.moe.gov.cn/jyb_xwfb/s271/202411/t20241101_1160205.html.

作，引导学校发挥主导作用和专业指导优势，强化与家庭、社会沟通协作，形成家校社协同育人合力。宣传部门负责指导新闻媒体和网络媒体加强正面宣传引导，营造育人良好氛围。公安部门负责加强警校协同，联合教育部门开展护校安园、学生交通安全等专项工作，加强校园周边治安治理，支持学校开展安全教育。网信部门负责开展涉未成年人网络环境专项整治工作，净化青少年网络环境。卫生健康部门负责会同教育部门做好儿童青少年健康服务，健全学生心理健康服务体系。民政部门负责加强对困境儿童、留守儿童、流动儿童的关心和关爱。文化和旅游部门、文物部门负责利用文化和旅游资源、物质和非物质文化遗产资源等开展实践育人活动。科技部门负责统筹各类科普教育阵地和资源，支持学校开展科学教育。住房和城乡建设部门负责会同教育部门建立学校校舍、场馆建筑定期安全检查制度，在标准、技术等方面提供支持。消防部门负责会同教育部门指导学校开展消防安全检查及消防安全宣传教育。市场监管部门负责对学校周边食品和学生用品安全进行监督、检查。妇女联合会组织负责加强家庭教育指导服务站点建设，提供家庭教育指导服务。共青团组织负责加强学校共青团、少先队组织和属地街道、社区团队组织的联动。关心下一代工作委员会组织负责发挥"五老"作用，参与思想政治教育、法治宣传教育、家庭教育指导等工作。

三是学校层面。要做好家庭教育指导服务，健全家校沟通联系制度，听取家长、社会对学校的意见、建议。要整合社会资源，用好思政课和社会实践教育基地，丰富学校课堂和课后服务内容。

四是家庭层面。家长要履行家庭教育主体责任；要培育积极、健康的家庭文化，树立科学的教育理念；要主动协同学校教育；要带领或支持子女开展体育锻炼、家务劳动、户外活动和参观游览。

五是街道社区层面。要将家庭教育指导纳入城乡社区公共服务重要内容；要利用社区家长学校开展家庭教育指导；要开展各类知识宣讲和公益性课外实践活动，创造条件为学生提供校外活动与锻炼空间、假期管护场所。

六是社会资源单位层面。爱国主义教育基地、体育场馆、文化场馆、博物馆、科技馆等校外活动场所、医疗卫生机构、周边高校、周边企业、街道及相关社会资源单位要按照职能、职责，结合自身资源特点，为开展教育实践活动创造有利条件。

随着家校社协同育人的深入推动，"教联体"的不断完善，我们不仅要充分发挥以上六大主体的作用，同时需要大力借助社会组织（包括本书中阐述的基金会、社会团体）、企事业单位和高校等组织的社会力量，完善专业人才和志愿服务人才体系建设，保障工作常态化可持续开展。进入 21 世纪后，随着社会组织管理体制的进一步完善和明确，中国的社会组织迎来了一个规范化、常规化和法治化的发展时期。中国的社会组织发展呈现出井喷态势，随着社会公共服务需求持续扩大，一些非官方社会组织自我成长起来，填补了国家福利的缺失。此外，我国需要推进支持型社会组织的设立，使其对现有社会组织发挥资源中介、信息桥梁与关系纽带的作用，进而有力助推不同类型社会组织的蓬勃发展。